人文苏州

桃花坞

陈其弟 著

苏州大学出版社

图书在版编目(CIP)数据

桃花坞/陈其弟著.—苏州:苏州大学出版社,2012.10
(人文苏州/陈嵘,张建初主编)
ISBN 978-7-81137-930-3

Ⅰ.①桃… Ⅱ.①陈… Ⅲ.①风景名胜区—介绍—苏州市 Ⅳ.①K928.705.33

中国版本图书馆CIP数据核字(2012)第212268号

书　　名:桃花坞

主　　编:陈　嵘　张建初
著　　者:陈其弟
策　　划:刘　海
责任编辑:刘　海
装帧设计:吴　钰

出版发行:苏州大学出版社(Soochow University Press)
出 版 人:张建初
社　　址:苏州市十梓街1号　邮编:215006
印　　刷:苏州工业园区美柯乐制版印务有限责任公司
网　　址:www.sudapress.com
E-mail:Liuwang@suda.edu.cn　QQ:64826224
邮购热线:0512-67480030
销售热线:0512-65225020

开　　本:630 mm×960 mm　1/16　印张:15　字数:211千
版　　次:2012年10月第1版
印　　次:2012年10月第1次印刷
书　　号:ISBN 978-7-81137-930-3
定　　价:29.00元

《人文苏州》丛书编委会

序

范小青

苏州的文化，是一种浸润的文化，苏州的文化，是一种渗透的文化。苏州文化，浸透在大街小巷的每一块青砖、每一片瓦砾里，渗入在园林古宅的每一座亭台、每一处楼阁里；苏州文化，更是浸润在苏州人的血液里、骨子里。人文苏州，就是要从苏州人的故事中，让我们看到苏州的精神气是怎样地遍布和穿行于苏州的每一个缝隙每一脉经络的。

因为如此深入的渗透，苏州的文化，才会如此的经久不衰，因为如此执着的浸润，苏州的文化，才会如此的弥漫升腾。在从前的很漫长的日子里，我们曾经是身在其中的，那个古旧却依然滋润的文化苏州，就在我们的身边，就是我们的窗景，是我们挂在墙上的画，是我们伸手可触摸的，我们能够听到它们的呼吸，我们能够呼吸到它散发出来的气息，我们曾经十分的奢侈，十分的大大咧咧，我们的财富曾经太多太多，多到让我们忽视、轻视了它们的存在，在漫长的年岁中，它们似乎在渐渐地丢失，渐渐地疏离了。

其实没有。

它们始终就在这里。

今天，这套《人文苏州》，让我们再一次真切地听到了苏州文化的呼吸声，再一次亲切地感受到了苏州文化的精神气质。《人文苏州》的编者，对于苏州的人文特色，对于苏州的文化底蕴，可谓是如数家珍。于是，丛书带着我们，又一次穿越，又一次重温，使得苏州文化成为挂在我们每一个人心头的永不褪色的长幅画卷，它常温常新，常挂常新，常说常新。古老的苏州文化，就是这样，焕发出崭新的生命力。

看到这套丛书，念叨着各个分卷的书名，诗与画，河与桥，名人与故居，园林与老街……我们的心中，激起感动，泛起涟漪，似乎听闻到，在沉睡了的历史的碑刻上，飘散出了人物和故事的清香。这些书名，就像是我们熟悉的一个亲人，一个故友，一个挚爱，一看到它们，立刻让人有了阅读的冲动，有了触摸的激动。其实，对于生于斯长于斯的苏州人来说，其中的某些内容，也许早已经了解，甚至早已经了然于胸，但是，苏州的文化、人文苏州的丰富内涵，那是读它千遍百遍也不够的。

苏州是一个能够让人时时感动、永远感动的具有浓郁人文情怀人文精神人文内涵的地方，而苏州文化的内容丰富庞杂，它像是许许多多大大小小的珍珠。只是，面对这许许多多的宝贝，我们一方面可以如数家珍，另一方面，似乎又有点心中无数，这人文苏州的珍珠到底有多少，到底是什么样的情况，像是无数颗散落了一地的珍珠，到处可见，东一颗西一颗，面对这些散点，我们有些手足无措、甚至有点无从着落的感觉。现在，《人文苏州》丛书做了一件大好的事情，好像是替我们理了一理家当，全面地清理了一下，看一看家里到底有多少好东西，散落的珍珠，串起来了，集中起来了，一起呈现出来了，让我们在一套书中，一下子看个够，让我们能在相对集中的时间和空间里，走遍苏州的大街小巷和山山水水。

如果你是苏州人，阅读这部丛书，就像是重新走进你的童年，就像是重温美好的旧梦，因此会对苏州更加了解，更加热爱；如果你不是苏州人，阅读这部丛书，你如同走进了一个既已经逝去又是全新的异彩世界，你同样会因为了解苏州而爱上苏州。

目录

桃花坞历史文化片区

桃花坞历史文化片区的地域范围，由于阊门历史文化街区的整体加入，从最新的概念性规划来看，包括唐寅故居地区（唐寅文化展示区）、桃花坞大街（工艺传习特色街）、泰伯庙（泰伯文化展示区）与阊门西街（文化休闲特色街）四个区域，占地面积从1.47平方千米增加至1.84平方千米。片区以桃花坞大街为核心，西、北至护城河，东至人民路，南到东中市、景德路，涉及古城苏州1、2、7、8、9、15六个街坊，约占苏州古城区八分之一的面积。包括石幢、桃花坞、阊门西街、香花桥、北寺塔、金门、学士7个社区，人口41713人。内有1个历史街区——阊门历史街区，6个历史地段，1处全国重点文物保护单位，1处江苏省文物保护单位，14处苏州市文物保护单位，33处控保建筑，55处历史建筑，49棵古树，11座古桥，141口古井，3个牌坊，13个砖雕门楼，550米古城墙，205米城墙遗迹；涉及的历史名人有泰伯、唐寅、陆润庠、费仲深、尤先甲等；有50家传统工艺作坊，包括桃花坞木刻年画、国画颜料、刺绣、红木雕刻、碑刻、制扇、灯彩、苏裱、民族乐器等25个非物质文化遗产项目。依托泰伯庙、五峰园，将打造成展示吴地始祖、古吴文

桃花坞小景

化的展示区，形成4个博物馆——桃花坞木刻年画博物馆、状元博物馆(陆润庠故居)、中医传统制剂展示馆(曹沧洲故居)、唐寅史料陈列馆;5条特色街——阊门西街为文化休闲街，桃花坞大街为工艺传习特色街，沿外城河为酒吧茶吧特色街，沿尚义桥、宝成桥街为苏州传统小吃街，沿西中市为民国风情特色街。

唐寅故居

游客在桃花坞历史文化片区可以感受到“多元合一、十二胜景”的旅游结构，体验“入口展示区(桃坞印象)”“泰伯文化展示区(吴地寻根)”“唐寅故里文化旅游区(唐寅故里)”“非物质文化遗产保护展示区(苏州之梦)”“吴文化交流产业园区(创意工坊)”“亚太非遗中心(世界之窗)”“历史文化展示区(里坊灯火)”“市井生活体验区(市井人家)”“环城景观休闲区(阊门遗韵)”“新苏式人家体验区(新苏小筑)”“时尚创意园区(智慧之坊)”和“空姐培训基地展示区(星清悦动)”12个核心文化景区，这些景区之间通过水上游线和陆上游线进行有机串联，游客可以借助水路和陆路与山塘、平江、拙政园历史文化街区等串联在一起，全方位体验老苏州文化的魅力。

吴趋有始自阊阖

古城苏州目前正式定为历史文化街区的共有5个，分别是平江路历史文化街区、山塘街历史文化街区、拙政园历史文化街区、怡园历史文化街区和阊门历史文化街区，其中阊门历史文化街区存续的时间最长，历史文化底蕴最丰厚。该街区的许多地名都可追溯到秦汉，甚至伍子胥建阖闾大城的春秋晚期。

从阊门与姑苏的音读说起

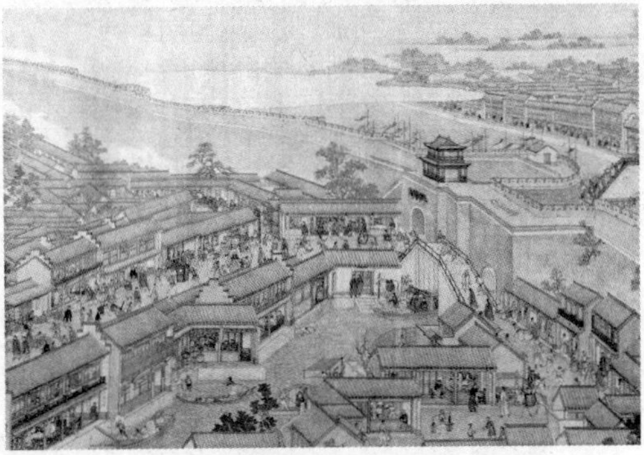

《乾隆南巡图・阊门》

阊门，是当年伍子胥建造阖闾大城时已有的八大城门之一。《吴越春秋》云："立阊门者，以象天门，通阊阖风也。"《淮南子》曰："排阊阖，沦天门。"注云："阊阖，始升天之门也；天门，上帝所居紫微宫门也。"朱长文《吴郡图经续记》则说："其西曰阊门者，象天门之有阊阖也。"元代高德基《平江纪事》云："阊门，旧名阊阖门，阖闾时所名也，旧有重楼阁道，吴之丽谯也。夫差从此门出兵伐楚，改为破楚门。吴属楚，遂名阊门。"这些记载都是比较可靠的史志类文字，原作者试图从阊阖门的原始意义上解释当年伍子胥取这个名字的原因，而恰恰没有说明"阊阖门"为什么在许多书上都记作"阊门"。笔者以为，在古人看来这根本不用解释，因为"阊门"是"阊阖门"的切音，简单地说，"阊阖门"念得快点，即古书上所谓"急读"，就成了"阊门"。

翻开苏州的地方志，经常会看到一些关于地名古今不同的记载，如《吴郡图经续记》“姑苏山”条云：“或曰故胥，或曰故馀，其实一也。”那么，不同文字何以能够表示同一个地名呢？除了该地本身有几个名字以外，唯一的解释就是以不同的语言称呼同一个地名了。明代卢熊的《苏州府志》上对“姑苏”一词的解释是：“故胥台，台因山名，合作胥，今作苏，盖吴音声重，凡胥须字皆转而为苏，故后人直曰姑苏。隋平陈，乃承其讹，改苏州。或者谓胥与输音相近，兵家不取，或又谓吴中鱼禾所自出，苏字兼之，故曰苏。”众所周知，在泰伯奔吴时代，今苏州一带在中原人眼中尚属“断发文身”的“荆蛮”之地，直到唐代颜师古注《汉书》时还在“勾吴”下面注曰：“勾音钩，夷俗之发声也，亦犹越为于越也。”由此说来，对于地名的读别问题，古人已经意识到原因在于吴地的方言“声重”，因此，我们不妨从音韵角度作些探索。

纵观中国先秦时期的古籍，通假字似乎是司空见惯的。以春秋时期吴国的称呼为例，《史记·吴太伯世家》云：“太伯奔之荆蛮，自号句吴。”《左传·宣公八年传疏》用“工吴”；金文中有“攻吴”的写法；《吴越春秋》一般作“勾吴”，但又有写作“故吴”的，其文曰：“太伯起城，周三里二百步，外郭三百余里，在西北隅，名曰故吴。”尽管此处所指吴国尚在今无锡梅里一带，甚至有人认为不在江南，但就其实质而言，当与迁都苏州的吴国一脉相承，所以仍然可以说是吴国的早期名称。

《吴郡图经续记》卷下有云：“吴旧号‘句吴’，盖方俗之辞，犹越之为‘于越’也。又说者曰：‘吴者，虞也。太伯于此，以虞志也。’”如果上述“工”“攻”“故”真如“勾”一样是发音字，主体落到“吴”字身上的话，应该是同音字才合理。事实上，它们的韵母分别是“ong”“u”“ou”，只是声母相同。因此，我们可以大胆推断：所有这些都是中原人根据吴人发音的音译，而用一种语言音译另一种语言往往找不到完全对应的词，于是我们的先人便想出了反切之法，也就是说用第一个字的声母与第二字的韵母构成需要表示的字音。如果这种说法成立的话，“勾吴”有那么多的写法也就不足为怪了。

至于后来省去“勾”音，只称“吴”，除了古人认为“勾”是发语词并无实在意义的原因外，也可从音韵方面作解释，此类省去声母的语言现象不只是吴地独有，胶东半岛方言中将“日”念成“一”（入声字）也是这种情况。“吴”字在今天的吴方言中有三种读法："Wu""ou"（浊上声）"n"（鼻音），都是零声母，也脱落了声母。

"吴"字的意义应该是指吴地先民的图腾"鱼"，即所谓的"被发文身，以象龙子"。从文字的结构来看，它是鱼头、鱼身和鱼尾的象形，与"鱼"字同源，只是较"鱼"字省去了身上的鱼鳞纹。了解了这一点，我们就不难理解为什么旧方志上将"吴城"记作"鱼城"了，《吴郡图经续记》上说"宜为吴城，谓之鱼城，误也。"其实"吴"与"鱼"在吴方言中同音（"n"）、同意不同形，确切地说是异体字，根本谈不上错不错。

本文前面提到的"姑苏"，《吴郡图经续记》认为与"故胥""故馀"所指相同。笔者认为这三种说法最初时候可能也是"句吴"的记音，理由是它们的首字声母相同，"苏"字在吴方言中读"Sou"，韵母与"吴"的第二种读法相同，"馀"字现在汉语中与"鱼"同音，在古代也应该与"吴"的第三种读法相同；再从字形分析，"苏"字由草字头和鱼、禾组成，如果是形声字的话，"鱼"很可能就是声符，这样无疑与"鱼"是同音字了；从文字学角度说，"馀"字是"余"的后起字，它的初始形状也应该是"鱼"的象形，古代汉语中常常用以表示第一人称，时至今日，吴方言中的第一人称尽管各地略有差异，但是还或多或少与"吴""鱼"的几种发音相接近，如苏州城里多数人将第一人称"我"念同"鹅"；城郊如长桥一带则念作"奴"；吴江盛泽作"吾"；吴江黎里称"n 鹅"或"n 奴"；吴江震泽人是"n 啊"；等等——也许这"余"字表示第一人称最初就是来自吴方言也未可知。

阊门历史文化街区地名的人文内涵

阊门历史文化街区内以阊门命名的街道有阊门西街、阊门内下塘街、阊门横街等。阊门西街位于东中市西端北侧；阊门内下塘街位于东中市北塘岸，东起河沿街，西至阊门横街；阊门横街则南接阊门内西中市，北接尚义桥西。

历史是看不见摸不着的东西，它需要承载体，除了以文字形式即史志书籍记录以外，承载着苏州历史、苏州人文的便是苏州的旧地名了。与苏州历史人物掌故有关的地名，最早可追溯到春秋战国时期的吴国。该街区还有许多地名与历史人物有关，如泰伯庙桥，亦作至德桥，与泰伯庙、泰伯有关；南起阊门内下塘街，向北折至五峰园弄的官宰弄，因旧时官方在此弄祭祀泰伯，宰杀牺牲而得名；位于西中市东端的皋桥，据说是因为汉议郎皋伯通居住于此而得名；专诸巷则系巷内原有刺杀王僚的勇士专诸之墓而得名；全长115米的巷子唐寅坟当然是因为大名鼎鼎的唐伯虎而得名，但是真正的唐寅坟现在不在大营弄至蔡家桥，而在城外横塘；南接宝林寺前、北连天库前的文衙弄，是因为文徵明曾孙，天启年间状元、大学士文震孟居此而得名；阊门内下塘有一条东起西角墙、西接戈家弄的文丞相弄，得名于弄内有为纪念南宋爱国将领文天祥而设的忠烈祠，俗称文山祠或文丞相祠。

此外，还有两个地名值得一提。都亭桥，相传春秋时期吴王寿梦在阊门内建都亭驿，专门用来招徕四方贤士。据《吴地记》记载，唐时都亭桥基址尚存。现在苏州人一般称做“都林桥”。吴趋坊，是苏州最古老的坊巷之一，“吴趋”是古代歌曲名。晋代陆机曾写过《吴趋行》，诗中有“吴趋自有始，请从阊门起”句，因此，“吴趋”的称法最迟不晚于晋。“吴趋”也是苏州的别称之一。

万人码头

阊门在历史上曾经是苏州最重要的水陆码头，这里留下了好几处以码头命名的地名：东接阊门内下塘街，西至阊门内城河的盛泽码头，是吴江盛泽丝绸在苏州的专业中转码头，毁于解放初期；阊门向北的古城墙外侧、护城河东岸，原南接北童梓门（今属西中市）、北至平四路（惠济桥南堍），全长119米的地段叫北码头，其中南起探桥、北接北码头一段29米的路段又曾称为太子码头；与北码头相对应的南码头，则位于阊胥路北端阊门外南侧之外城河东岸，北起钓（吊）桥沿河边，南至南新桥；阊胥路北端外城河西岸，南起南新桥堍，北至鲇鱼墩，称为万人码头。据说明清时期，苏州是江苏臬司官署所在地，此地是江苏各地由水路押送罪犯到苏州的专用码头，故曾称“犯人码头”，后因地名不雅，改称万人码头。1998年南浩街改造时，万人码头并入南浩街，此名遂废。

阊门今昔

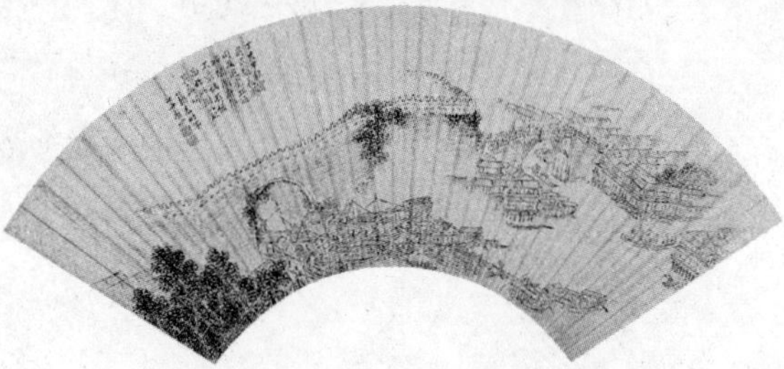

明张宏《阊关舟阻图》扇面

阊门始建于春秋时期，是阖闾大城的八门之一，以传说天门中的阊阖得名。阊门是苏州城门中最著名的一门。自从公元前514年伍子胥相土尝水建阖闾大城之后，阊门就与苏州的历史紧密相连。公元前506年，这里是孙武、伍子胥等率吴军伐楚的出发地和凯旋地，从此阊门亦号破楚门。

历代文人在诗文中对阊门屡加称赏，曾任苏州刺史的白居易有一首赞美阊门美景的诗歌《阊门咏》：

阊门四望郁苍苍，始觉州雄土俗强。十万夫家供课税，五千子弟守封疆。
阖闾城碧铺青草，乌鹊桥红带夕阳。处处楼前飘管吹，家家门外泊舟航。
云埋古寺山藏色，月耀娃宫水放光。曾赏钱塘兼茂苑，今来未敢苦夸张。

明代苏州大画家唐伯虎在《阊门即事》中歌咏阊门曰：

世间乐土是吴中，中有阊门又擅雄！翠袖三千楼上下，黄金百万水西东。
五更市卖何曾绝，四远方言总不同。若使画师描作画，画师应道画难工。

王焕如《咏阊门虹桥》云：

吴城西北水从衡，湍流逆上汇五泾。子胥辟门通天气，阖闾雄伯破楚荆。
春申治郡欲张楚，象方取义以阊称。门外修途八方达，摩肩击毂尘飞腾。
跨阓架木攒虹饮，唐人题句传今名。其下濠深不可测，重趼累息多魂惊。
胜国尝逢邓长者，两涯甃石如坚城。款密键固垂千祀，砥平坦道共趋行。
我明丘守加缮葺，易名永济惠编氓。百年两罹祝融虐，中宵焰起危梁倾。
邑令芳猷刺史继，吁留税锾佐经营。尝闻频圮频补治，穷厄漏壑委沸羹。

俄焉朽腐重遭火，行人相视徒目瞪。中丞一旦解冰俸，幕帅市木走天宁。
冉冉巨材蔽江下，长虹如贯不日成。商旅云来举手祝，九州四海声雷轰。
竹桥渡蚁邀天贶，横梁济众岂与京。野史濡毫欲纪绩，且呼匠氏勒贞珉。

曹雪芹曾在苏州小住，与苏州有不少渊源，他在《红楼梦》书中开篇第一回写道：“按那石上书云：当日地陷东南，这东南一隅，有处曰姑苏，有城曰阊门者，最是红尘中一二等富贵风流之地。”

阊门水城门

明清时期，阊门是带有瓮城的水陆城门。陆城门东西有两道城门，还有南、北两个童梓门。门外有钓（吊）桥，门内就是阊门大街（今西中市）。南童梓门通今南新路，北童梓门通北码头。水城门在陆城门以北，跨下塘街河。门外有聚龙桥。

大约是在太平天国战争中，阊门瓮城被毁，剩下内城与套城。1927年，市政筹备处工务局进行建设时将套城拆除，又将原来狭小的旧城门拆除，并于1934年仿金门罗马式建筑改建阊门陆城门。1936年竣工的阊门共有三门，中间为车行道，中门两侧各增辟了一个两米多宽的侧门作为人行道。阊门水城门则在内城门北，跨下塘街河，解放初尚有木栅门。

遥想20世纪50年代初，苏州的城墙基本上还是贯通的，从阊门陆门北侧的石阶上去向北走，能一直走到平门，往南可以经过金门城楼再走到胥门。然而被明代吴门画派画家唐伯虎称为“若使画师描作画，画师应道画难工”的阊门，终于没能逃过“轰轰烈烈”的政治劫难。1958年，全国开展“大跃进”运动，苏州古城在劫难逃，阊门的水陆城门全部被毁，城泥城砖都被挖下来砌小高炉“大炼钢铁”，

抗战时的阊门

使阊门仅存水城门基础。水城门外的石级梁桥聚龙桥在 20 世纪 70 年代初被改成了水闸。

2002 年，结合环古城风貌保护工程，阊门城门与城墙的修复工程启动。承担修复方案设计的苏州市园林设计院以文物保护部门提供的考古资料为依据，借鉴清代《盛世滋生图》《三百六十行》等古画，参照苏州目前保存较好的盘门水陆城门以及胥门、金门等实物，在听取各方专家意见并反复论证的基础上设计出了两套方案。最后经过社会公示投票表决，选定了“突出明及清初的城门形制，修复两重瓮城城墙”的设计方案。

为了尽可能多地传递出阊门的历史信息，做到“缺失部分的修补必须与整体保持和谐，但同时要区别于原作”的设计要求，修复工作遵循“修旧如旧”的原则。有关部门特地收集了一些旧城砖并特制了大量原规格的城砖，采用偷砌法进行墙体修补。在新城门与老城门衔接的技术处理上，新城墙将原来那段残存的民国城门隔空包纳其中，在丝毫不破坏其本来面貌的基础上原封不动地保留历史遗迹。

按照阊门城门与城墙的总体修复方案，曲折逶迤的外圈瓮城由北、西、南三个方向环抱内圈瓮城和主城门，南北长约 120 米，东西宽约 90 米，内圈瓮城约 45 米见方。瓮城的高度为 7 余米。内外陆门上分别建造敌楼和城楼。城楼面阔 5 开间，深 4 进，形制基本上参照盘门城楼，但气势更为恢宏。另外还在瓮城的水关内布置了一组临河古建筑，以丰富瓮城的空间层次。

在水城门的修复施工过程中，工程队在清理阊门下塘河底的淤泥时，发现了几排平铺的石板和几十根碗口粗的木桩，苏州博物馆考古部对此进行了抢救性考

新阊门

古调查，确认这些是五代时期阊门砖城楼的遗迹。五代之前苏州的城墙都是土制，吴越王钱镠始以砖砌苏州城墙。当时阊门大修，先在古河道中打下木桩，然后在木桩间填充瓦砾、釉陶片和泥土，再夯筑，最后在夯土外包以城砖，形成一个南北比东西略长、面积有10余米长见方的砖城楼。由此看来，五代时期阊门水城门就在城楼的北墙中间，随着历代改建重修，水城门位置逐渐北移了。

2006年10月，新的阊门城楼建成，城楼分两层，高10米，宽156米，进深84米。从此，阊门又成了七里山塘的起点，雄踞古运河上，成为“环古城河游”一道亮丽的风景线。

苏州桃花坞是个区域地名，可以理解为桃花坞一带。苏州城以“小桥流水人家”为主要城市风貌特征，窄窄的小巷特别多，相比之下，桃花坞中心地带这段不足 10 米的石板街也算宽阔了，于是便有了“桃花坞大街”之称。

桃花坞大街位于古城西北隅，在北寺塔的西侧，东接人民路，西接宝城桥弄，全长 648 米。不过旧时所说的桃花坞并非仅指现在的桃花坞大街，它是包括东起报恩寺，西至阊门横街，南至下塘街神仙庙，北至唐寅坟双荷花池一带的总称。据南宋遗民徐大焯《烬余录・乙编》记载，在宋末元初之际入阊门河向东，沿着能仁寺章家巷河向北，过石塘桥，出齐门，这一河段皆称桃花河。河西北都属桃坞，广袤所至，包括大云乡全境，可惜在徐大焯时代大半都已变成了菜圃，原先章园所植桃李十存一二；梅园内的古树，踪迹已然难寻，但是颇有情调的游人仍旧喜欢来此探春。那个年代住在桃花坞的几乎人人都能吟诵杜荀鹤的《桃花河诗》。一千多年后，这首诗已和桃坞胜景一样不见了踪迹，而杜荀鹤的那首《送人游吴》却成了苏州风物最凝练的写照：

君到姑苏见，人家尽枕河。古宫闲地少，水港小桥多。
夜市卖菱藕，春船载绮罗。遥知未眠月，乡思在渔歌。

桃花坞又简称桃坞。清人谢家福有本专门记载桃花坞一带人文历史的书就叫《桃坞名胜记》；在人民路接驾桥西面的东中市曾经有过一家电影院叫桃坞影剧院。《宋平江城坊考》“桃花坞街”称：“谢家福《五亩园小志》引《闲亭日记》云：桃坞之名，不始于宋。宋范成大《阊门泛槎》诗有‘桃坞论今昔’之句。案：《录》中仍称‘桃坞旧名’，乃不始于宋确证也。”看来，在宋以前，这里就有桃坞之名了。

章　粢

桃花坞的历史可上溯到汉代桑园，据谢家福撰《五亩园小志》记载，“宋熙宁间梅宣义碑志云：汉张长史治桑于此，园以是名。”北宋熙宁年间（1068—1077 年）梅宣义便在桑园原址筑亭而居，并逐渐扩展成五亩园，亦称“梅园”。梅宣义之子梅子明是杭州通判，与苏东坡同僚兼诗友，元祐五年（1090年）十月，苏轼在给梅子明的赠诗《寄题梅宣义园亭》中有“不惜十年力，治此五亩园”之句，五亩园因此更加著名。

据《五亩园小志》记载，北宋绍圣年间（1094—1097 年），太师章粢（1027—1102年）在此筑桃花坞别墅，并向南有所扩展。章申公的妻子去世后就停灵于旃檀庵，庵后的五亩园旧址和汉代张平子衣冠墓都是校理梅子明出资修复。柳堤花坞，风物一新，西南即章氏膏腴地，阡陌交通，溪流萦带，蔚为壮观。章氏诸公子非常钟爱此处，他们因地制宜广辟池沼，遍植桃李，曲折绵延十余里；又在五亩园西筑走马楼以俯瞰园景。到了暮春三月，菜花油油，历历在目；黄金布地，一望无垠。这时依旧作桃坞旧名。它的西面便是申（时行）公的功德祠，曲室洞房，环列左右，极幽雅之趣。章氏时代的桃花坞别墅，规模空前，广 700 亩，五亩园旧址已成为它的一小部分了。后人遂以桃花坞名里，郡人亦多春游看花于此，文人雅士则留下一则则美丽的诗篇，向世人展示桃花坞的诱人景致。

宋代范成大《次韵章秀才北城新圃》诗云：

方流桃花坞，窈窕入壶天。碧城当岩岫，清湾如涧泉。
风月欲无价，聊费四万钱。雪后春事起，红云蜂蝶边。
西城如西塞，桃花古来多。钓艇鳜鱼肥，前身张志和。
烟霏几白鹭，风雨一绿蓑。清江韵新引，清绝胜阳阿。

元代陈深《次韵子封承之游桃花坞》诗道：

阊门行乐送韶华，闲访城阴野老家。黄蝶得晴飞菜叶，翠禽隔浦啄桃花。
衡门倒屣临官路，古渡横舟阁浅沙。亦有诗人时一到，醉吟行尽夕阳斜。

明代唐寅赞美桃花坞道：

花开烂漫满村坞，风烟酷似桃源古。千林映日莺乱啼，万树围春燕双舞。
青山寥绝无烟埃，刘郎一去不复来。此中应有避秦者，何须远去寻天台。

艺圃主人姜埰诗云：

西北高楼地，桃花满目芳。平桥开野圃，乱水出金阊。
书画唐寅宅，香灯惠远场。乌台吾老友，相见每颠狂。

从前人的这些诗句中可以领略到，当时的桃花坞是何等样的胜景。

宋明期间，桃花坞一带有梅坞、更好轩、双荷花池、碧藻轩、寄茅庐、拜石台、旃檀庵、桂香精舍、走马楼、鸭栏桥、渔家巷、杨柳堤、采香庵、小桃源等名胜，可惜屡遭兵燹而毁，一毁于建炎庚戌年间（1130 年）金人兀术率兵南侵；再毁于元末明初朱元璋与吴王张士诚之间的战争；三毁于咸丰十年（1860 年）的太平天国战事。

高启位列明初苏州“北郭十诗人”之冠，住在城北，他的《青丘集》中有不少关于桃花坞的诗，《桃坞送别》诗云：

何地芳菲满，吴趋曲陌西。藏金非汉垒，种树似秦溪。
未曙忽霞起，过春犹絮迷。叶闻渡江唱，花忆映门题。
折时或傍水，游处每成蹊。偶来因送客，肠断有莺啼。

又《过城西废坞》诗：

乱前游最熟，乱后问都迷。园散栽花户，林荒采菊蹊。
废泉流圃浅，斜日下云低。唯有烟中鸟，迎人似旧啼。

从诗人的描述中，我们可以看到，在金兵南侵后，桃花坞的胜景曾经有所恢复，甚至再度成为苏州的一个旅游热点，它是在经过元末明初的战乱后才变得“园散”“林荒”和泉废的。

根据谢家福《桃坞名胜记》收录的《夏介若碑记》(明嘉靖年间所作)记载,明嘉靖年间的桃花坞仍是吴门最胜处,“台榭花竹,园林疏圃号称极盛”。入大营门数百步,过双鱼池,绕西而进,有一处深广两亩余,“四围流水,界绝尘境”,这是桃花坞中最美的地方。周边百姓合力出资购下了这块地,用于修建周神祠。工程于嘉靖七年(1528 年)九月十五动工,次年三月二十五完工,完全按照庙祠的规模和方位规定实施:“正殿三间,翼以重檐,榱桷四出,跂立翚飞,观者悚然。后殿三间,东西小庑各供神像,东庑外隙地,构小屋二间,为守庙者栖息。正殿前左井亭,右纸炉,相对峙立,正门虽设而常关。”门外石桥接径,桥旁别跨木梁,通小门出入。不过,因为敬畏神灵,这里已是人迹罕至,从这一点也可见当地民风之淳朴。

桃花坞一直是官宦名流退隐归田的首选之地,《吴门园墅文献·丛谈》详细记录了这一风尚和一则轶事。

在阊门内后板厂有个园墅叫苏家园,为明代万历年间(1573—1619 年)御史苏怀愚所建,园西北滨河,河堤尽植柳杨,因而被称为杨柳堤。沿着杨柳堤向西就是蔡家桥,这里风景绝佳,后归侍御李灌溪(模)所有,李将之改名为密庵旧筑,中有桃坞草堂、芥阁等胜景。最初在李灌溪任明兵备道时,祖大寿还只是一个小官吏,因为犯了事要受刑罚,李灌溪出力解救,使祖大寿得免于刑。等到了清顺治十六年(1659 年),海寇作难,苏州防守之师的领兵将军就是祖大寿,他将从娄门直至桃花坞宝城桥的所有民房都圈封了供兵士居住,任凭兵士们在后厂一带自由出没。由于家在后厂的李灌溪与祖有旧谊,祖大寿念其对自己有恩,便将这个计划告诉了李灌溪。李灌溪从中斡旋,使民众减少了不少损失。李灌溪去世后,吴人建祠奉香火,按照其意愿称为老和尚堂。后来常熟的孝廉孙赤崖(旸)晚年由塞北边疆卸甲归田到苏州,就在芥阁定居,因此孙也是桃坞寓贤。园子到了明朝时已被夷为菜圃,是苏州城中菜花最盛处,民间亦将此称做北园。

吴县沈洪生侍读有《江南词》,记录了此时北园的风光,可谓田园中又充盈着附庸风雅的冶游气息:

苏州好,城北菜花黄,齐女门边脂粉腻,桃花坞口酒卮香,处处弄笙簧。

在清人李果的《桃花坞看画记》中也记述了官宦名流艺术交流的雅事。

清朝宝坻（今属天津）人氏芮复传从钱塘令调任温处道副使后不久即辞官隐居，不过他没有北上返回家乡宝坻，而是选择在桃花坞修心养性。有闲情时他也会吟诗作画，与友人共赏。芮复传和李果是好朋友。

乾隆三年（1738年）三月二十三日，李果到芮复传在桃花坞的家中拜访，芮复传高兴地拿出六幅明人画作给李果欣赏。其中一幅是周东村的画作，只见画中寒山苍莽，天意欲雪，主客二人裹毡巾揭起帷帐而坐，相与酌酒；童子短衣，负书牵驴，在断谷等候主人返程，从他以袖掩口的样子可以感觉到天气一定很冷；文衡山（指文徵明）在画上有题句。一幅是仇十洲的画作，画上春山初霁，一人着巾袍坐于水亭上，有客骑马，正小心翼翼地跨过溪梁，半山腰有旅人，挟着雨具，两两依石栏而走；画上有唐寅的题句。其余四幅画则是谢樗仙所作：一为"枫林石壁"，一为"江村薄暮"，都是再现杜甫诗意；还有一幅是对许浑诗"溪云初起"二句的写意，只见画中"木末风撼，皆若飞走"，作飘摇状；第四幅还是写意唐人诗句，纸上春水绿波，桃花夹岸，楼阁直干云际，笔法坚苍疏落。芮复传还将温处副使朱伦瀚的指头画（用手指蘸墨作画）《白鹿图》展示给李果看，画上"绿松坡石，自成天趣"。李果为好友能够收藏到这么有价值的画作而高兴，便写了《桃花坞看画记》记述此事。

文徵明《沧溪图》局部

桃花坞盛名远播还是因为出了个唐伯虎，唐伯虎点秋香的故事通过苏州评弹等曲艺形式广为流传。然而，传说与历史事实并不相符，两者存在着很大的反差。

据《唐伯虎年谱》及有关史料记载，唐寅生于明宪宗成化六年(1470 年)二月初四，殁于明世宗嘉靖二年(1523 年)十二月初二，得年才 54 岁。他出生于酒坊商人家庭，早年随周臣学画，才气过人，名冠一时。他常与祝允明、文徵明、徐祯卿切磋诗文，他们有“吴门四才子”之称。他也是明代第一流的大画家，与沈周、文徵明、仇英合称“明四家”。29 岁时即中乡试第一，得解元。正当得意展志之际，却不料在第二年赴京会试时，受江阴富家子弟徐经“鬻题受贿”案牵连而下狱，定案被释后，他的锦衣梦也就彻底破灭，从此绝意仕进，致力于绘画，同时学佛参禅，并自号六如居士。36 岁时，他选择在桃花坞筑“桃花庵”别业，故又称“桃花庵主”。唐伯虎在此写下了 100 多首《落花诗》，借以抒发对当时社会摧残人才的愤慨情绪。晚年的唐伯虎生活潦倒，以卖画为生，一直持续到去世。他曾作诗纪实自己的人生遭际：

十朝风雨苦昏迷，八口妻孥并告饥，
信是老天真戏我，无人来买扇头诗。

现在桃花坞还有两处唐伯虎的遗迹，一为唐寅故居遗址，一为唐寅祠，两处均为市级文物保护单位。唐寅故居在桃花坞北面，原为唐寅别业，清乾隆年间(1736—1795 年)改为宝华庵，原有的梦墨亭、六如古阁等已毁，现尚存双荷花池、石板桥和池北的五间庵屋。唐寅祠在廖家巷准提庵，准提庵又称七子庵，明万历十年(1582 年)有僧人旭小在此构建禅房，天启六年(1626 年)杨大潆又建精舍，并供奉准提像，取名准提庵。嘉庆五年(1800 年)吴县知县唐仲冕又重修，并拓建庵东为唐解元祠，祀唐寅、祝允明、文徵明三君像，署名“桃花仙馆”。现在庵内还存有唐寅手迹《桃花庵歌》石刻碑，诗书俱佳。

崇祯年间(1628—1644 年)《吴县志》卷二十三“园林”收录徐应雷《过唐子畏故园》诗云：

高人读书处，乃在桃花源。何物不迎笑，
成蹊断不言。竟遭朋友忌，不废啸歌喧。
京兆烟霞气，王郎泉石魂。相将天地外，
肯受公卿援。玩世生同醉，留名死并存。
他人横得誉，其故未须论。杨子竟无后，
青莲似乏孙。侍郎抚名迹，修葺酹清樽。

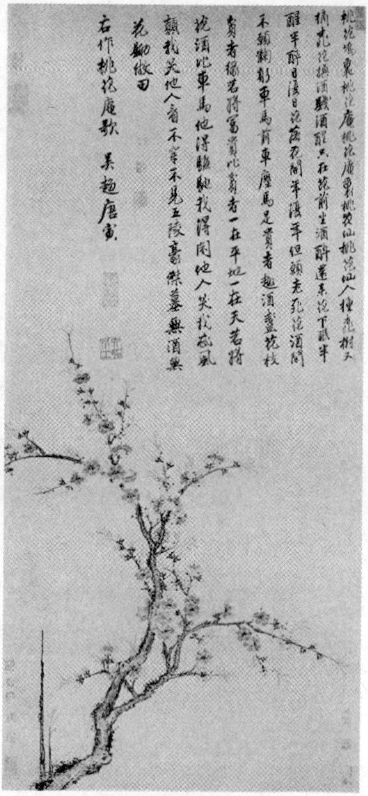
唐寅《桃花庵歌》

桃花坞邻近“红尘中一二等富贵风流之地”的阊门，在明清时期是苏州极为兴盛的地段，集中有多种手工业作坊，期间尤以刻版印刷业具有相当的规模，众多的木刻年画铺及其年画作品名传四方，“桃花坞木刻年画”就此成名发祥。当时这一带的木刻年画业很是兴旺，远道而来的商贩都到这里来买了再贩到别处去卖，由于民间多以年画避邪驱凶，所以门神等画像十分畅销。这些门神彩画以五种颜色精心绘成，大多是温岳二神的画像，很受百姓欢迎，北寺塔附近的桃花坞一带就是其交易中心。在清代全盛时期，这里有品牌的木刻年画铺有苏季长吉、季祥吉、姑苏吕云台、姑苏王君甫、张星聚、陆福顺、张在璇，以及后期的王荣兴、陈同盛、吴锦盛、吴锦增、吴太元等，共计有四五十家之多。具名的画师则有王惠山、王子元、汤维顺、丁应宗、陈仁柔、桃坞主人、桃溪主人、桃坞杏涛子、宝绘轩主人、墨林居士、嵩山道人等。到明末清初时，桃花坞与天津杨柳青并列为我国南北两个著名的木刻年画中心，有“南桃北杨”之称。

桃花坞木刻年画采用木版，一色一版，主题鲜明突出，线条简洁明快，形象生动质朴，色彩对比强烈，有着独特的民间艺术风格。桃花坞木刻年画的主要内容有驱邪迎祥、喜庆欢乐、民间传说、仕女娃娃、戏文故事、时事新闻等种类。规格有门面、中堂、挂屏、斗方等。凡是适于张贴之处，都有相宜的幅式，其中以门画销量最大，行销江、浙、鲁、皖、闽、豫等地以至南洋和日本，后来也远销欧美等国。桃花坞木刻年画传入日本后，对日本的“浮世绘”版画产生了很大的影响，在中国和世界版画史上，占有重要地位。目前，桃花坞木刻年画已发展到400多种，在日本、英国、德国等国家的博物馆里，都珍藏有桃花坞木刻年画的原刊本。

明清以来的桃花坞是较有特色的街巷，除了木刻年画铺外，还有竹木作坊、牙雕作坊、制扇作坊、色纸作坊、装裱工场、漆器店、棕刷店、蜡笺作坊、锡器店等，称得上是一条繁华了两三百年的手工业行会街。

桃花坞大街南侧有条桃花坞河，与现在的桃花坞大街平行，是古城内第一横河的一部分。河两岸由西向东依次跨架有板桥、宝城桥、桃花桥、新善桥、日晖桥、保健桥、香花桥。小桥连接南北街巷，沟通上下塘街。河北上塘为枕河人家，背河临街，街上人来车往，嘈杂热闹。屋后则有石踏河埠，可拾级而下至水巷，带着千年苔痕的石阶和驳岸，将水巷衬得更加古朴苍老。河南下塘沿河人家，门对清流，垂柳拂岸，绿荫映波，显得空旷而幽静。以前水巷上小舟船只划来摇去，小商小贩吆喝声不绝于耳，叫卖着各种时令瓜蔬活鲜，江浙一带自制的腌腊酿制食品也是常年不断地在这里交易，枕河人家的日常生活也因了这些叫卖而丰富多彩起来。在这里，优美的环境与浓厚的生活气息结合于一体，构成了一幅富有江南古城水巷特色的风情画。

桃花坞历史文化片区曾是苏州传统工艺美术业的集聚地之一，可以说，苏州手工艺在桃花坞基本都荟萃齐全了。

根据谢家福的《五亩园小志》等记载，民国成立之前，桃花坞地区南部是手工业者聚集的居住生产区域。这里的手工艺并不只有木刻年画一种，还有刺绣、红木雕刻、漆器雕刻、制扇、制砚、苏裱、灯彩扎制、民族乐器制作、仿古铜器制作等，店家作坊可谓鳞次栉比，当时在全国范围也有一定的知名度。

比如自明代中期起，苏州成了国内折扇的主要产地之一。苏扇以其选料精良、做工精细成为雅士们的袖中爱物。谢肇淛在《五杂俎》卷十二说：“上自宫禁，下至士庶，惟吴、蜀二种扇最盛行。蜀扇每岁进御，馈遗不下百余万，上及中宫所用，每柄率直黄金一两，下者数铢而已。吴中泥金最宜书画，不胫而走四方，差与蜀箑埒矣。大内岁时每发千余，令中书官书诗以赐宫人者，皆吴扇也。”又说：“吴扇初以重金妆饰其面为贵，近乃并其骨，制之极精。有柳玉台者，白竹为骨，厚薄轻重称量，无毫发差爽，光滑可鉴，每柄值白金半两，斯亦淫巧无用者矣。”到了明朝后期，制扇手工业者大多集中在桃花坞一带。住在桃坞的文震亨在《长物志》卷七中记道：“姑苏最重书画，其骨以白竹、棕竹、乌木、紫白檀、湘妃、眉绿等为之，间有用牙及玳瑁者，有员头、直根、绦环、结子板、板花诸式，素白金面，购求名笔图写，佳者价绝高。其匠作，则有李昭、李赞、马勋、蒋三、柳玉台、沈少楼诸人，皆高手也。”至于吴中才子诸如文徵明、唐寅、祝允明等人手书的扇面更是千金难求。到了清朝初年，水磨扇骨还被选作贡品送到北京。乾隆时，最有名的扇庄毛恒记就在阊门西街上；同治初，扇骨作坊有十余家，从业者百余人，为了保护行业利益，制扇艺人在桃花坞的韩衙庄设立了扇业公所。光绪时，阊门上塘有古训堂扇庄，负有盛名。津浦、京奉通车后，苏扇的市场扩大到了沈阳，为了增加生产量，便委托南京、常州艺人代加工，这两地的艺人很快也集聚到了桃花坞，南京来的成为“南京帮”，以制作普通折扇为生；常州的则成为“常州帮”，擅做高档扇。

《三百六十行》

民国初年，苏州折扇业持续发展，作坊集中地由韩衙庄扩展到阊门内西街，还新加入了扬州来的手工艺人。公所改组，一分为三，扇骨公所在会议室，扇面公所在后新街，雕边公所在隆兴桥。各公所又分大行、小行，作坊入大行，个体制作者入小行。当时著名扇庄有张多记、李瑞记、唐恒和、黄荣记等。据1936年统计，苏州有扇骨作坊60户300余人。扇面作坊有16户104人，漆骨作坊7户14人，雕边有10多人；扇面产量，市货120万张，行货200万张；扇骨产量，市货66000把，

唐嵩记扇庄招牌

行货33万把；漆骨产量26万把。这时的苏州已经是国内折扇的主要产地了，原扇业公所也分化为扇骨公所、扇面公所。专司雕边的清客（不是以雕边为生者）因为人数太少，没有成立公所，便借茶馆相聚交流信息。

这时，外来户、常州帮中的张多宝扇骨作已经成长为张多记扇庄，为苏州规模最大的扇庄，1921年曾获得上海总商会陈列一等奖，声誉与日俱增，产品在国内不少城市都有经销。

另外，南北向的河西巷曾经是苏铸铜器的大本营，不仅生产日用铜器，还有各类仿古铜器；沿桃花坞大街西行，至今尚义桥街一带，是木器作坊与皮件行聚集的区域；与桃花坞大街平行的阊门内下塘，东部崇真宫桥是苏州百姓“轧神仙”的最早去处，神仙庙就在崇真宫桥附近，因为“轧神仙”时会有热闹的花市，这一小段下塘街也就跟着被称为“花街”。沿下塘街西行至皋桥附近是“苏州灯彩”的作坊区，康乾盛世时，每年进入腊月之后，这一带的灯市喧闹得如同白天一般，各种灯彩精巧百出，花样不胜枚举，火树辉煌，金鼓达旦；灯彩最盛的市场在阊门外，所以有“中市彩子南壕灯”之说。从皋桥再向西经泰伯庙至阊门横街，则是雕版印书作坊聚集地，最盛时期有80余家。从北至南横穿桃花坞大街和阊门内下塘的阊门西街，便到了绣坊集中地。在阊门城门附近南北向的阊门横街和一路之隔的专诸巷，则是苏州玉雕的发祥地。

今天到桃花坞，还可以从街巷门楼墙上寻觅到当年手工艺作坊密布时的印迹，也能探访到继续以制扇、制灯彩为生的艺人作坊。

桃花坞木刻年画

年画，是富有绘画特色和装饰意味的民间美术品，源自避邪镇宅的原始宗教信仰，与年俗有密切关联，它脱胎于春节的“桃符”。每到春节来临之际，古人将长方形的桃木板绘上神荼、郁垒两门神的画像，悬挂在大门两旁，以镇邪驱凶、祈福纳祥，这就是桃符。桃符后来逐步分化出春联和年画。因此年画也是“除旧布新”的重要象征，既喜气洋洋，又吉祥如意，深受民众喜爱。

年画艺术成熟于宋代，被称为“纸画儿”，元时称“消寒图”，明代称“画贴”，清初有“卫画”“花纸”和“画张”等名称，道光年间始有“年画”一词，到民国时期被广泛沿用。苏州的桃花坞曾是江南民间年画生产的荟萃之地，发展最早，延续时间较长，因之，人们习惯将苏州年画称为“桃花坞年画”；苏州又名“姑苏”，故苏州木刻年画又被称做“姑苏版”或“苏州版”。它以浓厚鲜明的民族特色和水乡隽秀的地方风格而驰誉中外，不仅在中国画史上占有一定地位，而且在世界版画史上也有相当高的评价。

桃花坞木刻年画史话

桃花坞木刻年画的起始年代，由于缺乏确切的文献记载和实物佐证，迄今尚无定论。但据各种资料，可推断桃花坞年画的童稚时期当不晚于明代。国内现存清初精印年画《姑苏阊门图》，是桃花坞木刻年画中的精品，该作品的刻印技法已达相当完善之境界。

清康熙年间（1662—1722 年），桃花坞年画得到发展，至雍正、乾隆时期，更为兴盛，与天津杨柳青年画齐名，成为中国两大民间年画中心之一，因而史称“南桃北杨”。郑振铎在《中国版画史自序》中说：“桃花坞者在苏郡城北之隅，独以刊印年画、风俗画有名于时，自雍正

《姑苏阊门图》

至清季，坞中诸肆，始为江南各地刊画之中枢。”从现存图录中可看到康熙年间的《鲤鱼图》、雍正年间的《姑苏阊门图》《美人弈棋图》以及乾隆年间的两张《姑苏万年桥图》等作品，其绘制与印制均十分精美。

太平天国时期，苏州年画铺遭战争破坏，枫桥、山塘一带画铺的印版毁于一炬，元气大伤。加之西方印刷技术传入中国，大量石印年画倾销，木刻年画生意更是一蹶不振，销路渐失。为压低成本，年画商偷工减料，粗制滥造，丧失了原来拥有的城市市场，被迫转向农村，以求发展。光绪初年，原为桃花坞年画创稿的画师金蟾香、周梦蕉等和部分刻印工人转到上海旧校场为“点石斋”绘画。自此，桃花坞画铺有的歇业，有的转业，维持经营的既缺创作画师，又少刻印好手，印版来源只得依靠祖辈传下来的老版片或翻刻旧校场画稿，有的甚至代销石印洋画，主销门神、灶君之类粗劣的产品，以勉强维持生计，再也无力刻制新版，“姑苏版”年画的繁荣时期至此结束。但值得肯定的是，这一时期的桃花坞年画在内容上却比以前的“祈福”“驱邪”丰富了一些，增加了反映中国人民爱国热情的时事新闻画的内容，如《长门捷报》《法人求和》等。

抗日战争前，桃花坞年画铺只有鸿云阁、王荣兴、吴锦增等几家。苏州沦陷时，吴锦增的版片被日军所毁，画铺随之倒闭。此后虽有朱荣记、朱瑞记等新的画铺出现，但尽印些神像版本、商品包装及油印冥钞之类，实际上已非年画本业，艺术光彩渐渐消失。至苏州解放前夕，具有悠久历史的著名桃花坞年画业凋零停顿，几近泯灭。

历史上苏州制作年画的画铺相当多，留存的年画上有铺号可考的约有50余家。以鸦片战争为界，前期有张星聚、张文聚、魏鸿泰、吕云林、陆福顺、墨香斋、季祥吉、泰春源、张在璿、陆嘉顺等；后期有王荣兴、陈同盛、陈同兴、吴锦增、吴太元、鸿云阁等。在年画上署名的画师，前期有桃坞主人、桃溪主人、墨浪子、归来轩主人、宝绘轩主人、墨林居士、杏涛子、丁应宗、陈仁柔、筠如等；后期有嵩山道人，吴友如、周梦蕉、金蟾香、符艮心、何俊元、鞠如等。

新中国建立后，桃花坞年画逐步恢复和发展起来。1950年，苏州市文联对桃花坞年画进行了调查，搜集到旧版年画200余幅，展出于百货商场（今人民商场），协助推销。1951年，为筹备太平天国起义百年纪念展览会，市文联组织画家费新我、陈涓隐、徐绍青、贺野等创作了《太平天国在苏州》组画，由吴麐昆、叶金生等人刻版，王荣兴年画作坊印刷。这套年画开创了桃花坞年画以新思想为表现题材之先河，增强了艺人重理旧业的信心。1952年，苏南行政公署文教局所属苏南美术工场，邀请叶金生（刻工）、陆桐生、史金生（印工）去无锡刻印新年画《爱劳动、学文化》，那是一幅社会主义内容与传统艺术形式相结合的新门画。之后，市文联创作研究部、民间艺术研究组又辅导年画作坊印行《苏州桃花坞木刻年画》200套，每套100余幅，全部用旧版复印，为美术界提供了研究资料。

1956年，桃花坞年画小组成立，后于1959年发展成为桃花坞木刻年画生产合作社，并派3名画家加强年画画稿创作。1956至1959年，桃花坞年画艺人试印水印木刻《屈原》《芦苇小鸟》及诗笺、《1957年春牛图》等作品，特别是陈老莲的《水浒叶子》之复制品刻印俱佳，纸墨精良，受到郭沫若、傅抱石的赞赏，这两位文化名人并为之亲笔题签、作序。此外，还刻印了由画家费新我、吴敩木、许十明等创作的《文化技术大跃进》《庆丰收》《钢花怒放》等9幅宣传画和门画《增加农业生产，建设社会主义》，桃花坞年画在内容与时代紧密结合上又迈上了新的台阶。

1961年，合作社新培养刻印艺徒28人。1962年，苏州市桃花坞木刻年画艺术研究会成立，在加深对桃花坞年画传统艺术风格特点学术研究和新年画创作等方面，起了积极的推动作用。同年，苏州工艺美术研究所内始设桃花坞年画研究组。1964年，该组部分人员并入桃花坞木刻年画社，加强了创作设计力量。1962

年前后，桃花坞年画年印刷量逾100万张，后在国家有关部门下达关于制止印刷和销售门神、灶君等迷信印刷品的文件后，销量受到影响。1964年，全年印制的88万张年画仅销售一半，积压严重，劳力过剩。1965年9月，桃花坞木刻年画社与漆器雕刻厂合并，但仍保留招牌和产品。

“文革”期间，桃花坞年画被迫停产，艺人则被下放到农村。1970年，画社撤销，人员并入苏州雕刻厂，以前保存下来的200余幅年画旧版被堆放在该厂露天，任由日晒雨淋，很快这些年画旧版就全部损坏，荡然无存。

1971年，根据苏州市轻化工业局工艺美术调查组建议，桃花坞年画小组恢复成立并附属于苏州民间工艺厂。1975年，印制出了一批新年画，有《风华正茂》《饮水思源》《友谊第一、比赛第二》《成果》等。这些作品，有的参加全国年画展览、有的出版，产生了一定的影响。

1979年，桃花坞木刻年画社和桃花坞木刻年画研究会相继恢复。同年，设计人员创作和整理出木版年画60余幅，其中，《江南春早》《李自成》《狮舞图》《正是果熟花香时》等19幅作品被中国对外文化交流委员会选送参加于意大利、卢森堡、比利时3国举办的中国年画展。1980年至1985年，桃花坞年画创作一度形成高潮，一批题材新颖、形式生动的年画作品相继问世，《春暖花开》《刺绣图》《万象更新》《喂鸭图》等20余幅年画均获得了社会好评。桃花坞年画先后在上海、沈阳、南京、苏州等地展出，香港电视台和上海电视台还拍摄了专题电视片。年画组画《水乡新貌》先后获苏州市工艺美术系统创作奖、江苏省工艺美术百花奖、轻工业部创作奖；年画《比绣艺》在全国年画展览中获三等奖。

1985年9月，桃花坞年画社与艺石斋合并，对外挂两块牌子，内部则实行统一行政管理，年画社有34人。在桃花坞年画继续创作和生产的同时，开始采用胶版印刷，由江苏省新华书店在华东地区发行，年销售量达30多万张。

桃花坞木刻年画的影响

桃花坞年画的销售地区，除遍及江、浙、皖外，还远及赣、鄂、鲁、豫和东北广大地区。清代，每到农历九月，桃花坞及山塘一带便热闹起来，人们挑担推车，远道而来，多以米、花生、瓜子、油等换取年画，其情景正如《清嘉录》所载：“门神彩画五色,远方客多贩去,今其市在北寺、桃花坞一带。”

苏州年画的销售方式有店铺兼营、摊贩推销和肩贩兜售三种。值得一提的是肩贩,他们把年画背在肩上走村串镇,每到一地,油纸一铺,年画一摊,为了吸引买主,有说有唱,十分生动。这些唱词,各有传授,或祖传,或创新;唱腔也不尽相同,有的类似山歌小调,有的介于山歌与顺口溜之间,如《老鼠娶亲》唱词通俗诙谐,趣味盎然,在生产与消费者之间,起了良好的桥梁作用。

明末清初,桃花坞年画就已流传至日本并有人专门收集它,这些年画后来被编入日本出版的《世界美术全集》。此外,《苏州版画及其时代》等书刊中对桃花坞木刻年画都有著录或论述。日本的“浮世绘”就是在桃花坞年画的影响和启发下才进入新的境界的。日本版画家小野忠重在《苏州版画及其时代》一文中说:“中国年画感动了日本浮世绘版画家,‘浮世绘’的新构思,无不以此为参考。”清初,桃花坞年画又从日本传到美国。康熙三十二年(1693 年),英国人康培夫尔在日本江户发现桃花坞年画后爱不释手,当即搜集了一些携回本国,保存于英国博物馆中。此后,克尔特根据这些年画撰写了一篇题为《中国彩色版画论》的文章。20 世纪 50 年代,德国学者李特克曾到苏州搜集桃花坞年画,回国后出版了《中国年画》加以介绍。80 年代以来,桃花坞年画频繁在国外展出,所到国家有意大利、卢森堡、比利时、日本、美国、墨西哥、加拿大等。桃花坞年画作品还通过国际书店发行到国外,有不少外国版画家慕名专程到桃花坞年画社参观访问。

日本的浮世绘

在国内,从明末清初以来,桃花坞年画一直影响着上海、扬州、南通、南京等地的年画艺术和市场。这些地区纷纷效法，生产年画，它们中有的将画稿交桃花坞画铺代为刻印（如上海），铺号刻上"上海老文仪澜记制"或"飞影阁刻印"等字样，实质上还是桃花坞的产品；有的则按照苏州年画上的图样加以翻刻和印刷（如扬州），风格与桃花坞年画大同小异；也有学了苏州年画的刻印技术、工具、色料以后自立门户，制作年画的（如南通）。这些地方的年画艺术虽融汇了当地自己的特点，开创了新的风格，然毕竟还是源出桃花坞。

桃花坞木刻年画制作技艺

桃花坞木刻年画继承了明代精湛的分版分色套印技术。一幅年画作品，由构思起稿到完成，必须经过画稿、刻板、套印三个密切相关的步骤，必要时还需人工填色和装裱，工序繁多复杂。

画稿，是决定作品风格及下几道制作工序的基础。先由画师设计出黑白稿，然后画成效果图。若要多色套印，还要绘制多张单色色稿，以供刻分色版之用。画稿要求构图丰实饱满，形象简洁生动，色彩鲜艳明快，笔法拙朴简练，单线平涂，富有民间木刻版画的装饰趣味和审美情趣。

刻板，常决定着木刻年画的艺术效果。要求雕刻出来的版片必须忠实于画稿原作，不损其画意与笔势，不失其神韵和形态。刻板材料，有枣木和梨木，它们都具有木质坚硬细匀、不易翘裂伸缩等特点。白漆树也是常用材料之一，由于其价格低廉、奏刀容易，通常用于刻字或单刻墨线版。近年来，还以一些三合板、五合板代用套色版，可以达到同样效果，不足之处是它们易于开裂，存放时间不长。板片的厚度一般以一寸半至二寸为宜。刻板工具，应选制齐备全套木刻刀具。用来制作桃花坞木刻年画的刀具约有10余种。主要的一种形如月牙，装有木柄，拳握方便，故名"拳刀"，凡年画上的点、线、块等都用该刀刻出。过去，拳刀一般由刻工自己精制。其他辅助工具，如弯凿、扁凿、大小剔空、韭菜边、针凿、修根凿、插凿等均作"敲底"之用，即线条、点面全部刻出后，所余空白的地方用凿剔光、推平，这一工序术语称做"下手"。适合的木材选好后，便按画稿大小进行配料，拼好后再刨平磨光，以达到平、光、细、净为度。然后用薄浆糊匀涂版面，将稿纸反贴其上，经晾干，方可进行雕刻；年画艺人有"上样定终身"一语，足见这种粘贴画稿工艺之重要性。刻版强调以线条为基础，严格运用发、衬、挑、复、拖等刀法，并视实际情况灵活采用直形线条或坡形线条两种刻法。前者“陡刀立线”，凸出的线条上下一般宽，这样可不怕磨损，即使多印，线条亦不致变粗，但也有因其“陡”而容易折断的不足一面，故适合于刻短线条；后者线面与线根形成斜势，这种刻法的最大优点在于印版不易折断，不过一经久印，图案便会走样，故一般用于刻长线条，以保证其牢固性。除此以外，线条还有粗细之分，一等线条刻线最细，用于人物脸部、手部；二等线条用于衣纹，刻制时须注意笔锋；三等线条则用于树木庭园等配景。雕刻的技巧主要用来表现各种线条之转折、轻重、粗细、浓淡等微妙变化。雕刻时，控制刻刀的运转和刀锋的去向，做到持刀如笔，抑扬顿挫，运用自如。以前的刻版匠师都未能留下姓名，姓名流传后世的仅有已故的徐国荃、许良甫，已退休的徐国良、叶金生。现在，桃花坞年画社又培养了几名青年学习刻版技术，以便将此技艺传承下去。

年画工艺

套印，这是木刻年画制作过程的第三个步骤，也是一门易会难精的手工技艺。桃花坞年画分版套印，一般为五套或六套色，每版一色，不分浓淡，平刷印出。要求套版准确无误，画面洁净无污，线条清晰明朗，色彩鲜丽明快。在整个印制过程中，印刷工须一丝不苟地逐一完成看墨线版、看套色版、冲色用胶、选料（纸）、上料（夹纸）、模版和插纸刷版、擦印、隔水9道工序，其中主要技法是上料、模版、刷版和擦印。模版，常常是决定套印准确性的关键。要求上下左右都必须模准，在印刷过程中，要对微有移动的版片随时用小榔头敲移校正，以使套色版与墨线版丝丝入扣。擦印，即用擦子在纸背后擦出画面，这是不可忽视的技法，要求插纸上版后，擦子的下落不可稍有迟疑，且其轻重、软硬、快慢都要注意火候，根据画面灵活运用，以表达出画稿用笔、运墨的艺术效果。

桃花坞木刻年画的艺术特色

潘安掷果

桃花坞木刻年画除所有年画共有的构图丰满、造型夸张、色彩绚烂、线条劲健等特点外，还有其独特的艺术风格。在清雍正、乾隆年间至鸦片战争之前一段时间内，清雅细秀、构图复杂是其主要特色，风景年画尤具独创性。具体体现在两方面：一是仿古，无论是题材选择、位置经营、色彩运用、手法处理，均悉心摹仿宋、元、明以来中国传统绘画作品，承继中国民族卷轴画的传统形式，具有明代木刻风格，如《寿星图》《戏婴图》《美女图》《鱼藻图》《岁朝图》等。二是仿西洋绘画，线条排列细密匀正，强调透视，讲究明暗，模仿铜版画效果，并在画面上标明“仿泰西笔法”，如《姑苏阊门图》便是明显一例，其他还有《耕织图》《西湖十景全图》《栈道积雪图》《大庆丰年图》等，在这些作品中铜版画笔法之影响同样清晰可见。

鸦片战争后，特别是同治、光绪以后，桃花坞年画的销售对象转向以农民为主，从内容到形式，多方面地适应农村生产、生活习俗、居室环境的需要，成为地地道道的为农民所喜闻乐见的美术品，风格特色也随之表现出浓郁的乡土气息。这一时期桃花坞木刻年画的特色是题材内容丰富，涵盖面广，优秀作品如祝祷丰年、

反映耕织农事的《春牛图》《蚕猫逼鼠》，另有反映时事新闻和地方风俗的《长门捷报》《姑苏玄妙观》、体现驱邪降福心理的《金鸡报晓》和各种神像，还有各种各样的戏文、民间传说、美女人物等。构图丰满而不臃塞，稳重而不平板，带有浓厚的装饰性和趣味性。人物造型健康朴实，欢乐安祥。头面适度夸张，动作生动而稳定。线条简练明快，较前期粗壮有力，富有节奏感，但仍不失挺秀典雅。色彩以桃红、大红、黄、绿、紫、淡墨为基本色，对比强烈，画面热闹喜气，呈现出朴实之美。特别是清末民初开始在戏文年画上使用紫色，并逐渐将紫色扩展到其他题材，为桃花坞年画打上了更鲜明的艺术印记。

新中国建立后，特别是20世纪80年代以来，从事桃花坞年画创作的美术工作者不断地推陈出新，创作了一批内容、形式、技法皆有新意的民间木刻年画，融进了鲜明的时代意识和艺术个性，增强了桃花坞年画的艺术生命力，产生了新的艺术风格和特点。在年画题材的选择上，多以苏州一带的小桥流水、墨瓦白墙、人家枕河、村姑服饰、吴地习俗、园林建筑为内容，使画面充满了江南水乡的风俗人情和神韵，具有强烈的地域性和纯朴清新的乡土气息；在艺术表现手法上，作了多种尝试和探索，较多地采用方形构图的形式，以加强年画的装饰性；在色彩上，强调人物和主要景物的对比色，使画面产生强烈的色彩反差；在印刷中，适当地吸取水印木刻印制方法的特点，使画面的层次感更清晰。

桃花坞木刻年画代表作

桃花坞木刻年画品种丰富，形式各异，其产品大致有几十种。

神像类　这类题材深受民间喜爱，与人们“驱邪避害，降魔纳福”的心理与愿望相契合，主要有《秦叔宝、尉迟恭》《姜太公》《五台神仙轴》《钟馗》等。

月光美人

娃娃、美人类　这类题材特别符合农村妇女对美满家庭的向往和追求，以及盼望人丁兴旺、子孙满堂、荣宗耀祖、富贵永存的精神诉求，主要有《百子图》《冠带流传》《玉堂富贵》《麒麟送子》等。

戏文历史故事类　这类年画以歌颂善良正直的英雄人物和描绘战斗场景，以及贬斥丑恶小人为主，最受孩子欢迎。一般画面情节生动，场面热闹，人物形神兼备，非常切合群众“画中要有戏，百看才不腻”的欣赏要求，主要有《四郎探母》《岳武穆精忠报国》《穆桂英大破天门阵》《花果山猴王开操》《唐僧女儿国招亲》等。

节令风俗生活类　这类题材的作品以特有的乡土气息、地方色彩和风俗人情给人以亲切感，主要有《虎丘灯船胜景图》《端阳喜庆图》《姑苏报恩寺进香》《赏新灯》《千里春风万家丰登》等。

耕织农事类　这类年画以颂扬劳动人民男耕女织、勤俭致富的美德为题材，宣传“人生天地间，庄农为最先”和“务本生财”，有着积极的教育意义。主要有《春牛图》《报晓图》《好当家》《桑园新绿》《渔家乐》《果熟时节》等。

城乡风景类　这类年画主要描绘地方胜景，反映里巷见闻及士农工商各阶层之生活动态，佳作有《姑苏万年桥图》《虎丘图》《江南集锦》《苏城胜迹》《水乡风光》《姑苏北寺塔》《水乡秋色》等。

花鸟果蔬静物类　这类年画多以“口彩”迎合消费者“画中寓吉利，才得人满意”之要求。如《花开富贵》，图中花瓶分插盛开的牡丹、成熟的石榴和桃，色彩鲜艳，饱满旺盛，寓意着吉祥喜庆、平安富贵。

动物或幻想动物类　前者有《报晓图》《金钱虎》《九狮图》等；后者多以龙凤为主，如《双龙戏珠》《麒麟送子》等。大多象征吉祥美好。

祈福吉祥类　年画艺人们或利用人们喜闻乐见的内容组成字形图案，或将古代吉祥动物与贺喜颂词组合在一起，体现人们祈望五谷丰登、岁岁吉祥和对幸福美好生活的憧憬与追求。如《和气致祥》《洪福齐天》《福寿双全》等。

历史记载类　这类年画大多记述历史事件，有《法人求和》《长门捷报》《全国学生血心爱国劝告同胞抵制日货全图》等，以表达人民大众的爱国热忱和赤子之心为主。

装潢彩纸类　这类年画的实用性最强，多为香斗纸、炮仗纸、糊壁纸、全景床帏、果盒纸等，应用极为广泛。

除此以外，还有讽刺官场社会的，如《是是非非，明明白白》；寓言故事如《无底洞》《老鼠嫁女》等。总之，无论何种题材，都要取美名，讨“口彩”，符合和适应民众的心理要求，这样才能赢得其喜爱。

桃花坞年画多与实用结合，其规格常按照张贴地方的大小制定，形式亦根据居住环境特点和使用习惯而不同。桃花坞年画整张纸的大画称为全张，小画有对开、三开、四开、八开、十二开不等，另还有中堂、屏条、斗方之类；式样有横式、竖式两种。除门画成对，戏文故事有上下两幅外，一般为单幅。通常中堂挂于堂屋；门画贴于迎门；横披、屏条、对屏、对联等均纯供装饰外壁之用；“走马灯”贴在灯外面；“月光”贴于供台上，中秋时节使用；“贡笺”上面印有隐约图案，可书写信件；“牛栏猪圈”则用于贴在牲畜栏上；等等。

列入非物质文化遗产名录

随着时代的变化，民众的生活观念和生活方式也发生了巨大的变化，年画市场也受到了巨大的冲击，不仅日见萎缩，而且后继乏人。为了传承这一艺术形式，2001年，桃花坞木刻年画社划归苏州工艺美术职业技术学院，桃花坞木版年画成为了该院的一个常设专业，该院还开设桃花坞木刻年画研修班作为固定的教学基地，培养传人。苏州桃花坞木版年画由生产经营型转成了科研教学型，进入抢救保护的新阶段。2006年，苏州市有18个项目列入国务院公布的首批国家级非物质文化遗产代表作名录，桃花坞木版年画就是其中之一。

苏州市委、市政府将紧邻唐寅故居的朴园内一家卫生防疫站整体搬迁，在原地建立苏州桃花坞木版年画博物馆。朴园是一座美丽的园林，也是苏州市文物保护单位。文化部门将其6000平方米维修成苏州市非物质文化遗产保护中心(筹)，保护中心的首期项目就是建立年画博物馆。由于历史原因，苏州桃花坞年画在全国主要年画产地中损失最为惨重，老画、古版所剩无几。筹建年画馆一开始，手中既无一幅古画，又无一块古版，工作遭遇了最大的难题。“功夫不负有心人”，后终于在苏州图书馆古籍部发现了200多幅老版年画；最令人感动的是，苏州市文化部门的老领导钱瓔同志将其父亲、著名学者阿英生前搜集珍藏的200余幅老版年画全部捐赠了出来。此外，通过在古玩市场和民间四处寻访，终于又征集到一批清代及民国时期的老版。年画馆和桃花坞木刻年画社联袂合作，组建传承工作室，制定了相关的传承、保护机制，复制了一批桃花坞年画代表作，使桃花坞年画又回到公众日常生活之中。

关于桃花坞木刻年画的主要著作

由苏州工艺美术职业技术学院、苏州桃花坞木刻年画社历时三年编纂的《桃花坞木刻年画——作品·技法·文献》2010年由上海人民美术出版社正式出版发行。全书计8万余字、331幅图片，“作品”章在苏州工艺美院收藏的十余箱500余幅桃花坞年画中遴选187幅作品，并加以简短介绍；“技法”章用26000余字对国家级非物质文化遗产传承人房志达、省级非物质文化遗产传承人叶宝芬等老艺人绘稿、刻版、印刷、开相的全过程进行记录，并配有分解图示144幅；“文献”章收录相关论文论著条目334条，并附录清末民国卖画艺人钱杏生在1962年为桃花坞年画社唱录的唱卖谣24首。该书，无论是“作品”章院藏孤本的首次发表，还是“技法”章工具、材料的制作流程的记录，抑或是“文献”章便于检索的完备条目的罗列，为其后深入和综合研究桃花坞木刻年画提供了可能，也为其他非物质文化遗产的保护与传承提供了参照。

2011年2月，《中国木版年画集成·桃花坞卷》由中华书局出版。在编撰此书的过程中，苏州市非遗中心充分利用开放的条件，搜集海外如大英博物馆、日本一些博物馆等桃花坞年画藏品资料，搜集海外回流的年代前移、尺幅大、品相好的古版画，并继续在民间寻访，经过5年的辛勤努力，收集到从清前期、中晚期到民国时期的桃花坞古版年画包括资料共计1200余种。该书的内容包括桃花坞年画产生的背景、历史、现状、艺术特色和独特价值以及桃花坞年画的分类与张贴、制作工艺与材料、画店与艺人、销售情况、相关民俗与民间故事等。书后所附光盘以动态图像记录了桃花坞年画的制作过程、独特价值、相关民俗和传说等，形式新颖，广获好评。

慈善往事地名中

天库前　位于吴趋坊北段西侧，东起吴趋坊，西至专诸巷。天库前的由来本身就充满了悲天悯人的色彩。据康熙《吴县志》记载，唐周真人曾在天库前建坛为当地百姓祈福禳灾，久而久之这里就被称做天库前了。道士设坛禳灾祈福尽管带有唯心主义色彩，但是这样做的本意是为百姓祈求福运降临，消除灾害，在生产力低下的年代毕竟能够起到安抚民心、激发民众希望和信心的作用，确实称得上是善举。所谓"天库"，形似一只亭子，四面砌墙，一面开环形洞，洞上有"天库"二字，民众怀着虔敬之心在洞内焚烧"钱粮元宝"（迷信品），解（敬献）给天上的玉皇大帝。旧时这一带香火特盛，民国《吴县志》尚称其为天库巷。

天库前老宅

恤孤局　位于景德路西端南侧，东接石塔横街，西出景德路。清同治五年(1866年)曾在此设恤孤局，具体地点在梵门桥巷北石塔头，早先是用以抚育孤儿的恤孤堂。每年仲冬时节，恤孤局收养那些被遗弃的幼小孤儿，到了第二年春二月时再出资遣往别处。时间长了，恤孤局的名字也就成了巷名。当时这里还有抚孤堂，是专门教养孤儿的场所，从收留的孤儿当中选天资较好的孩子教他们读书、学习工艺，学成后再安置他们回报社会。咸丰十年(1860年)，恤孤堂和抚孤堂都毁于战火。同治五年(1866年)，长洲县知县蒯德模出资合并重建了恤孤堂和抚孤堂，改称为恤孤局，并拨给恤孤局官田300亩，作为恤孤局抚养孤儿的经费。1982年，曾在原地发现恤孤局石碑一块，2002年拆迁时废弃。

龙兴桥弄　南接桃花桥弄，北至平四路。南宋建炎四年(1130年)，金兀术率兵南下攻陷苏州时，荼毒生灵，尸横遍地。当时桃花坞"蔡庄"的主人蔡隆兴夫妇首创"义瘗"，在庄中让出大片土地，用于义葬死于战乱的157000余具军民遗骸，蔡庄从此田荒池废，只剩下东蔡家桥、西蔡家桥及其地名。隆兴元年(1163年)，敕建隆兴寺以祀蔡隆兴，寺庙占地甚广。后来在此处建桥曰"隆兴桥"，到民国时期讹作"龙兴桥"，隆兴寺也讹作"龙兴寺"。龙兴桥原在桃花桥弄，巷以桥名。1953年桥被拆除，但巷名仍沿用。1958年，龙兴寺废弃，庙屋一度改为小学校宅及折扇合作社(苏州扇厂前身)的生产用房。"文革"后散为民居。作为巷名的龙兴桥，一直沿用到2003年拆迁才废止。

轮香局　在桃花坞西大营门。清嘉庆二十年(1815年)，郡人胡宁受创建，并在此设立义塾。道光二十二年(1842年)，郡人陈敦镛又设惜字会。二十六年，又增办施棺、掩埋、放生、修砌街桥等慈善活动。咸丰十年(1860年)，苏州发生了战乱。战乱结束后，轮香局荒废得不成样子，屋舍颓圮，大半都已崩塌。同治四年(1865年)，里人谢家福等重建，并设殡舍，以寄放棺材所收费用弥补善款的不足。当地的一些乐善好施人士担心这一善举难以为继，便召集士绅，号召先恢复惜字、义塾、施棺、代赊、代葬等慈善活动。长邑尊合肥蒯公勇敢地担起了恢复善举的重任，他积极地向上与高层官僚沟通，联络同僚，并带头捐资发出倡议。管理慈善机构的官吏也积极地鼓动乡里，连续发动了三年慈善活动。绅士俞问樵有个家庵名曰松筠，他表示愿意将庵中的26椽房屋捐给轮香局，作为停放棺材的场地，每年

所收费用中的三分之一作为族中没有子嗣者作祭扫等的开支,而余下的三分之一则交给轮香局支配。

儒孤学舍　在桃花坞西大营门。清同治间,郡人谢家福创建。儒孤学舍本身并无固定资产,其经费来源依靠士绅们筹款拨付。藩司在"丰备义仓款存库发典生息"项下,每年拨付银洋1000元,殡舍寄费约收银洋两三百元。宣统末年,因经费不足停办。

推仁局　在宝林寺西,清同治五年(1866年),郡人程肇清创立,一开始附设在白莲桥同仁堂会洋货咏勤公所内,落成后固定在宝林寺之西,专门用于帮助那些有墓地而无力落葬者,也用于掩埋三县被处砍头或绞刑的犯人的棺木。推仁局由热心慈善的人士在同行中设法劝募筹款,好在同行们捐助都比较踊跃,因此经费勉强能够支撑,也能够较好地发挥慈善作用。同治十三年(1874年),官拨永义堂(旧在南濠青石桥。咸丰十年毁于战火,有田产140余亩),依旧叫推仁局。

体仁局　在阊门内尚义桥东北,清光绪二十八年(1902年),徐俊元、吴中行、吴韶生等创建,专收埋病殇婴孩,其经费由各钱庄及钱业公所按月捐助。是年十一月,在长邑八都一图天字圩管家浜设义阡,占地有三亩七分一厘三毫。二十九年(1903年)闰五月,又在局之东首板桥堍添设分局。

存义堂　在苏州城西北隅桃花坞后,为结帽缨者公所。旁置殡舍数楹,天长日久之后,累积的棺材已有1000余具。咸丰十年(1860年)庚申,太平军到苏州斫毁棺材,把棺木运往别处。殡舍被毁坏后,累累白骨散乱堆叠在瓦砾杂草中。太平天国战事结束后,即使想要将这些白骨单个下葬也已不可能。善心人士出于同情,出资雇工把这些白骨残骸捡拾装入瓮中;尸骸尚完整的,就重新装殓下葬。经过仔细搜检,残骸装了152瓮,有16具遗骸得以重新入殓,在原地开挖了高7尺、宽15丈的墓穴将之安葬。这项善后工作自同治五年(1866年)丙寅八月开始,当年十一月才告结束,共花费金钱十六万一千有余,所费款项都来自热心人士。为了告知后来者,当时曾立碑为记。

谢家福对此事的记录是:"冢在宝志庵西、慕栖庵北。其地故为问心庵,道光间归存义堂,作殡舍。乱后屋圮,筑冢立碑。今碑失而冢存。"

慈善家族

义庄是宗法社会的产物。苏州的慈善活动历史悠久，大家族办义庄则是始于范仲淹。北宋仁宗皇祐二年（1050 年），范仲淹在苏州长洲、吴县置田十余顷，将每年所得租米供给各房族人衣食、婚嫁和丧葬之用，始称“义庄”。范仲淹首创的义庄是家族式慈善的发端和典范。根据范氏义庄的规定，每个族人每个月可以领到 3 斗白米，如果是质量稍次的糙米，则可以多领两成；族里每房还可以领到一个奴婢的口粮。在范家服役 15 年以上、年龄达到 50 岁的仆人也可以享受族人的待遇，领取口粮。家族子弟出外做官期间没有口粮供应，但是留在家中丁忧、候选者，以及到边疆做官者的留守家属都可以领取口粮。每到冬天时，族人领绢 1 匹做新衣，儿童减半。族中女儿出嫁可以领钱 30 贯，再嫁的领 20 贯；子弟娶妻可一次性领钱 20 贯。族人亡故后可以按照长幼尊卑领取丧葬费，但是 7 岁以下早夭者和奴婢没有丧葬费。范氏家族还开办了义学，由族中已取得科举功名者任教，义庄负责开支；对于族中子弟学有所成者，还提供一定数额的经费补助。今天的景范中学前身就是范氏义庄的义学，它由范氏后裔范烟桥等人于 1945 年在义学原址新办。义庄还借屋给无屋可居者居住，借钱给经济上困窘者，如借者实在无力偿还，义庄并不多作计较。范仲淹创立的范氏义庄管理模式有点类似于家族内部的共产主义，不分贫富，只要是范氏族人

范氏义庄前牌坊

都老有所养、幼有所依，婚丧嫁娶、子弟教育都基本上有了保障。

之后，许多名门望族都效仿范仲淹，以义庄、义学、义田的形式，为族人提供各种资助，不过接济范围不像范氏义庄那样涵盖每一个族人，而是专供给族中贫寒者。在桃花坞历史文化片区范围内，比较有名的义庄有两处：吴氏义庄和汪氏耕荫义庄。

吴氏义庄就在桃花坞。清嘉庆十六年(1811 年)，吴振鍱继承其父文垣遗志创建，并捐置田 649 亩。二十一年(1816 年)，又置墓祭田 92 亩。咸丰十年(1860 年)义庄颓圮，同治年间，吴振鍱的曾孙邦勋等重修，并增置田 290 亩。

汪氏耕荫义庄在申衙前，位于景德路 262 号，即今环秀山庄园内，系清道光二十九年(1849 年)，汪为仁以毕沅尚书的故宅为基础而创建，置田 1000 多亩。冯桂芬《汪氏耕荫义庄记》对耕荫义庄的创办过程和规定有详细的记载。

耕荫义庄的汪氏一族祖籍徽州，始祖是山东颍川侯汪其。到汉代时官至龙骧将军的汪文和率族人迁到江南。唐代上柱国越国公汪华实际上是汪氏的别祖。汪氏后裔、武庠生汪尚禄于明末时从歙县到苏州游学，喜欢上了这里的风土人情，便于清朝初年留居在阊门附近的吴趋坊，在苏州生息繁衍。汪尚禄的后代中有经由科举走上仕途的，也有继承老祖宗的本领经商的，人才辈出，这一支也因此而兴旺。乾隆十六年(1751 年)，汪氏子孙汪为善考中进士，入了翰林，临终时留下遗言令孙辈汪世锡等人兴办义庄。道光二十一年(1841 年)，汪紫仙的儿子汪藻和汪嘏庭的儿子汪坤同榜考取了进士功名，汪藻后来官至工部郎中，汪坤也从庶吉士做到了吏部主事。这一年，同族子弟中考取功名的子弟还有若干人。汪氏一族一年里就在科举上取得如此大的成功，给了族人很大的鼓舞，想为族人办公益的信心也就更加迫切。道光二十九年(1849 年)，由汪小村和汪紫仙倡议，筹款创办汪氏义庄。之所以把义庄地址选在了今环秀山庄园内，是因为这里文化底蕴深厚，风景秀美。它最早为五代时吴越广陵王三子钱文恽的金谷园旧址。宋代归文学家朱长文所有，名“乐圃”。后改景德寺，又改为学道书院、兵巡道署。明成化年间(1465—1487 年)又归杜东原；万历年间(1573—1619 年)为申时行宅第，中有“宝纶堂”。清代康熙初年，经申时行裔孙申勖庵改筑，名“蘧园”，因建“来青阁”，闻名苏州城，魏僖为之作记。乾隆年间(1736—1795 年)为刑部侍郎蒋楫所居住，蒋氏在这里挖到了古甃井，为之起名“飞雪泉”。其后又为尚书毕沅和相国孙士毅宅。汪小村和汪紫仙的倡议得到了族人的踊跃支持，累计捐田1000余亩、捐白银数千两用于办义庄。购下“乐圃”旧址后，更名“颐园”，建立汪氏宗祠并创立耕荫义庄，春秋飨祀和节令家族集会等都在此举行。耕荫义庄效仿范氏义庄制定“庄法”，选择家族中的品德贤良人士管理义庄，使得鳏寡废疾有所养，嫁娶凶葬有所助，族中的学子能够有参加春闱秋赋的远行路费。

到咸丰、同治年间，战火频仍，耕荫义庄因经费难以为继而颓圮。

慈善家

谢家福故居

桃花坞地区的慈善家首推谢家福。谢家福(1847—1897年)，字绥之，号桃源主人、望炊楼主人、兰阶主人等。他是清代洋务运动的积极参与者，是开拓和推进中国交通电信事业的先驱者之一，也是苏州电报通信业的创始人。

谢家福生于苏州，咸丰十年(1860年)，因为战乱，同母亲一起避居上海。谢家福故居位于桃花坞大街264号，即著名的望炊楼。故居南向，现存两路，占地面积3456平方米。西路有楼五进，东路存轿厅和大厅。大厅面阔3间12米，进深7檩11.8米，扁作梁，前置船棚轩。宅基为明代沈均废园故址，尚存砖刻“废园”二字。据考，太平天国时期劝王府曾设在此。谢家福的《五亩园小志》和《桃坞名胜记》是研究桃花坞地区历史文化的重要资料。

不过，谢家福作为一名慈善事业家所做的善举，却往往不为世人所知。他赈灾所及，除了所属江苏的江、震、常、昭、昆、新、青浦外，尚有诸多他省，如山东、河南、安徽、山西、直隶、广东等。涉及灾情既有水灾，亦有旱灾，所做之事既有捐钱，又帮助修筑圩岸,甚至办义塾、掩埋骸骨等。

光绪二年(1876年)大旱,苏北的海州、沭阳一带发生严重的蝗灾,一时间旱蝗交迫,赤地千里,庄稼颗粒无收,灾民扶老携幼四散流徙,络绎过江南下的饥民不下数万。这些饥民沿途乞讨,大多流往苏南各城镇。谢家福在十二月十二的《申报》上发表了《拟上当事筹恤淮灾书》,提出启动疏河引水、修闸和御卤等工程来让灾民以工代赈,希望通过这些措施安定民心。到十二月二十八日,苏州城内已聚有灾民2万余人,谢家福和本地乡绅一起出力开粥厂留养江北灾民。

光绪三年(1877年)夏,华北陷入了空前的大饥荒,山东也在其列。谢家福多次收到朋友的书信,信中屡屡提及山东有很多食不果腹的男孩被外国传教士收养,流转他乡,如果不施手救援,这些男孩将"永沦异域"。当时西方传教士李提摩太等人也在中国华北展开了救助行动,谢家福洞察洋人以赈灾为名收买中国民心的用心后,积极组织南方绅商抵抗洋人的"善行"。他公开表示:"弟之此行为敌夷,不为赈济。"并与无锡绅商李秋亭(金镛)、金少愚(德鸿)商议筹款,表示筹得300两银后,便北上救赈。他检查先祖父遗册,发现其中有现成的募捐方法,还配了图解,便将之告诉众人,远近的热心人士都积极响应。在很短的时间里申江(今上海)就已集银数千两,等行抵山东后,来济助者依旧源源不绝。谢家福分管寿光一局的救赈,另外还独自一人挑起了救赈青州留孩一事。赈济结束后,谢家福在当地设立了留孩所,将流落异乡返回的山东儿童送到这里安置,还买屋设义塾,并筹经费以图久远。

乱世之际灾害频发。第二年,河南又发生了旱灾,人以人为食。熊纯叔、凌砺生听到这一消息,自告奋勇地前往赈灾,金苕人和严佑之紧随其后也去了河南。负责筹款中转的谢家福号召各行省善士绘图贴说为灾民乞命,他从早到晚,"日削牍数十通",墨干笔秃,仍奋不顾身,可谓通宵达旦地赶制《河南饥荒铁泪图》系列图贴,展示百姓剥树皮充饥、产妇母子双亡、卖儿卖女等饥荒的惨状。他的这番诚心感动了很多人,有人道,看了这些图册还不被感动的话,就是没有人性了;有的人被谢家福的决心和图贴内容感动得热泪盈眶。这些图贴号召力极强,连一些穷乡僻壤都有人捐赠银两,谢家福自已也深受感动。从这以后,外省一旦发生灾荒,他都积极出力,赈灾的足迹遍及山西、安徽、直隶、河南等省。

《河南饥荒铁泪图·树皮草根 剥掘充饥》

光绪十五年(1889 年),苏属江、震、常、昭、昆、新、青浦等县水灾,谢家福和族兄谢庭芝亲到灾区赈济,他发现各处暴露的骸骨非常多,便呈请方伯黄写信给江苏县丞彭锡恩,通过以工代赈的方式掩埋骸骨 12000 余具。

谢家福毕竟是个凡人,他在创筹东赈之始,本来只是想尽力行善而已,并不想一直做下去,没料到天灾流行,连绵不绝,而且他的善行也确实得到了四方响应,并渐成风气,于是一发而不可收。谢家福对经手的善款严格记账,认真管理,专款专用,界限分明,每项善款之间都不相混淆,他这是以诚心做善事,今天一些所谓"慈善人士"的作秀和他相比,足可汗颜了。

从光绪二年(1876 年)至光绪十九(1893 年)年间,谢家福先后募得赈灾银两 252.2 万两有余,又自捐长、元、吴三所县学中的贫困学子经费白银 3000 两,还用赈灾多下来的款项创办了城西借本公所。他的这些善行在全国上下广为人知,也因此 7 次获得了朝廷的"传旨嘉奖",清廷恩准他建牌坊,并准予他在坊上镌刻上"乐善好施"字样。

清末,谢家福曾主持轮香义塾,在原五亩园南部建三县孤孝、接义公所、轮香局、文昌宫等。20 世纪 40 年代,轮香局等部分建筑被移作"城北殡仪馆",谢家福的嗣孙谢安生是该殡仪馆的最后一任馆长。

另一位不能不说的善人是尤先甲,他也是一位热心公益的士绅,每闻有灾,不论何地,总会积极筹款并派员到灾区放赈,先后在苏州开办过官粥局、民团局、平粜局等慈善机构。

尤先甲(1843—1922 年),字鼎孚,吴县(苏州)人,现刘家浜 39、41、43 号都是他家宅邸。尤先甲祖籍安徽徽州,光绪二年(1876 年)进士,授内阁中书,曾两度调礼部任职。光绪九年因为父亲去世回乡服丧,之后再也没有做官,在苏州热心从事桑梓公益及经商。光绪十六年(1890 年),江南发生水灾,他与众绅筹集款项,督员分赴灾区按户查放。后来每遇灾害,尤先甲都大力劝捐放赈,清廷奖赏花翎侍读衔及三代二品封典,作为对他的表彰。光绪二十二年(1896 年),中日甲午战争结束后,中日签订了不平等的《马关条约》。根据《马关条约》,苏州被增辟为通商口岸,尤先甲奉命与潘祖谦(济之)任勘地公所董事,负责勘划给日方的租界地。丁忧在籍的国子监祭酒陆润庠奉旨在苏州兴办商务,便邀请尤先甲参与筹建苏纶、苏经两厂事宜。同年,尤先甲投资白银 2 万两,创设同仁和绸缎局,成为该业中之冠。二十六年(1900 年),为保障地方治安,尤先甲与众绅筹设团练局,自任北路局董。三十一年(1905 年)与在籍湖北学政王同愈等筹设苏州商务总会,并被推选为首届总理,后连任五届总理及议董等职,任期长达 20 余年。就在这一年,清廷实行新政,废除了科举制度,苏州成立“长元吴学务公所”,兴办新学,尤氏任会计议董。三十二年(1906 年),中国路权等利权被列强侵吞,苏省士绅为收取苏杭甬铁路权,排除各方阻力,筹款成立苏省铁路公司,尤氏任该公司驻苏分公司经董。同年,尤先甲参加了张謇等在上海组建的预备立宪公会。宣统元年(1909 年),苏省发起裁厘认捐实行营业税的运动,成立全省认捐事务所,分设江宁、苏州两处,尤氏任苏州事务所所长。期间曾先后出任南洋劝业会吴县物产会会长、农工商部咨议等职。1911 年,辛亥革命爆发,尤先甲连夜与孙昭晋、江衡等人前往江苏巡抚衙门,劝说巡抚程德全尽快顺应潮流易帜反正,为保障苏州百姓和商户的平安起到了促进作用。民国建立后,除经理商务外,并兼事公益慈善事业,先后办理官粥局、民团局、平粜局,经营五亩园学堂儒寡会经费,创办遂初小学、城西幼稚园等。

尤先甲故居屋顶装饰

桃花坞还有一位善人叫吴光奇。吴光奇(1867—1928年),又名兆麟,子瑾是他的字,号梅隐(今文山寺禾家弄内原有梅隐里,即吴家祠堂所在),室名梅隐庐。吴光奇是苏州清末民初一位比较有影响的诗人和画家,他比较讲究生活情调,曾经在住宅的西侧辟一小园,名曰蜗园。园中极具花木之胜,平时常与好友吟啸其间。吴光奇的居室梅隐庐,内有楹联曰:

涉世三十年,愿从兹把卷焚香,心性捐诸般烦恼;

辟园八九亩,试于此莳花种竹,林泉结不解因缘。

又曰:

此地总相宜,宜冬、宜夏、宜雨、宜晴、宜清谈、宜雅谑、宜浅斟低唱,宜品花、花影迷离,宜看竹、竹声清绝;

一身何所有,有菊、有松、有梅、有宿、有酒甕、有棋枰、有茗碗香炉,有簑笠、随时耕钓,有杖履、到处游行。

吴光奇的前半生主要是在官府充任幕僚,负责财税等的管理和官员的发放,因而对官场险恶了然于心,对世事人情也了解透彻。他爱好游历,曾南至广州。有《蜗园诗钞》一卷附《梅隐庐楹联》一卷,书前有玉峰吴龙章序。晚年返苏后,除了经营其蜗园外,主要从事书画和诗文创作以及公益活动。他做的慈善事业,主要是施舍和放生。施舍具体包括施粥、施米、施衣、施药等,施舍的对象是穷苦之人,尤以城市贫民为多。吴家备有"米票子",与几家米铺约定,贫民在吴家领得米票子(上面写明米的容量,从一升到一斗不等),可凭票到指定的米铺取米;吴家还备有衣服(棉衣裤之类)赠予急需者御寒;药物有防中暑的十滴水,防腹泻的知母、槟榔等。遇有家人亡故后无力殓葬的,偶而也会舍予棺木(棺木即放在原五亩园南的轮香局内)。这些施舍活动中最有声势、最有影响的还是施粥。

吴氏施粥地点常年设在桃花坞腹地廖家巷北端,即今唐寅坟、双荷花池、林机新村一带。这里原本多水域,后大多淤塞,清末已沦为菜园和荒地。光绪三十四年(1908年)沪宁铁路全线开通后,因苏州车站建在城北外城河之北,起初上下火车都要绕道阊门外大马路,为方便交通,便有人提出了开平门、筑桥北跨外城河及筑平门大街的建议。吴光奇从贝家(贝润生处)听说要开筑平门大街、平门桥的规划后,便抢先买下了北寺塔西面一带荒地,后来由于平门大街、平门桥等建设因故后推(1929 年才建成),附近商业也并未繁华,吴光奇所购地块便一直搁置,从未开发,空旷的地域便成了吴家"施粥厂"所在地。每到寒冬腊月,吴家便在那里"施粥"。

吴雨苍(即吴光奇长孙吴霖,又字雨窗)幼时曾随"大叔"一起目睹过"这热闹又凄凉的场面":

那天,大地残雪未净(尽),路上冰冻,大叔搀着我步履艰难地走过永丰桥,到了桃花坞大街,折入廖家巷,天上还有晨星点点,路上没有人声,都紧闭着门,寒风凛冽,四野阴黑。到双荷花池附近,看见许多人围着灯火,看见我们去,都说:"吴家来了。"不久,从田野小巷里陆续一个二个的人憧憧往来,都集中到这里。同时,两大木桶抬来了,热气腾腾的白粥,经大叔打开木桶的盖子,于是有人就开始喊"盛粥",许多人拥上去,手里拿着钵子,也有二海碗、三海碗的,打粥的人每人递上一根竹筹,打二勺子粥,缩着颈子,扛着双肩,弯着腰,低头的依次打粥,但并没有如母亲所说的排队,他们不像学校里体操排队有秩序,也并不争先恐后,只要有竹筹,可以上去打。我没看见有下粥的菜,但似乎每个人碗里粥面上有少许些萝卜干咸菜,不知哪里来的。也有女的拿回去,不在厂内吃的。很少交头接耳,谈话说笑的,大都(多)愁眉苦脸,面黄肌瘦,须发蓬乱,衣衫褴褛。

施粥厂一角

据打粥的说,都是装腔作穷,一边吆喝,一边笑问他们昨天赌博的输赢,骂他们鸦片吃足了等等,难道这些人都是伪装作假么?都不是真的穷人么?他有钱吸鸦片、推牌九,却没有一碗粥吃?我不太相信。特别有少数妇女和老人,怪可怜相,都是提着小木桶打回家去吃的,这些是城市真正的贫民,也许还有隐贫的知识分子，这个古老封建的苏州城内，穷巷僻弯多少败家子，多少寒碜子。我不太相信吃施粥的都是烟鬼、赌棍、地痞、流氓。但我并没有看见小孩子，说明贫穷人家的孩子，同样受到父母的钟爱、呵护、保育，可怜天下父母心，不会让孩子起早摸黑、冒着风雪前来打施粥吃。

吴家除了施粥，还放生。所谓放生，就是花钱买下被别人捉来的鱼、鸟、乌龟、青蛙等小动物，然后再放掉。这本来是信佛的人表示尊重生命的一种慈善活动，在旧时苏州比较盛行。桃花坞的河道是活水，后通阊门水关，前出平门和娄、齐二门，在桃花坞下塘一段河道最宽阔处，便是吴家经常放生的地点。吴雨苍先生对其祖父的放生也有一段活灵活现的描述：

暑假里常见一个乡下老头，挑着扁圆的网箩，好比市上哺坊放小鸡小鸭的笼子，老头便用这种扁圆形竹编的笼子，迳直从后门挑进大天井梧桐树下。看来老头对我家里的人都熟悉，也顶和气。

可是，老头挑来三四只笼子，并不打开，他要等待祖父亲自来验看。他挑来的，不是小鸡小鸭，而是许多麻雀、乌龟、青蛙等等，每只笼子里都有几十只，甚至成百只。他打开网笼，给祖父看，只只活蹦鲜跳，乌龟也都爬得起劲。于是老头要求祖父每只给多少钱，三种东西乌龟最贵，青蛙蛤蟆田鸡最贱，数量也最多。等老头说了一番好话，这些好话，我听不懂，但拱手躬背向祖父求情的态度，并且是为这些麻雀、青蛙求情，他软磨硬缠了半天，把每种每只的价钱讲定，等祖父答应付钱，老头最后才说出麻雀总共多少只，青蛙多少只，乌龟多少只，而这些小动物密密麻麻的你挤我扒，根本乱成一团，无法清点，而老头说的数，不可全信，也无法、不能不信。

况且老头为了表示真价实数起见，他马上打开罗网，先放麻雀，一只二只的释放飞上天空，他一手抓麻雀，有时一手抓二三只，嘴里随即报数，起初我和祖父看他边放边数，有时一只喊二只三只，报数愈来愈快，祖父也不再理会，跑开了。只有我和母亲、阿根（佣人）等，还围着老头看放生。我当时常唱黎锦晖的“麻雀与小孩”的歌，也表演过这慈爱的喜剧，对麻雀有很大的同情，现在看到把它们一只只放出笼子，何等高兴，看到麻雀振翼，腾空而去，甚至有飞到梧桐枝上、屋檐下，躲着吱吱喳喳叫个不停，似乎在等待同伴，等待亲人、父母、子女，他们在呼唤，也是在歌唱，我是看得眼花缭乱，拍手欢呼，根本不去理会老头一五一十的报数。

老头最后把青蛙和乌龟的笼子挑到后门河边，招呼大家去看放生。祖父早已回进书房不理会他，只有祖母、母亲和我，天真的跟着老头去看把一笼笼青蛙、乌龟倾倒在河里去。桃花坞的河道，后通阊门水关，前出平门和娄、齐二门，而我家后门是桃花坞下塘，这里河道最宽阔，老头在岸上把青蛙乌龟一股脑儿倒向河中，再也不能一只只点数，也无法一只只释放，恢复自由，各奔前程，这是给出路的好事。

祖父说，只要都放了，不管它多少只，不管老头报的数目是否正(准)确，他说多少就给他多少钱，这是做好事、行善，不能太计较，也不问后果。

（上二节均见吴雨苍回忆录《施粥和放生的行善活动》）

苏州是典型的江南水乡，境内河网密布，自古以来水道是苏州的主要交通通道。为了便捷交通和防止河流淤塞，我们的先人经常要对河道进行裁弯取直，于是就有了我们称之为运河的人工河道，这样的人工运河在苏州境内有越来溪、太浦河、望虞河、浏河等，最著名的当然要数京杭大运河的江南段，这一河段也称江南运河。

江南运河的前世今生

苏州运河的历史可以追溯到春秋时期，大多是为了战争的需要而开挖。比如说苏州城西南的越来溪，在春秋时期它位于越城东南，与石湖相通。越来溪流过行春及越溪二桥，注入横塘，河水清澈可鉴。吴越争霸时期，勾践被放回越国后卧薪尝胆，最终带着复仇的越兵从这里沿水路攻入吴国，这也就是越来溪名字的由来。据《史记正义》记载，越来溪并不是一条自然形成的河流，而是越国出于攻打吴国的战略需要，特意自松江北至横山东北入吴，开挖而成的一条运河。明嘉靖年间《吴邑志》则引用《春秋传》的记载推定，江南运河是吴王夫差为北上攻伐齐国所开。当时夫差命令兵士和民夫从姑苏的平门开始，经现无锡荡口的漕湖、无锡城，穿过渔浦(今武进、丹阳一带)进入大江，到广陵(今扬州)，再由广陵北上。吴国军队由此河直达长江以北的邗沟，再北上至淮河，即可抵达齐国境内。到隋炀帝时，邗沟成为大运河江南一段的河道。因此，苏州的古运河如果从夫差开凿邗沟算起，已有将近2500年的历史了。从这些史料可见，江南运河的雏形在春秋时期就已经形成。又据隆庆《长洲县志》引陈循《宝带桥记》称，苏州府城之南半舍、古运河之西有座宝带桥，从宝带桥一直绵延到震泽以东百余里的运河，是汉武帝时开凿的，当时开挖的目的是为运送闽越一带向中原缴纳的贡赋提供方便。流经苏州的运河，在漫长的岁月里，已有多次改道，每次运河改道都对苏州产生过不小的影响。

1920 年代的古运河苏州段

江南古运河也曾经屡次淤塞。大业六年(610 年)，隋炀帝颁旨下令开挖江南运河，从京口至余杭郡长达 800 余里，要求河面阔十余丈。雄心勃勃的隋炀帝打算从这条水路坐龙舟一直南下巡视到会稽郡。经过一段时间的疏浚和重新开挖，江南运河比春秋时期更为宽阔，商旅舟楫日益繁华。自阊门北码头到胥门馆驿，长五六里，东西两岸居民鳞次栉比，而以西岸尤为热闹，中途有一大湾，水特别深广。过去这里曾经连同西岸都是湖的一部分，名叫夏驾湖，相传是吴王寿梦的避暑处。来自湖北、四川的大船大多泊在东岸，盐商坐贾则习惯停泊在西岸。商旅既多，娱乐也就随之繁荣。官舲钲鼓昼夜不绝，绮罗箫管游泛没有停歇的时候，“金阊门”一说也即由此而来。到了冬天，开阔的湖面上波光粼粼，雪白的鸥鹭在湖上自在地飞翔，实在是水乡妙境！自此过钓(吊)桥河水由南濠至枫桥北流将近十里，人烟相续，而枫桥也跟着繁华热闹起来，位列全国著名的米市之一，“枫斗”也成为标准粮斗通行于世。

隋唐时期的古运河称为漕运河，以运送漕粮为主要功能，流经苏州一段的漕河，是从枫桥沿上津河，过渡僧桥折向南，穿过南新桥、万年桥，环绕城墙向东南流去的。到明初洪武年间(1368—1398 年)，昔日的避暑胜地夏驾湖段水面已经开始淤积为田，只是依赖风味独佳的“夏驾湖菱”保留夏驾湖之名，“不复有湖”。

水乡妙境

到了明末清初，由于苏南商业和手工业的发展，苏州城西河段万商云集，千帆纷至，这一点我们可以从乾隆年间（1736—1795 年）徐扬所绘全长 1255 厘米、宽 35.8 厘米的《盛世滋生图》（俗称《姑苏繁华图》）长卷上得到证实。当时，运河周边的大小港湾船只拥挤，阊门至胥门的夏驾湾，官商船只往来其间，水上交通运输十分繁忙。但是日显拥挤的水上运输，不可避免地会经常发生船只堵塞和碰撞沉没事件，于是大运河苏州段就有了第一次改道：将运河水引流向南，利用天然河荡彩云塘沟通胥江，借用胥江进入市区的河段，沿枣市街南侧，穿过泰让河，再入护城河，经盘门、觅渡桥至尹山桥，南与吴江运河段相连。这次运河改道促进了胥江地区的繁荣，特别是沿胥江形成了一条繁华的枣市街，这一地区成为了仅次于“金阊门”的“银胥门”。

到了 1976 年，当年 10 月，一条水泥船在吴门桥桥洞里沉没，因无法垂直起吊，加上此处水流湍急，一时引起后面的船舶连锁相撞或沉没，受堵船队长达 2 公里多，断航 7 昼夜。按 70 年代中期的运价，每天运费总损失 50 万元以上，断航 7 昼夜就意味着损失达数百万，这一事故也因此惊动了国务院。1986 年底，大运河苏州段整治工程经国务院、国家计委批准，被列为国家“七五”重点建设项目。大运河整治西起横塘大庆桥，穿过横塘市河，经新郭、龙桥，至宝带桥，整个工程全长 9.3 公里。这个工程竣工后从根本上解决了苏州段运河的水运压力，并大大增强了运河苏州段的运输能力。

然而，事物总是一分为二的，这次运河改道在减轻城河水运压力的同时，也带走了阊门、胥门一带的繁荣，最终导致了枣市街一带商贸的渐趋冷落。用我们今天的眼光来看，运河改道对苏州的影响远非仅此而已，苏州城内河道水质的恶化、苏州连年的水淹，不能说与此毫无关系，运河的改道客观上减弱了入城水量和流速，影响了河床的自净能力，加快了河床的淤积速度，进而使旅游部门在20世纪80年代一度开办过的水上特色游因水质问题而夭折；改造后的干将路，在全线疏浚沿线河道后，不得不采取定期换入自来水的办法来保持水质达标，使其不影响城市风貌。

环古城河游

自2002年5月起到2006年底，苏州市政府启动了长达5年之久的环古城风貌保护工程，其间修复了阊门瓮城，建成了阊门遗址公园，使盛世山塘的面貌得到初步恢复。当年伍子胥主持挖掘的环古城河，如今已成为一幅国内罕见的美丽画卷；具有2500年历史的姑苏古城，好似戴上了一条集城市交通、城市防洪、生态绿化、景观和旅游休闲等功能为一体的七彩项链。

暮色山塘

在改造过程中，规划和建设者花了很大精力挖掘苏州历史文化，并建造了一批文化景观，从而给历史文化名城添彩。比如在阊门对岸山塘街起点处，有一处地方叫“方基上”，因上塘河、护城河、山塘河等五条河流在此交汇，被称做“五龙汇阊”（又叫“五龙会珠”），环古城风貌保护工程将这明珠之地改造成白居易纪念地。这里粉墙黛瓦，小巷曲折，码头临水，桥影在望，花木扶疏，为一组典型的江南建筑群。白居易在苏州任刺史仅一年零四个月，但修建了阊门至山塘的河堤，史称“白公堤”，亦即今天的山塘街。纪念地已于2007年4月12日免费向市民开放，中心建筑群辟为白居易纪念苑，主厅陈列白居易在苏州的史料，而附房设便民茶室，人们走累了，在这里小坐休息，同时也可通过纪念苑内的陈列，了解盛唐时期苏州和大诗人白居易有过的一段历史因缘。

目前，环古城河有7家旅游公司，70多条船舫在经营水上旅游业务。到环古城河坐船旅游的客人越来越多，2006年至少接待了50万人次。

延伸阅读：

话说南濠街上几把火

苏州阊门外的城濠，以阊门为界，分为南濠和北濠。城濠西侧分别有南濠街和北濠弄。由于京杭大运河的开凿，唐宋以后，以阊门为中心的山塘、南濠一带逐渐繁荣。明清时期南濠一带已是"西阊万室俱豪富"，是苏州的商市中心和南北货物集散地。当时的阊门既是苏州古老的城门之一，同时也是苏州的象征和富有的代名词。当时甚至连国内各大城市的一些青楼女子为了证明自己出身良家、才艺双绝，也多冒称自己是"苏州阊门人"，阊门在全国的知名度可想而知。

商业的繁荣，必然导致地价的上涨。为了更充分利用黄金地段的商业价值，南濠街的商店密度以"鳞次栉比"来形容毫不为过。据史料记载，清朝初期，南濠街横巷中仅能容1人进出的巷就有4条之多，有些面对面的店铺往往屋檐相接，真正称得上是鳞次栉比。如此密集的建筑物，一旦失火通常总要祸及数十家乃至上百上千家，虽然城濠近在咫尺，但水火不留情，"近水救不了近火"，所以历史上南濠街火灾迭现，且损失惨重。

明朝末年，南濠街上的商号为了能使自己常年都能发财致富，有焚香供神的习俗，他们希望祈求神灵保佑自己生意兴隆，财运亨通。有一次，某店家的香灰余烬被风吹入货堆，刹那间，燃起了熊熊大火，附近商家立即投入救火。这时小邾弄一家成衣铺的师傅正在烫衣服（旧时熨斗是用火炭烧热），听到外面嘈杂的救火声，一心想赶紧看热闹，忘记了放在衣服上的熨斗，转眼间，熨斗点燃衣服烧了起来，裁缝家也发生了火灾，还殃及了整条小邾弄，因此，苏州民间流传着"南濠失火带脱小邾弄"的习语。

为了解决南濠街的火患，清乾隆初年，巡抚陈大受、知府爱新觉罗·雅尔哈善对姚家弄和信心巷两条水弄进行了拓宽，并新辟同善、中正、兴仁3条水弄，在一定程度上增强了消防能力，但这并未从根本上杜绝这一地区的火患。康熙二十八年(1689年)，就在吴江沈在宽倡议建造胥门水关桥之时，不巧南濠失火延烧数千家。这场火灾被风水先生附会成：狮子山正对胥门城门，在胥门建桥会引凶险入城，火灾即其征兆。官府和民众遂不敢再冒然建水关桥，于是胥门长期无桥。此后，南濠街还是火灾不断。康熙五十二年(1713年)，再次失火延烧，受灾之处西至普安桥，东至吊桥，北至山塘。失火当时，人群争相过渡僧桥，挤踏死伤很多人，造成惨剧。

咸丰十年(1860年)五月二十六日，太平军逼近苏州城，清军为了阻止太平军的攻势，竟然“三令纵火”，顷刻间，南北两濠烈焰腾空，三日不绝，市肆尽为灰烬，阊胥间沿城房屋夷为平地。这场火灾对苏州民众的打击有点类似于民国时花园口决堤事件对河南百姓生存带来的灾难。从此，阊门地区失去了往日的繁华，随着清末民初之际火车的通行，阊门在苏州商业界的中心位置逐渐被观前街取代。虽然后来石路崛起后恢复了阊门外的商市，但繁华程度一直没有超过观前而屈居第二。

火烧赵天禄

最后一次人为“纵火”发生的火灾当数十年浩劫时期的“文攻武卫”。中年以上的苏州人不会忘记，那是1967年8月23日，苏州城内造反派向城外施行“火攻”，酿成了苏州“文革一把火”(另两把火分别在“苏医”和葑门外唷坊)，焚毁了阊门吊桥西堍鲇鱼墩附近商店25家、民房326间,115户居民遭难。这场大火使这一南濠北端与石路相邻的闹市一角,在一夜之间变成了废墟。由于在这次人为火灾中阊门外有名的赵天禄茶食糖果食品商店被毁于一旦,因此,苏州百姓通常称这次劫难为“火烧赵天禄”或“火烧鲇鱼墩”。

揭开"洪武赶散"历史之谜

在今苏北兴化、大丰一带广为流传着一个共同的说法，那就是他们的先祖是苏州人，而且很明确是从苏州阊门移民到这些地方的。一般听者不会放在心上，最多不过一笑了之。其实在历史上确实有过一次大范围的移民运动，苏州也确实有很多百姓被移民到了长江以北，这一历史事件被称做“洪武赶散”，又称做“红蝇赶散”。那么“洪武赶散”究竟是怎么一回事？近年来，由于经济的发展和生活水平的提高，不少民众开始关注自己的家族姓氏渊源。苏北有些人为了续修家谱，经常与苏州市地方志办联系询问“洪武赶散”一事。也有修志同仁来了解有关“洪武赶散”的事情，希望苏州方面能够提供一些资料。但是查找《明史》《清史稿》以及一些史志资料，均未见到有关“洪武赶散”或“红蝇赶散”的记载。为什么像“洪武赶散”这样数万人的大迁徙没有进入历史记录呢？是当时的历史学家们粗心还是另有隐情有意忽略不提呢？其中一定隐藏着一个谜团。

什么是“洪武赶散”

“洪武赶散”是明朝初年的大规模的人口迁徙活动，史学家一般称做“洪武迁徙”。元至正二十三年(1363 年)，张士诚在苏州建立根据地，自称吴王，与朱元璋抗衡。1367 年，张士诚兵败被俘，缢死金陵。1368 年朱元璋在南京称帝，改元洪武，建立明朝。洪武帝为巩固政权，下令没收苏州城内原来支持和拥戴过张士诚的士绅商贾的家产，责令这些人的全家迁徙到外地垦荒屯田。这就是历史上所说的“洪武迁徙”，民间亦称“洪武赶散”。

“洪武赶散”始于明朝初年，据清乾隆四十四年(1779 年)冯仁宏撰《新安镇源流》(见《新安镇志》)记载，大明朱元璋登基之初，由于政

权初立，他担心豪门望族人口大量聚居容易发生造反叛逆事件，便派遣各个道（一种地方行政建制）的武员带着骑兵到各大聚居地用武力将这些人口驱散，因为当时这些被“赶散”者无一出于自愿，加上是武装押送，事情又集中发生在洪武年间，故称为“洪武赶散”。之后子孙相沿，世代相传成为惯例。

“赶散”习俗传到嘉靖年间时，世世代代居住在苏州阊门的周姓家族、常州府下属无锡县的无锡惠姓家族，以及刘、管、段、金等大家族都被奉旨赶散，这些家族扶老携幼一路逃散，来到了朐南（原海州以南地区）。惊魂未定之余，族中带头人见这一带都是荒凉的芦苇荒滩，人烟稀少地域辽阔，便各自在地上插草为标，作为自己未来的居住之所，众人早已疲于奔命，无奈之下也只得将此作为躲避“赶散”铁蹄的避难所。经过几代人的辛勤垦殖，昔日的芦苇荒滩和盐碱地被垦作农田，移民们在这里择高地修房建屋，人烟渐繁，形成了新的人口聚居地。族中推举有威望和文才者呈书给当地州官，请求州官接纳其为州民，州牧准允将之载入版图并同意他们加入当地户籍，这批移民终于合法地成为当地百姓。苏北许多县的人口始祖都是按照这种模式从苏州迁徙而来，不少旧宗谱对这一历史事件均有记载，也有称“红蝇赶散”“红蜂赶散”或“红巾赶散”“红军赶散”者。

“洪武赶散”的诱因

朱元璋在建立明朝统治之初、社会尚未安定之时，就断然下令“洪武赶散”，造成大批民众背井离乡，流徙于途，哀嚎遍地，他这么做是有原因的，这里不能不提朱元璋打江山时的强劲对手张士诚。苏州有个方言词叫“讲张”（说话），据考证“张”就是指张士诚。明初官方深知张士诚在吴地颇有口碑，为了“去张士诚化”，便严令禁止吴地百姓议论张士诚，一看到街头巷尾有人交头接耳，就生怕在“讲(谈论)张(士诚)”。那么，为什么已经做了朱明王朝臣民的苏州人要经常提及已经自杀的张士诚呢？张士诚为什么让苏州城的百姓如此念念不忘呢？官府又出于什么原因怕老百姓“讲张”呢？这还得从头说起。

据史料记载，张士诚(1329—1367 年)是元末泰州白驹场(今江苏大丰)人。因张士诚的老家地属两淮运盐使司所辖，人们便称他“淮张”。起初，张士诚只是个在盐场操舟运盐的角色，偶尔也贩贩私盐。元至正十三年(1353 年)五月，因为受不了盐警的欺压，张士诚与弟士义、士德、士信等 18 人发动盐丁数人，拉起一支小队伍，打起了反元的大旗，他自号诚王，定国号为大周，改元天祐五年十二月。这支队伍一路吸收造反的民众，壮大武装力量，攻城略地，势如破竹。张士诚派遣弟弟张士德率兵经由通州渡江，攻占福山港，很快就打下了常熟。次年二月，张士诚军队又攻陷了平江(今苏州)，改平江路为隆平府，将承天寺作为自己办公的府第，设学士员，开弘文馆，以平江为国都建立了自己的小政权。

至正十七年(1357 年)，张士诚经历了两场恶战。第一场是与朱元璋军队的战争，以张士诚失败作结。第二场是与元朝军队的战争。元朝军队派兵攻打“叛逆”张士诚部，张士诚实力较弱，他面临着同时受元军和方国珍部夹击的困境。为避全军覆没，这一年八月张士诚降元，接受了元帝赐给他的龙衣、御酒，将隆平府恢复为平江路。苏州是江南地区最富裕的城市，物产丰富，民众纯良。为了表示对元朝廷的归顺诚心，张士诚下令每年从海路向元大都运粮 11 万石，并将之作为惯例。但脱离困顿安定下来后，张士诚就有点忘乎所以了，他把权柄交给其弟士信，却命令属下对自己歌功颂德，完全臣服于自己，企图躺在功劳簿上做一个割据一方的安乐王。在邀功论赏之议被元帝否决后，他就于至正二十三年(1363 年)自立为吴王，尊其母曹氏为王太妃，在苏州城里另外辟地重建了王府(今大公园王废基一带)。他的这种奢靡生活起了反面的榜样作用，他的弟弟张士信以及自己的女婿潘元绍也上行下效，醉心于聚敛财富，日夜以歌舞为乐，将帅们都偃旗息鼓不听从指挥，每有作战任务时，动辄称疾，以此要挟，在张士诚同意赐官进爵、增加封地之后才勉强愿意发兵，军队也毫无斗志可言。终于在二十七年九月，被朱元璋下属徐达、常遇春所部在围城十个月后率部破城，张士诚被俘至应天（今江苏南京），自缢身亡。

张士诚在割据苏州称王的12年时间里其势力范围大体北逾江淮，直抵济宁，南至绍兴，占有了长江下游这一段全国最富有的地区。为恢复和发展经济，张士诚先后在江南实施过减少田赋、奖励蚕桑、兴修水利、疏浚白茆江等措施，使屡经战乱而凋敝的农村重萌生机，百姓的生存状况也有了一定的改善。张士诚的这些政策较之元政府对南方百姓的苛政而言已算得上仁厚，苏州百姓也已相当知足了。到朱元璋所部大兵压境时，苏州城被围困了十个月后才被攻陷，其中少不了全城百姓的支持。据说如今平江路上的三家村，就是在当年的这场十月围城战中，仰、胡、沈三姓聚族死守娄门殉难后，为纪念他们而得名的。

苏州城的久攻不下惹怒了朱元璋，在进攻苏州之前，他曾命令"毋肆掳掠，毋妄杀戮"，可到破城后，却难以克制对苏州百姓支持张士诚的怒火，大烧大杀，以致苏州城中"死者枕藉，积骨如山"。在统一天下后，有一次，朱元璋微服行走在南京的三山街上，看见一老妪坐在木榻中，便同她攀谈起来，问她是什么地方人，答曰苏州人。又问她对张士诚的看法，她说，在大明皇帝起兵时，张王自知非真命天子，就归附元朝，让苏州人免受兵戈之苦，因此，百姓至今对他心怀感激。到次日早朝时，朱元璋深有感触地叹道：当初，我以为张士诚对苏州人没有什么深仁厚德，从昨天遇见的老妪身上，我感到了苏民的忠厚，"恐京师百姓千万无此一妇也"。当然，在朱元璋冠冕堂皇的言辞背后，更多的是对张士诚在苏州深得民心的恐惧和不安，为了防止受过张士诚恩惠的原有"臣民"不服统治，聚众谋反，疑心病很重的朱元璋就想出了把苏州百姓分散的办法，屡屡强行将苏城富户迁至京师（南京）、凤阳、苏北等地。

为什么亦称"红蝇赶散"

对于"洪武赶散"这一历史事件，生活在广袤的苏北平原上的百姓已将之演绎为好几种传说。海州有一种说法是，明初在苏州阊门一带突然生出很多红头苍蝇（也有说是"红蜂"），见人就叮，人被叮了就死，故纷纷逃来海州避难。二说，元末张士诚率盐民起义，义军头裹红巾，后来义军之间互相混战争天下，张士诚的红巾军为了死守苏州，把苏州阊门的老百姓强行驱赶到海州，故称“红军赶散”或“阊门赶散”。三说，被迫离开苏州的百姓为了不忘自己祖籍是苏州，都忍痛把自己的小脚趾剁了一刀，作为标识，将来好回苏州认祖归宗。这些民间传说，讲得活灵活现，但却缺乏历史说服力。

昆虫学家对“红蝇”“红蜂”赶散的说法持否定态度。他们认为，世界上从古到今，还没有任何一种昆虫能迫使人们作如此大规模的人口迁徙。苍蝇只能传播疾病，人类根本不可能一被苍蝇叮咬就死；蜂类一般是不主动叮人的。退一步讲，假如这种迁徙确实是“红蝇”“红蜂”这类昆虫造成的，那这些移民的家谱中为什么没有一亲人被“红蝇”或“红蜂”叮死的记载呢？由此可见，他们的逃难，根本不是自己的选择，而是屈服于某种人为的因素被强迫驱赶而来的，只是移民们不敢说、史家不敢写罢了。因此，第一种所谓“红蝇”或“红蜂”赶散之说，根本站不住脚，也毫无科学依据，只能说是以讹传讹。那么第三种说法是否科学呢？现在原住苏州人的小脚趾指甲确实是分开的，但是并没被迁徙，难道是回迁的？抑或是炎黄子孙或蒙古人种的共同特征？这不是本文讨论范围，暂且搁置一边。

第二种说法还是有道理的，只不过将“此种好事”全部硬扣在张士诚名下，有点说不过去。“洪武赶散”的说法，让我们知道了事情发生时间是“洪武年间”；称为“红巾赶散”或“红军赶散”，使后人知道了干这件事的主体是“红巾军”。元末“红巾军”起义并非张士诚一家，朱元璋的部队同样是头扎红巾的，民间统称之为“红巾军”“红军”。在苏州话中“巾”与“军”同音，因此就简称“红军”了。“红蝇赶散”则是“红巾赶散”的讹传，可能是出于对红巾军的不满而将其暗喻为可恶的“红头苍蝇”的缘故。称为“阊门赶散”，则告诉我们“赶散”的集结地是“阊门”。“赶散”两字用得相当贴切，至少让人知道这个行为并非出于自愿，而是迫于相当规模的武力行动，类似于将苏州百姓“赶鸭子上架”的味道。

“洪武赶散”的范围

明洪武三年(1370年)，朱玩璋下令把苏、松、杭、嘉、湖诸府的4000余户百姓迁至临濠垦田，又把江南14万户人口迁移到朱元璋的老家所在地凤阳府境内。泗州、盱眙为南北之间交通要道，经过元末大乱之后，人口锐减，这些地方均属凤阳府，故迁移的14万户中，有相当一部分被安置于泗州和盱眙。此后百余年中，又有若干江南民众被强行迁徙到淮安府境内。苏北很多现存家谱中都明确记载了本户是明代时由苏州阊门因"红蝇赶散"迁来的。如沭阳县大竹园洛安堂《孙氏家谱》、东海县张湾紫阳堂《朱氏家谱》、赣榆县沙河无锡堂《孙氏家谱》、灌云东辛洛槐堂《王氏家谱》等都有记载。灌云县下车乡《戴氏家谱》记得更为具体，明确记载该户在明初由苏州阊门五里十甲迁来海州定居。在灌云、东海、沭阳、灌南、赣榆等地的老居民中，十有八九皆称自己祖先是在明代由苏州一带因"红蝇赶散""红军赶散""红蜂赶散"而迁来海州定居的。在涟水、洪泽、盐城、阜宁、响水等地也听说过"红蝇赶散"的事，如涟水、淮阴的望族朱姓，就是明洪武年间整族整族地"奉旨"迁来的。涟水孙氏、张氏，灌南汤氏，以及金湖等地约70%左右的居民，其先人也多为洪武年间从苏南迁来。泗阳县的席、唐、吴、朱四姓，即是明初由苏州的东洞庭山、昆山、吴县等地迁入。山东的郯城、沂水、莒南、临沭等地的老百姓也有类似"红蝇赶散"的说法。可见，其影响范围包括苏北、安徽、鲁南一带，地域广，时间跨度长，民间影响大。

"洪武赶散"的事实真相

元末战乱使淮安及其周围地区人口逃毙殆尽，亟待移民充实；同时，江南地区的富豪有很多都依附张士诚，故明朝初年政治上的一项重要措施就是进行强制性的大规模移民。除了上文所引灌南县《新安镇志》称，苏州阊门周姓、常州的无锡惠姓及刘、管、段、金等姓被赶散至朐南芦苇荒滩外，民国《泗阳县志》也有类似记载：元末明初，由苏南迁来的有翁、朱、卢、吴等25氏族，其中由苏州迁来的有21族。

据《苏州市志》载，元至元二十七年（1290年），平江路（即后来苏州府）领县6，人口已达240余万。经元末明初的战乱，到明初洪武四年（1371年）统计，这时苏州府领县6，47万户，190万人口。80年间锐减了50多万人，除了战争伤亡导致人口大减外，另一个原因就是"洪武迁徙"。《苏州市志》对这一事件的记载是：洪武初年，为加强国家统治，开发落后地区以及边远地区，实行戍边屯田制，先后在全国范围内进行多次大规模的人口迁徙，洪武三年（1370年）迁苏州、松江等地无田农民4000余户至临濠垦田。二十二年，迁苏州阊门一带商户百姓至苏北沿海

灶区(盐区)。二十四年(1391 年),迁苏州富民充实南京。永乐元年(1403 年),迁苏州等地富民充实北京。

由此,不难看出,明初的确实行过强制性的迁民政策,且这种政策贯穿了有明一代始终,在地域范围上不仅限于苏州,还包括江南的杭、嘉、湖、苏、锡、常等广大地区。因此,所谓“红蝇赶散”,当指移民事件,这一民间的咒骂性称呼之所以不见于正史也就可以理解了:在明清文字狱盛行的时代,史家不是不知,而是不敢秉笔直书,只好回避这个民怨很深的事件,这就是史书和地方志不见或少见记载的真实原因。

“洪武赶散”的功过

“洪武赶散”这个强迫性的移民事件正如硬币有正反两面,一方面,统治者为了快速达到迁民的目的,采用了拆居烧房、关押驱赶、不顾百姓死活的政策,大批移民苦不堪言,政府还对其中的倒流移民采取治重罪的措施,给移民造成了很大的心灵创伤,无疑是朱元璋的一个暴政。但从另一方面来看,移民们给移居地带来了经济发达地区的先进生产技术,有力地推动了落后地区的经济发展。比如,明初时海州盐民逃亡殆尽,盐业生产基本停顿,官府靠移民充作灶民(盐民),发展盐业生产,改煎盐为晒盐,后又改为砖地晒盐,既降低了成本,又提高了盐的产量和质量。再者,移民实边改变一些地区人口较少的现状,对于巩固国防也是功不可没的。

北京大学博士研究生导师吴必虎教授在其《明初苏州向苏北的移民及其影响》一文中如此评价这一事件:苏州曾是张士诚的王城所在地,朱元璋麾下大将常遇春在攻打苏州时遭到苏城百姓的顽强抵抗,围攻十个月才破城,所以,朱元璋对苏州百姓采取了“惩罚性”的移民措施。更重要的是,江淮地区经元末明初的多年兵燹后人口剧减,扬州“土著始十八户,继四十余户而已,其皆流寓尔”,淮安“仅存槐树李、梅花刘、麦盒王、节孝徐等七家”,民生凋敝,明王朝政府不得不采取大规模的移民措施来恢复江淮地区的经济。

六百年后的阊门寻根记

历史的疑云,就这样在阊门的上空笼罩了 600 多年;阊门,承载着移民们太多太多的乡愁。迷雾重重的“洪武赶散”，也引起了许多专家学者的关注。

民国《续修盐城县志》卷十四引凌兰孙《凌氏谱》：“元末，张士诚据有吴门，明主百计不能下，及士诚兵败身虏，明主积怒，遂驱逐苏民实淮扬两郡。”这一说法认为，朱元璋是为了报复张士诚，而对苏州百姓实施了惩罚性移民。

著名历史学家顾颉刚曾说过：“兴化人祖籍多苏州”；兴化当地人自己也说，兴化是“江北小苏州”。兴化至今人文风气与不少苏北城市迥异，出了施耐庵、郑板桥等文化名人，也出过一名状元，应该是传承苏州文化一脉的一座小城。中国移民史权威学者、上海交大历史系主任曹树基教授于20世纪80年代在苏北地区的10个县范围内展开过族谱调查，结果让他大吃一惊：在大丰发现的18种族谱中，有14种明确记载祖先是元末明初从苏州阊门迁入的；宝应的朱、刘、乔、王四大望族皆自称是明初从苏州迁入的；民国《泗阳县志》记载，县内的席、唐、吴、朱四族系明初分别从苏州的东洞庭山、昆山、吴县枫桥等地迁入。曹教授认为，“在纵横数百公里的范围内，大批的苏北人异口同声地说祖先来自苏州，这决不可能是集体臆想造假，我们可以推定，这些移民们即使不全是来自苏州，那至少也是来自苏州周边的江南地区。”

复旦大学历史学家葛剑雄教授认为，江南移民后裔都说自己祖籍阊门，这一说法“半真半假”，因为阊门名气极大，很多不知祖籍何处的移民后裔们，便在从众心理的驱使下，集体附会自己“祖籍阊门”。“不管怎么说，苏州阊门已经成为江南移民后裔心目中的‘根’，这充分彰显了苏州文化巨大而深远的影响力。”

为了进一步弄清“洪武赶散”的真实面貌，2009年下半年，《姑苏晚报》编辑部曾组织专人进行了为期半年的“发现之旅”寻根活动。自2010年1月10日至1月29日，连续推出20期《阊门寻根记》，系列报道了许多一手资料，将“洪武赶散”这一专题研究进一步深化。其主要成果是：

1. 流传了600多年的“凤阳花鼓”，其实和明初阊门移民有着极深的渊源。据史料记载，朱元璋击败张士诚后，即下令将大批的江南富民迁移到他的老家安徽凤阳府。而据考证，“凤阳花鼓”是旧时江南移民后裔们每年清明沿途乞讨回乡祭祖费用而编制的歌谣。

2. 紧临安徽的江苏省盱眙县，我们今天只知道是龙虾的产地，其实，那里是大明王朝的“龙脉”——明太祖朱元璋的祖陵所在地，明清两朝为凤阳府的辖县。在这里，生活着大量的阊门移民后裔，其中有一支姓范的家族，就是范仲淹的后裔。

3. 在阜宁县施家庄，3个风烛残年的耄耋老者历时3年修成了四卷《施氏宗谱》。这部家谱中，记载着明初“洪武赶散”的真实历史和一段鲜为人知的大明王朝外戚家族的传奇：盐阜地区的施氏家族，乃明初苏州移民后裔，而家族的一世祖竟是明太祖正宫娘娘马皇后的亲戚。

3. 在海安墩头镇蒋氏家族有个风俗，除夕晚上的团圆饭一定要吃“姑苏菜”，以纪念从苏州迁过来的祖先。所谓“姑苏菜”是由胡萝卜丝、藕丝、百叶丝、肉丝放在一起炒成的。当地人说，“姑苏菜”这个名字是祖宗定下的，用意是叫后人不忘自己的根在苏州。

4. 如皋市白蒲镇上有一条顾家老宅巷，巷子里有一座顾家老宅，宅子里住着顾氏家族，老宅的大门上贴有一副对联：“武陵世泽，吴郡家声”。对联上联中“武陵”毫无疑问是顾姓的郡望，下联中的“吴郡”则表明该家族与苏州有着很深的渊源。

5. 在大丰、扬州、姜堰、泰州、海安等地，同苏州一样延续着烧“狗屎香”的风俗，而且都是假托地藏王菩萨的名义烧给张士诚的。有学者认为，烧“狗屎香”的风俗，很可能就是明初阊门移民们从江南带到江北去的；也有人认为，一批跟随张士诚起义的乡党渡江去了苏州，后来张士诚败亡后，这些乡党们又逃回了江北，将烧“狗屎香”的风俗带了回去。

6. 大名鼎鼎的高邮王氏（出过王引之、王念孙等著名学者）这个家族，也是苏州移民的后裔。《高邮王氏遗书》云：“先世苏州人，明初始著籍高邮州”。王引之在《高邮湖西先茔记》中也写道：“昔我先人世居苏州，自明初迁于高邮。”

7. 宝应《梁氏宗谱》《卢氏家谱》《郝氏宗谱》《胡氏宗谱》等谱牒中都有“先世居苏州”“由苏州阊门迁至……”的记载。

8. 在姜堰市桥头镇状元村，苏州阊门仍被村民们当做老家。尽管他们的祖先在600年前就离开了苏州，但直到现在，那里的百姓仍把睡觉做梦叫做“上苏州”。类似的还有扬州、泰州、淮安、盐城等地区，几乎所有的当地人都会把睡觉叫做“上苏州”或“上虎丘”。

9. 施耐庵是苏州人。清咸丰四年(1854 年)陈广德(字懋亭)所撰《施氏谱序》云:“吾兴氏族,苏迁为多,白驹场施氏耐庵先生生于明洪武初,由苏迁兴化,复由兴化徙居白驹场。”

10. 大丰市小海镇,是明清两淮盐场之一小海场所在地。小海镇的居民多数是当年阊门移民的后裔。“姑苏世胄,渤海家声”——这是一副贴在小海镇阊门移民后裔夏宣家大门上的对联,这副对联从明朝开始一直流传至今,寄托着阊门移民们割不断的故乡情。

大量的事实证明:阊门是当时苏州数十万移民的出发、集散之地,阊门也因此被称为中国寻根问祖的八大朝宗圣地之一。据悉,为传承中华文明,便于 600 年前离开苏州的海内外炎黄子孙回苏州故乡寻根问祖,追本溯源,金阊区政府将在阊门山塘沿河区域建成“阊门寻根纪念地”。

唐伯虎的曲折人生

唐伯虎是明代苏州著名书画家、吴门画派的代表人物之一，与文徵明、祝允明、徐祯卿合称为“吴门四才子”。他也是桃花坞最具盛名和争议的人物，其轶事至今仍为人们所津津乐道。

唐寅像

唐寅（1470—1524 年），字伯虎，一字子畏，号六如居士、桃花庵主、逃禅仙吏等，少与张灵相善，学画于周臣；后结交沈周、文徵明、祝允明、徐祯卿等，切磋文艺。29 岁中乡试第一，次年因牵涉科场舞弊案而被革黜入狱，关了 10 个月。仕途受挫，促使唐伯虎埋头诗文和书画的创作。在经过一段游历名山大川的生活后，致力于绘画，并以卖画为生。他生性不羁，常用“江南第一风流才子”印，故后人将“点秋香”的风流韵事移花接木在其名下。擅画山水，多取法南宋李唐、刘松年，兼学元人。工画人物、花鸟，与沈周、文徵明、仇英齐名画苑，被称为“明四家”。他的主要代表作有《秋风纨扇图》《牡丹仕女图》《高山奇树图》等。又善书法，和沈周、文徵明、祝允明、王宠同为明代中期的中兴书法家。诗作初多秾丽，中年学刘禹锡、白居易。晚年生活清苦，皈心佛教，自号“六如居士”，诗亦不拘成格，很多作品反映了其郁郁不得志的心情和出世思想，最具代表的就是其《落花诗》。

唐伯虎的一生充满曲折与无奈，但他豁达乐观，“不以一时毁誉重轻为趋舍”。根据好友祝允明为其撰写的墓志铭,唐伯虎幼年时很普通,没有显出非凡的智力。大部分人都认为真正聪明的人几岁时就能写出适合科举要求的文章,参加童子试考试一下子就能名列第一。按照这种对聪明的理解,唐伯虎根本与聪明不相干。他年少时只知道大丈夫要建功立业,以致于因为一味在家读书,连门外的街巷路道都不认识,更有甚者,他几乎没有什么朋友,连祝允明去拜访他也不理睬。有一次他写了两篇文章给祝允明,在文中表达了自己的远大志向;祝允明就在应答诗中劝唐伯虎放宽心胸和视野。唐伯虎一开始还表示赞同,可是时间久了就难过地告诉祝允明说自己其实内心深处还是不屑于科举,他最向往的就是古代的英雄豪杰。

唐伯虎的父亲唐广德虽然是个商人,但是却有着士人的品性,他希望能够培养儿子在科举上取得成功,给家族带来荣耀,为此还特意延请老师教儿子,唐伯虎只得遵从父命。唐广德对儿子寄予了很大的希望,他常常跟别人讲:“我这个儿子将来肯定能成名,难道还难以成家吗?”也因为受到父亲的诸多关爱,所以唐伯虎在父亲去世后一下子变得落落寡欢起来,又开始无意功名而沉迷于醉酒之中。根据《姑苏名贤小纪》的记载,唐伯虎跟邻居张灵是好朋友,两人经常一起纵酒吟诗作文。

张灵,字梦晋,祖上比较贫困,没有出过读书人。到了张灵这一代时,经济条件略有起色,家里也开始有意识地培养他读书。张灵喜欢广交朋友,为人旷达仗义,有侠士之风,虽然家里穷,可还是特别爱喝酒,喝醉了酒以后就狂舞。有一次,他醉酒之后对朋友道:“皮日休也就是个凡夫俗子罢了,他都自称为醉士,难道我就不是吗?”不过张灵的确很有文艺才华,他善作诗,亦善画画,而且他有点像李白,只有在喝得醉醺醺的时候才会有杰作。

唐伯虎和张灵性格颇为相投,经常与他一起出行。有一天,唐伯虎和张灵结伴乘船到家附近的虎丘游玩,两人在船上畅饮,开心的时候还用手叩击船舷,甚至唱那些乡野之歌。恰好岸上有几个商贾也在一座亭子上喝酒唱歌吟诗,张灵便对唐伯虎道:“这些家伙庸俗不堪,经商做生意也不过就是赚几杯酒钱而已,就凭他们那点本领有什么资格谈诗?待我来拿他们开开玩笑。”调皮的张灵于是换了衣服扮作乞丐的样子向这些商贾乞讨了些食物,然后又上前对他们说道:“鄙人有劳你们给了我一些吃的，我也拿不出什么东西回报给你们，我虽然文不成句，是否可以让我来一些狗尾续貂的诗句呢？”

一个商人斜眼看了一下张灵，拊掌大笑道：“你这个小乞丐也会吟诗？”

本来商人们已作有“苍官青士，朴握伊尼”等诗句，一个商人就很自得地拿“苍官”一句来考张灵，张灵大声答道：“苍官，松也；青士，竹也；朴握，兔也；伊尼，鹿也。”

唐寅《王蜀宫妓图》

这几个商人也没想到乞丐模样的张灵会这么博学，叫好之余就叫张灵作诗。张灵又向他们要了数杯酒，豪饮完毕，用毛笔将即席吟就的诗歌一挥而就，一下子居然写了上百首。写完径自离去，也不向商贾作谢告辞，到了萝阴下就不见了踪迹。商贾派人查探张灵的去向，却一无所得，于是都惊讶地觉得自己是遇到了神仙。而张灵等商贾走远了以后，又回到亭中，穿上朱红色的衣裳，眼睛上涂上金粉，跳起了天魔舞，其舞姿让周边的人叹为观止。

少年时期的唐伯虎与如此率性的朋友交游，自然也受其影响，有一段时日竟然沉迷于美酒，不再读书钻研学问，也不准备参加科举考试了。好友祝允明见大有潜力的唐伯虎这么放纵自己，很为他惋惜，便苦心规劝他收心拾起举业：“你要想实现原先的志向，目前恐怕还得先在科举上下功夫。如果你真想随心所欲，那你现在就可以扔掉那些书生所着的衣冠，烧掉那些应对科举的书籍了。如今你白白顶着个在书斋里求学的虚名,却连书本上的字都看不进去,取舍之间是不是不够慎重呢?”

唐伯虎听了祝允明的劝说后,沉默了半晌方才答道:“好吧。明年就是大比之年,我一定在这一年里全力以赴用心备考。如果再不成功的话,就彻底放弃了!”于是一改以往和同龄人讲习探讨的习惯,闭门谢客,拿出以前读过的《毛氏诗》和“四书”,重新翻检起来,按照科举要求专心读书,终于在弘治十一年(1498 年)以乡试第一的成绩得中解元。主考官对唐伯虎的文章啧啧称奇,还带回朝中给学士程敏政看,程敏政也为吴中有如此才子而称奇不已,命运之神似乎对唐伯虎绽放了笑脸。

可是命运之神却急遽变脸,给唐伯虎来了个恶作剧,科场一案给唐伯虎的仕途永远关上了大门。

对于科场案,有多种说法。祝允明所撰唐伯虎墓志铭中的说法是:戊午年(1498 年),唐伯虎在应天府考取举人,而且还是名列第一的解元,第二年(己未年,1499 年)他信心满怀地去京城参加会试。邻郡有个富家子弟也在乡试中考取了举人,这个富家子的老师很欣赏唐伯虎,就叫唐伯虎搭船一起北上。一路上大家相见甚欢,交流科考心得,很快就抵达京城。等到入场考了两场试以后,一个与富家子有仇的考生向朝廷揭发说那个富家子弟与主考官合同作弊。这件事也牵连到了与富家子同船北上赶考的唐伯虎。科场作弊在科举制度时期是很严重的事件,关系到当事人一生的前途。朝廷立即飞马下达禁止主考官参加阅卷的圣旨,并迅速将富家子弟和唐伯虎抓捕入狱,还下旨命主考官也一起接受审讯。关于科场案细节的另一说是:会试的时间到了,刚巧是程敏政任主考官。江阴的富户徐经贿赂程敏政的家僮,得到了考试题目,偏巧在赶考途中唐伯虎与徐经共乘一船,徐经被告发后,唐伯虎遭牵连下狱。

不管哪一种细节,这起科场案的结局只有一个:富家子承认自己确实与主考官作弊,而唐伯虎竟然也不作争辩,最终和富家子一起获罪,不仅交了一些罚金,还被贬到浙江做小吏。大受刺激的唐伯虎回到家乡后并没有去浙江赴任。有朋友劝他顺从一些,至少不至于丢掉性命,唐伯虎对朋友的善意劝告只是付诸一大笑。从此之后,他开始钻研佛教,并放浪行迹,翩翩远游,乘坐一叶扁舟到衡山、庐山、天台山、武夷山畅游，又到东南观海，到洞庭湖和彭蠡湖（今鄱阳湖）泛舟，一直游玩到生病，体力实在难支，才回到家乡苏州。

其实在科场案的关键当事人富家子已经承认作弊的情形下，唐伯虎是完全可以作自我申辩的，可他却采取“不复辩”的态度，结果遭到“与同罚”，经由科举实现自己远大志向的计划也就此付诸流水。

好在唐伯虎的为人智慧没有完全失去，在关键时刻还帮他远离了杀身之祸。当时南昌的宁王朱宸濠蓄意夺取皇位，笼络各地名士，唐伯虎也被罗致其麾下。但当唐伯虎发现宁王篡位谋逆的意图后，凭着智慧装狂避祸远离了宁王。这件事与西晋时张翰以“莼鲈之思”为借口避祸有得一比。对于他的装狂避祸，乾隆《苏州府志》人物七是这样记载的：

宁王宸濠慕其（唐寅）名，厚币聘之。寅察其有异志，佯狂使酒，露其丑秽。宸濠不能堪，放归。

唐伯虎离开朱宸濠回到苏州后，在桃花坞修房筑屋，过起了诗酒书画的隐士生活。他为文并不矫饰，常常对朋友说：“后人知我不在此”，了解他的人都很为他惋惜。但唐伯虎终于无意功名与政事，在桃花坞度过了苦闷与狂放交杂的人生。

唐伯虎的卒年

关于唐伯虎，有一件事必须提及，那就是他的卒年。许多正式出版物如上海辞书出版社 1983 年版《中国历史大事年表》、湖南人民出版社 1998 年版《中外历史大事年表》等都把他的卒年搞错了。搞错的原因是，唐伯虎的卒年“嘉靖癸未”与实际卒日“嘉靖癸未十二月二日”对应的公元纪年并不等同。根据《中国历史纪年表》，前者对应的是“嘉靖二年”，即 1523 年；后者对应的是 1524 年 1 月 7 日。其实在农历除夕来临之前，公元纪年早已经进入了下一年，因此，唐伯虎的卒年公历上应为 1524 年。类似搞错的还有与唐伯虎同时代的祝允明。祝允明生于“天顺庚辰十二月六日”，即 1461 年 1 月 17 日；殁于“嘉靖丙戌冬十有二月二十七日”，即 1527 年 1 月 28 日。如果仅仅按照历史纪年在《中国历史纪年表》中找对应的公元纪年，则祝允明的生卒年便是“1460—1526”，比实际少了 1 年。

《六如居士

对于一个人生卒年的记载，墓志铭是最权威的。唐伯虎的墓志铭为祝允明所撰、唐伯虎的儿女亲家王宠手书，祝允明在墓志铭的最后部分专门记述了唐伯虎的生卒年和家世：

唐氏世吴人，居吴趋里。子畏母邱氏，以成化六年二月初四日生子畏，岁舍庚寅，名之曰寅。初字伯虎，更子畏，卒嘉靖癸未十二月二日，得年五十四。配徐继沈，生一女，许王氏国士履吉之子。墓在横塘王家村。子畏罹祸后归，好佛氏，自号六如，取四句偈旨，治圃舍北桃花坞，日般饮其中。客来便共饮，去不问，醉便颓寝。子重名申，亦佳士，称难弟兄也。

唐伯虎点秋香故事考略

明代通俗文学家冯梦龙也是苏州人，他于天启四年（1624年）编撰梓印了《警世通言》，其中有一回目是《唐解元一笑姻缘》，说的就是为世人熟知的从追求秋香到卖身投靠华府甘作书僮的“唐伯虎点秋香”的故事。在经过评弹这一艺术形式的加工处理后，这个故事的流传范围更其广泛，并逐步演绎成为《三笑姻缘》。更有人因为唐伯虎号称“江南第一风流才子”，而附会出唐原有8个妻妾，再加上秋香，就成为《九美图》等。一直到今天，“唐伯虎点秋香”的传奇还是久盛不衰，根据这个故事改编的电影、电视剧也有好几部，主人公唐伯虎依旧是今人的时尚话题。

那么真实的唐伯虎到底有没有这样的风流韵事呢？

据考证，故事中华府的男主人华鸿山比唐伯虎小27岁，当唐伯虎于嘉靖二年（1524年）去世时，华鸿山尚未登科，而华考上进士时（嘉靖五年，1526年），唐已病故3年。华鸿山做太师时，唐寅的棺木已朽。因此，根本不可能有唐到华家卖

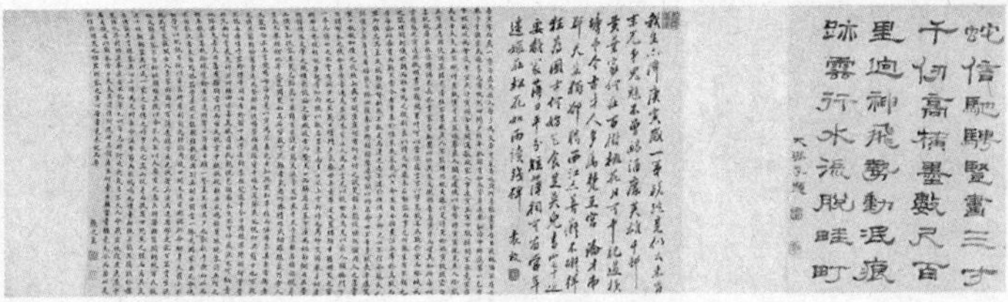

》（张灵　绘）

身投靠的事情发生，点秋香故事纯属小说家言。不过故事的女主人公秋香倒是确有其人，据考证，她真名叫林奴儿，是金陵风月场中的一个妓女，唐伯虎与秋香虽然生活在同时代，但是秋香至少比唐寅大十几岁。历史上真正点秋香者也确实有其人，而且主人公的原型还不止一个：

1. 吴人陈元超。据明代王同轨《耳谈》记载，陈元超年轻而风流倜傥，不拘形迹。有一次他与朋友登虎丘，看见一个官宦人家的婢女面容娇好，而且这个婢女还回头看了他几眼，陈元超便对这个女子一见钟情，跟踪她到了那个主人家，恳求做那户人家的书僮。官宦人家爱惜陈的才华，就把他留下来做两个儿子的陪读。陈元超极力取悦主人，不久终于得遂心愿，与秋香成婚。王同轨，字行父，黄冈人，约明光宗泰昌（1620年）中前后在世，由贡生官江宁县知县，所著《耳谈》十五卷，每条皆记所说之人，以示征信。可见，此事亦非无稽之谈。

《三笑缘》插图

2. 无锡人俞见安。据黄蛟起《西神丛语》记载，俞宪，号是堂，其次子见安有一次偶然看到船上有一位女郎非常貌美，心里就喜欢上了，便立即雇船尾随到了苏州。一打听，才知道该女子是某富室婢女。当时就有人认为雇船尾随女郎的是唐寅，但是黄蛟起仔细询问了俞见安的族孙俞祖源，才知道了事情的来龙去脉。

原来女郎号美娘，是好事者把这件事附会在了唐伯虎身上。黄蛟起，字孝存，无锡人，所著《西神丛语》记载的都是无锡的事情，因此，俞见安也应该是无锡人。而女郎主人家在苏州，与世传唐伯虎至无锡访华氏婢女正好相反。且婢女名美娘，非秋香。

3. 江阴吉道人。清王士祯在所著《古夫于亭杂录》中认为，“唐解元诡娶华学士家婢秋香事，乃江阴吉道人，非伯虎也”。其文略谓，吉父为御史，因为进谏被贬戍边。吉本人在洞庭学道。有一次吉道人游虎丘，适逢兄丧，有孝在身，上身穿麻衣，而下身却穿着紫绫裤，上下衣着搭配颇为不搭调。正巧，有一上海的大户人家也带着家眷游虎丘。这户大户人家的丫鬟秋香见到吉的滑稽打扮，忍俊不禁，朝吉笑了一下，而吉就以为她喜欢自己，于是，改名换姓到那个大户人家投身为仆，既而竟成好事。华为吉的本姓，并非婢女之主家姓，主家又是上海人氏。

4. 唐伯虎。《唐伯虎全集》辑录《蕉窗杂录》文，文中写道，唐寅在金阊看见一艘画舫珠翠盈座，船上一个女郎姣好姿媚，笑着回头看了他几眼，于是唐伯虎就换上下人的衣裳雇了一只小船尾随画舫，一直跟到了吴兴，在当地一打听才知道女郎是某个官宦人家的婢女。然后就发生了做书僮、点秋香的故事。

综上所述，诸书所录故事情节基本相同。只不过主人公有吴人陈元超、无锡俞见安、江阴吉道人和吴门唐伯虎之别，女主角亦有秋香和美娘两种；“一笑”的发生地点有虎丘、舟中、金阊三处；婢女主家亦有吴门富室、上海大户、吴兴某仕宦家诸说。可见，此风流韵事在吴中广为流传，一开始本无定数，后因冯氏结集梓行，而唐伯虎又比其他几个人名声更大，并且又自称“江南第一风流才子”，故此风流韵事的男主人公就非他唐寅莫属了。

《五亩园志余》“检斋”条认为，“点秋香”一事其实是吉氏子冒六如的盛名演绎出来的。唐伯虎曾经说过自己的生平知己没有超过秋香的，或许是这种说法让附会之事有了发生的可能，总之，这件事因为唐伯虎是主人公而变得很轰动。唐伯虎误导别人最后也影响了自己的名誉，他其实心里非常后悔，于是杜门不出，读了一个月的《近思录》，又把自己的书房取名为“检斋”，并作《检斋诗》云：

检束斯身益最深，检身还要检诸心。鞠躬暗室如神在，恭己虚斋俨帝临。
视听动言皆有法，杯盘几席尽书箴。遥知危坐焚香处，默把精微义理寻。

从诗句可以看出，唐伯虎对于有人将“点秋香”的风流韵事加到他的头上，尽管没有申辩，但心里还是后悔自己出言不慎的，他甚至还用闭门读书一个月来惩罚自己。将书斋命名为“检斋”，目的是提醒自己要经常检点自己的言行，以避免流言蜚语，乃至惹火烧身。也正因为他开始反省和检视自己的言行，才有了后来装狂避祸，智慧地及时离开宁王的故事。

唐伯虎的墓与祠

在苏州桃花坞历史文化片区西大营门西有一条叫唐寅坟的巷子，它南起大营弄，北至东蔡家桥。此巷既称做“唐寅坟”，当然是因唐寅得名，但是时至今日，苏州人都知道的唐寅墓却实实在在是在横塘。这是什么原因呢？

从乾隆《苏州府志》卷第三十“冢墓”的记录可以探悉到关于唐寅墓的一些信息。解元唐寅墓在横塘王家村，乾隆年间此墓尚存。康熙时，阊门内居民在唐寅读书的准提庵西掘得一块石碑，上面刻着“唐解元墓”，为苏州知府胡缵宗所书。当时商丘的宋荦正任江苏巡抚，他听说这个消息后立即前往祭祀，还在墓旁修筑了才子亭。苏州状元韩菼为此作诗道：

鲤仙赠墨妙江东，佽佽词成千载空。埋玉如闻禅榻畔，衔杯不语雨声中。
荒丘翁媪秋前税，才子牛羊笛里风。花草不知身后妒，年年抔土衬残红。
中丞当代振词源，吊古凭将风雅论。谁昔唐衢惟解哭，只今宋玉与招魂。
人归黄土三生石，时过清明一酒尊。更辟桃花旧兰若，钟声鼓月伴黄昏。

由此可知，乾隆时期（1736—1795年）就已确定唐寅的墓是在苏州城西郊外的横塘，只是当时没有加以详细考察而已。明末井研雷起剑曾经重修过唐解元墓，他还作文记录了此事，文中说道，崇祯甲申（1644年）暮春既望，雷起剑与徐元叹、叶羽遐、毛子晋、马人伯、孙月在、释石林等人坐船到苏州城外的横塘，叶羽遐指着杂草丛生的一个低洼处道：“这里就是唐伯虎先生的墓，那些早夭的早慧儿已经很少了，像若敖那样的猛鬼肯定也已经很饿了！这么冷清的名士之墓却被牛羊践踏，太可悲了！”于是雷起剑就与诸友人一起披开荆棘向唐寅墓叩拜，又向附近种地的农人打听，问唐伯虎是否还有遗族。农夫说：“他的族人也没几个在世了，城内桃花坞还剩下一个老妪，她是唐伯虎侄孙的遗孀。”雷起剑与友人听后凄然叹道：“唉，多年以来大凡读过唐伯虎文章的都是他的朋友，何必一定要与他同时代的才算朋友呢？是我们这些做他朋友的人的罪过啊！我们大家今天就一起

唐寅园

动手帮他树立墓碑，再造几间房子祭祀他吧！”毛子晋欣然同意，同行者还各自赋诗以作纪念。历时两个月后，祠堂建成，雷起剑又和朋友一起刻了石碑把这件事记下来，留给后人参详。

也正是从这个时候起，苏州便有两处唐寅墓同时存在，随着岁月的推移，桃花坞那里居然将唐寅坟演变成了一条巷子的名称。到了嘉庆年间，甚至出现了“横塘之墓无有过而问者”的局面。幸亏唐氏有位后人唐仲冕出任吴县知事，他把这两处唐寅墓一并修整，并自撰《修唐解元墓记》记述了修建唐寅墓的经过：

公讳寅，字伯虎，号六如居士。明弘治戊午南京解元，以事被黜为吏，辞不就，放废终身，尝以佯狂脱宸濠祸，卒葬横塘王家村，载在志乘。明末毛子晋曾修其墓，有文记之。自宋商丘尚书得胡太守缵宗碑碣于桃花坞，为建祠墓，而横塘之墓无有过而问者。予以同姓来宰是邑，既修辑桃花庵与其墓，且相率为诗以广其传。考横塘旧有墓地三亩，过者犹能指丘陇，不可废也。历年已久，侵葬者树皆合抱，姑即其可厘正者，封植而显识焉。墓中埋一碑，墓前立一碑，建石亭、石绰楔各一，墓前仅有四分有奇。以唐六如墓注名户籍，付县中司漕吏代纳其赋，岁久勿替，因并识之。

唐仲冕又写了《封识六如墓四首》诗聊发感慨：

白玉楼成隔两尘，水村山郭几番新。未知若个眠云处，想见当年荷锸人。

兰若旧藏题后碣，菰芦雅称梦中身。横塘十里秋声馆，合与芳园一例春。

荒丘冥漠不书名，访到山桥涧水清。指点青磷孤月出，侵寻黄壤乱云平。

一抔马鬣新封大，三尺鸡碑小记明。过客莫歌蒿里曲，早归兜率悟无生。

菱芡重重鼎俎奇，横阡设祭暮雅知。唐风剩有毛苌传，楚些曾无宋玉词（崇祯甲申，毛子晋尝封表之，置丙舍，纪以碑，今荡然无存。惜商丘中丞未曾议及）。地以沧桑沈断础，人于伏腊走丛祠。秋来雁税从新占，凭仗村翁社媪司。

文人慧业照元灯（墓前碑仍题明唐解元），烟穗前生记老僧。花坞吟尊延客赏，石湖钓艇沛吾乘。城开更注千年漆，松茂长寒百尺藤。疑冢却嗤铜雀伎，空教卖履望西陵。

这是嘉庆六年（1801年）的事情，事见嘉庆《吴门补乘》卷三“冢墓”补。

《吴门补乘》是乾隆《苏州府志》的续补本，作者钱思元，吴县浦庄人，师从沈德潜学诗，著作甚丰。《吴门补乘》是其精心之作，初稿完成于乾隆三十八年（1773年），后又经过30多年的不断修改和补充完善，体例严谨，真实可信。对于考订的史事，钱思元都用按语的方式告知读者。钱思元推定，嘉靖五年（1526年）太守胡缵宗所制桃花坞墓碑，可能原本打算立在横塘而未实现，桃坞的唐寅墓只不过是个虚冢，他还提醒好事者不要“为漫堂所误”。

谢家福与凌泗同辑的《五亩园志余》“胡太守碑”条对胡缵宗的碑石是这样解读的：唐六如在桃花庵礼佛，到了晚年他对少年时所作诗文很不满意，就把这些诗文掩埋在桃花庵之北，他还开玩笑地指着土堆道：“此即唐六如之墓”，实际上这个墓只不过是个埋诗文的土堆而已。这件事在《桴庵杂记》中也可以查找到。当时就有好事者把这个土堆看做唐伯虎的安葬之地，还拿胡缵宗所制墓碑来做证明。这些人竟然不知横塘王家村有唐寅之墓，实在很奇怪。金云门女士也分析唐寅真墓在横塘，桃花坞的这座为义冢，她还作《礼嬴桃花庵诗》云：

撩乱长明一琖灯，准提庵院剩残僧。桃花死占仙源福，好色生参佛地乘。

醇酒妇人三了语，缠名锁利一缠藤。书生亦有冬青树，不独唐衢哭六陵。

据乾隆时期举人王芑孙《渊雅堂文稿》记载,《闲亭杂记》的作者小时候听长老谈到商丘宋荦修桃花庵一事时,认为桃花庵是唐伯虎生平读书处,其墓实际在横塘,之所以在桃花坞挖到了胡缵宗所制墓石,他怀疑桃花坞地处市肆,可能当时刻工在那里刻墓碑,刻成后还没来得及到横塘去立碑,就发生了变故,匆促之间只得埋入土中,这才有了300年后墓碑在桃花坞出土的可能。他认为,这个故事比较真实可信,他还盛赞胡缵宗有郰邑人曼父之母的大义(孔子成年后从郰邑人曼父之母那里了解到自己父亲的墓地在防,然后才将之与母亲合葬)。

凌泗对此作按语道:

> 《闲亭杂记》"好事者为是碑以实之",然是碑出土时,宋中丞亲自临察真赝之迹,当时必有辨之者。疑惕甫先生之言,故老相传为得其实。

由上述史料看来桃花坞的所谓唐寅坟还真是唐伯虎的葬文之处。准提庵内也确实有过"瘗文冢"。明天启间(1621—1627年),杨端孝供奉准提像于桃花庵,桃花庵因而易名准提庵。莲峰上人曾经驻锡于此,并作《准提庵八咏》,其中一首《瘗文冢》就记录了唐伯虎掩埋文章的故事,诗中所记准提庵亦名七子庵:

> 七子庵边墓,残碑记六如。文章何日瘗,烟草有谁除?
> 流水空呜咽,浮云自卷舒。人传明月夜,光烛斗牛虚。

到近代,唐寅坟地名也略有变化。据民国三年(1914年)《新测苏州城厢明细全图》、民国十年(1921年)《最新苏州城厢明细全图》,在唐寅坟处仅见唐家弄、唐家(疑后缺"园"字)等字样;在民国二十七年(1938年)发行的《苏州新地图》上,才见"唐家坟"字样,但从线路走向看,可能是指今大营弄西段(原鲇鱼墩);在民国二十九年(1940年)江苏建筑厅技术室绘制的《吴县城厢图》上,才明白无误地指明"唐寅坟"及鲇鱼墩的方位及道路走向,直至1966年,均无变化。"文革"以后,随着鲇鱼墩地名的取消及周边民居、新村的建造,唐寅坟路况才成今貌。

桃花坞内另一个与唐伯虎有关的地名就是"唐家园"。据《五亩园志余》"唐家园"条记载,唐家园在阊门内桃花坞,是唐解元的住所。唐伯虎住在这里时,四周遍植桃树,常常有人来此坐在园中的老树根上赏风景。到了炎热的酷暑天气,园内非常清凉,不少达官贵人和名流都来这里赤身裸体躺在松竹下乘凉,即使门

外有车马来接，也没人愿意出园。像唐寅这样的名士本来就已看淡名利，到他家和他举杯共赏明月的朋友很多，特别是好友祝允明更是常常在夜间来造访。他们放浪形骸，千金买笑，狂放不羁。唐伯虎和朋友们到秋天时在园中把酒赏菊，“不买青山隐，却写青山卖”，以鬻画为生。

到清顺治初年，松江的沈明生移民苏州买下了唐家园，在这里构亭台、植竹木，开挖了长宁池，在池上建了称做“蓉镜”的亭子，还修建了梦墨楼、六如亭、桃花庵来怀念唐伯虎。沈明生精通岐黄，在当时是国手级的中医。但是，对于沈明生购下唐家园修缮一事，《百城烟水》并无记录，谢家福对此作了考证，认为唐寅的居所在桃花坞后，仅存六如古阁。桃花庵也已改名准提庵。这个庵与宅本非一处，庵在寥家巷内，宅在五亩园西。他推断宝华庵就是沈明生所建新唐家园，而长宁池诸胜是否属桃花庵还有待考证。不过既然沈明生的唐家园与桃花庵相关，就也辑录于此了。

唐寅祠观音兜

20世纪50年代，唐家园尚有断墙残壁，院内有旧屋数楹以及桃树、闲地。唐家园北部都已成了农田闲地。唐寅坟东边可能就是桃坞别墅中的“千尺潭”，千尺潭原为桃坞别墅内最著名的池塘，取李白诗“桃花潭水深千尺”之意而命名。清石方洛《桃坞百绝》“千尺潭”诗云：

流觞飞入水之滨，谁向桃源更问津。花影一潭人不见，深情何处访汪伦。

20世纪50年代，“千尺潭”已淤塞为浅池塘并沼泽地，后逐渐沦为菜园和瓜圃，沿大营弄边则长满了楝树、荆棘。

20世纪60年代起，唐家园一带除大营弄（原鲇鱼墩段）建为民居外，其他废园、菜圃先后为东风冶炼厂等占用。“千尺潭”原址被改建为林机新村，唐寅坟西面除沿路建有民居，北部即为红木雕刻厂占用，今林机新村北面水池即原双荷花池部分水面。据传，水池北面临水而建的约500余平方米建筑即原宝华庵遗屋。

清嘉庆五年(1800年)，乾隆癸丑科进士唐仲冕重修唐六如居士祠时，可以说居士祠“已废”。唐仲冕虽是湖南善化人，但他自认为是唐伯虎的裔孙，而且作为吴县的地方长官，他有责任修复之，甚至还不惜捐出自己的俸禄来修建。根据修缮完工后孙星衍所作《重修记》记载，唐仲冕见唐寅祠和唐寅墓都已废圮，便将庵东的一处房屋拓建，又将原在唐寅祠供奉的唐寅、祝允明和文徵明像移到此处供奉，出资赎回了桃花仙馆。对于那些被当地住户占用的墓地，唐仲冕命人修筑围墙拦隔，又补种了数十株桃树，重建了梦墨亭，辑录印行了《六如居士集》。唐仲冕对于这位唐氏先贤内心是既敬重又惋惜，他甚至作出了这样的假设：如果唐寅拒绝与朱宸濠同流合污的坚定品行被梁储、程敏政等官员看重并招致身边，即使他做不了大事业，也会在政治上有所建树的。

修建工程结束后，唐仲冕自己也写了诗四律以示庆贺：

绮罗弦管总成尘，一种才华阅世新。纵酒地为浇酒地，看花人是种花人。
可怜谢客无遗宅，何必逋仙有后身。燕麦菟葵搜剔尽，绛桃依旧占芳春。

第一风流自爱名，佯狂独得圣之清。奏书不逐严夫子，挝鼓真同祢正平。
半偈悟禅空电闪，小楼读画尚花明。饶他文酒求余韵，三百年来识此生。

吾宗衢后数尤奇，牢落悲深旷代知。一副青衫司马泪，几行红杏尚书词。
衔碑士近要离冢，拾翠人归短薄祠。千古英豪齐下马，况传华胄备官司。

荒烟蔓草剩寒灯，仙馆重开问寺僧。五十步分樵采路，三千界扫辟支乘。
乞花好句留楹帖，梦墨遗编付剡藤。表墓式庐吾岂敢，名流好事写韩陵。

沈奎和陶山明府原韵诗云：

莫嫌近市总嚣尘，风月依然竹树新。天遣名流为地主，世知达士即仙人。
竟偕文祝长携手，早笑机云自失身。散掷千金归故里，有人片碣记阳春。

（自注：李梦阳为宸濠作《阳春书院记》，几至不测）

廉吏从来畏近名，出山泉比在山清。万间广厦长思庇，三尺孤坟讵忍平。
怀古如公题榜重，登楼有客看山明。子西旷达子方直，又见门才次第生。

一第无缘命也奇，阐幽赖有两公知。赏音毕竟推吴令，奏曲还宜荐楚词。
绿水一泓非旧径，桃花几树认新祠。谢询请为诸孙表，封墓高情在有司。

逃名自礼佛前灯，领取头衔粥饭僧。白社禅从耽酒误，青蝇隙自爱文乘。
田园芜废留松菊，眷属捐除斩葛藤。如此长眠真有幸，几家吹笛上丘陵。

历史已经进入了21世纪，现在再回过头看唐寅，其实他的一生有幸也有不幸。不幸的是他被傅灏、都穆诬陷，又不屑于到浙江去做小吏，转而就走上了隐居一途。如果他像汉代贾谊那样有幸被河南太守引荐或像闵贡那样被安邑县令珍惜，甚或像唐代李白那样被当涂县令收留，可能也不至于像张灵和徐渭那样，由一名好学上进、有远大志向的青年突变为一个纵情声色、颓废放荡的风流才子。值得后人为之庆幸的是，好在唐寅审时度势，及时脱身，没有被朱宸濠拖下水玷污自己的名节。反过来想，不管幸与不幸，唐伯虎纵情酒色自娱，至少没有像汉代党锢、宋代党人和明代东林党那样，招来杀身之祸。那些人看起来很激进地积极参与政事，到头来不仅没有达成目的，反而还害得后来的怀才之士杜门裹足而不敢前，不能为时所用。相比于这些人，唐寅纵情酒色也许是有点过分，至少浪费才华，但是后人也确实不能对之求全责备。后代也有人因唐寅的一生遭际，而感叹明代缺乏有“知人荐士”才能的伯乐，从而改变自己的从政作风的，唐仲冕就是其中一位。他总结了唐寅的成败和社会根源后，尽力广招贤才，引领吴县的社会风气。可惜，从古到今像唐仲冕这样明智务实的官员实在是少之又少。

从古到今，唐寅在民间一直没有被冷落。早在80多年前，李根源与前清苏州探花吴荫培曾经成立过吴中保墓会，他们对于文物的认识，已提高到历史文化的

准提庵大殿前廊木雕

精神高度。经过他们的努力，包括唐寅墓在内的几十处古墓葬得到了妥善保护。新中国成立后，先后于1958年、1985年两次修缮唐寅墓。进入21世纪后，唐寅墓也被地方政府修葺一新，让一代才子静静地安享游人的瞻仰。

1963年，唐寅祠（今准提庵）由苏州市人民政府公布为苏州市文物保护单位。早些年唐寅祠被用做苏州版画院的办公之地，一直延续至今，保存相对完整的大殿依然是版画家们的创作之地。现存的唐寅祠建筑布局为单路三进。走进唐寅祠大殿，眼前的现状颇令人欣慰，屋面、门厅大木构架、木基层、门窗等基本保存完好。值得一提的是，门厅小木构件上的木刻雕花十分精美，虽历经沧桑依然很是炫目。不过，由于年久失修，唐寅祠也普遍存在油漆脱落、外墙体粉刷层大面积剥落等现象。此外，这处古朴建筑的天井铺的是水泥地，与整个氛围显得十分不协调。

相信随着桃花坞历史文化片区唐寅文化区的启动，唐寅故居、唐寅祠等历史遗迹都将以古朴的姿态与文化访古爱好者见面。

延伸阅读：

在与唐寅有关的书籍中，经常看到以"六如"来称唐伯虎；桃花坞的准提庵也被唐仲冕称做唐六如居士祠，其中六如亭、六如古阁等古迹也是有"六如"二字。那么，六如的出典在哪里呢？《金刚经》有云："一切有如法，如梦幻泡影，如露亦如电，应作如是观。"这说的是一切事物皆是缘聚则生，缘散则灭，变化靡常，执捉不住，正如梦、幻、泡、影、露、电6种事物或现象一样，似有似无，皆为虚而不实之相。可见，"六如"是唐伯虎礼佛悟禅的心得，看起来是超脱出世了，其实"六如"是他对自己怀才不遇的无奈表达。

桃坞存史谢家福

说起桃花坞，谢家福也是无法避开的人物，他与唐伯虎以两种迥异的才华和贡献被载入桃花坞名人史册。谢家福，字绥之，号桃源主人、望炊楼主人等，为清代洋务运动的积极参与者、中国交通电信事业的先驱者、苏州电报通信业的创始人。光绪年间(1875—1908 年)，谢家福因丧母丁忧，返居苏州桃花坞，购得宋代桃花坞“五亩园”遗址，建“望炊楼”。谢家福赋闲归苏后，又在“五亩园”原“正道书院”故址上，创建了义塾“儒孤学舍”，专授“新学”。光绪十八年(1892 年)，闻名电报界的“苏州电报传习所”(又称“苏堂”)在儒孤学舍内成立。苏堂是我国早期培养电信人才的三大学校之一(另两所分设在天津、上海)，影响极为深远。谢家福去世后，嗣孙谢安生继承了五亩园园产。五亩园废弃后，部分建筑移作昆曲传习所。谢家福著作等身，除编撰有关“军国大事”的书籍外，还印刻了《望炊楼丛书》和《磷血丛钞》，荟集了相当丰富的文史资料。而他的《五亩园小志》和《桃坞名胜记》，无论是对古代苏州桃花坞来说，还是对古典园林五亩园来说，都是一份最为详尽的总结，其地位在苏州地方志乘中是独一无二的。

先来看看谢家福对五亩园存史的贡献。

自古园林的兴废，都和所处时世的治乱密切相关。当海内清晏太平之时，士大夫在林居之暇，往往会修建园囿池沼，以极其歌咏、饮宴、游观之乐。有的园囿池沼经过一次战火就被夷为平地、化为废墟，再经过两三次破坏，基本上就难以觅其踪迹了。荡灭于劫灰兵燹之余的园林，更是不计其数。这基本上是古今园林的共同命运。

旧时在苏州城的西北隅有五亩园，曾经胜绝一时。它系汉代张长史所置，目的是为了栽种桑树。长史姓名虽难以查考，但是他的功德泽被后世千余年。五亩园兴而废，废而复兴，也绝非偶然。到了宋熙宁绍圣年间(1094—1097年),梅氏、章氏也在此建立了居所,精心经营之下,园林水石之胜甲于吴中。到建炎初年,北方金兀术率兵南下蹂躏苏州古城,南宋范成大在修《吴郡志》时,已经不知道五亩园到底在哪里了。不久伯颜又率元军攻打苏州,紧接着没几年,张士诚又在桃花坞一带割据,朱元璋在桃花坞给张士诚致命打击后,桃花坞被毁坏殆尽,谢家福之前五亩园的情况基本不见于史志记载。明代的吕氏以及与谢家福同朝代的叶氏先后对五亩园都有所拓建,这时梅宣义的碑已出土,可惜很快却又毁于庚申之变(1860年)。经过数代人的积累,五亩园的台榭林亭、桑麻花竹之美,号称极盛。到谢家福修《五亩园小志》时,五亩园虽遭罹战乱,湮灭殆尽,但人们对它的遗迹记忆犹新。

为了还原五亩园五百年间的历史真实,谢家福搜罗旧闻,比如走访城北遗民、查找木居士的遗著,又参考若干历史资料,到四库馆搜访秘笈等,海内藏书家关于五亩园的资料几无遗漏,才终于辑成了《五亩园小志》,从而保存了桃花坞的不少遗闻轶事。后人根据这本小册子可以循迹寻访梅坞、杨柳堤、双荷花池诸胜,在徘徊瞻眺之间追想当日士大夫的歌咏游晏之乐,感怀张长史的高风亮节;修史志者也可从谢家福所辑录的资料中找到可靠的史料。谢家福修《五亩园小志》也产生了一定的社会影响:光绪十六年(1890年)闰二月,74岁的老翁亢树滋还欣然给《五亩园小志》作序,吴江的凌泗也作《五亩园志余后序》,表示对谢家福的感谢和鼓励。

《桃坞名胜记》是谢家福编撰的有关桃花坞的史志类著作。他编此书可不是为了消遣,而是有感而为之。谢家福看到虞图南在《沼吴编》中慨叹金兀术率兵南犯,苏州的文物图书被焚毁殆尽,便产生了编书保存史料的念头。可是到动手时却又发现范成大所撰《吴郡志》中根本没有关于桃坞的记载;《卢熊志》虽有记载,但是记得并不清楚,其中还有不少谢家福自己都不能置信的地方。明代宋濂曾经在《府志》的序中说宋代章悊嫌范成大与赵与筹所撰《吴郡志》不够完善,又编写了《吴事类编》,可惜宋亡后,这本书也亡佚了。元代的赵凤仪想拾遗补缺连缀补全,最终也未能成。谢家福读了卢熊删繁举要辑成的50卷《卢熊志》,也才恍然大悟:原来桃花坞的旧迹大多是在遗轶毁弃的文稿中。谢家福开始查找幸存的历史资料,从诸种图书中把和桃坞地区有关的奇闻逸事辑录在一起,于光绪十八年(1892年)年底终于编成了八卷《桃坞名胜记》。

《桃坞名胜记》各卷包括:卷一乡管、城门、古坊、街巷、河道,卷二繇余氏墓、泰伯庙、闵子祠、华池、江东神祠、张子平墓、皋伯通宅、梁高士祠、报恩寺、谢太傅祠、张融陆慧晓宅、承天寺、柳毅墓、颜崇墓、孙园、刘家祠、泰娘家、永昌北仓,卷三旃檀庵、五亩园,卷四桃坞别墅、庆云庵、崇真宫、蔡庄、万忠墓、崇义院,卷五周孝子堂、宋军寨、福济观、宋昭泽侯祠、吴赵三公祠、百万东仓、文忠烈祠、张少傅祠、郑所南祠、徐遗民宅、陈逸民宅、能仁庵、朱司徒庙,卷六废园、陈佥事宅、都南濠祠、唐家园、六如疑冢、唐解元祠,卷七陆氏橘林、袁家宅、杨庄简宅、杂造局、韩敬堂宅、汪公祠、多木园、贞烈祠、慕栖庵、恤忠祠、苏家园、密庵旧筑,卷八绣谷园、陈圆圆家、淡斋庵、慈氏庵、陆状元第、抚松馆、梅花楼、周方怀画室、千墨龛、火药局、吴义庄、轮香局、节妇孙史氏墓、藕舫、凤鸣斋、吴烈妇家、存义堂义冢、伪王府。

有了《桃坞名胜记》,后人不需要再费劲爬梳,就能了解到桃坞的不少历史趣闻和轶事。比如该书中记载,《闲亭日记》就是从范石湖(成大)的诗句“桃坞论今昔”推断出桃坞的地名不是到宋代才有的。徐大焯在《烬余录》中曾描述明末桃坞的地域范围涵盖了大云乡全境,地广且大,历史悠久。对于类似这种散佚的资料,读者只需翻检《桃坞名胜记》就可以知道了。

一门两状元：陆肯堂与陆润庠

陆氏故宅

阊门内下塘街10号，是康熙乙丑科（1865年）状元陆肯堂的故居，老百姓都称此地为“陆状元屋里”，现在这里已散为民居。沿街门面不是很大，整个房屋分东西两部分，有前后五进，建筑古朴，气势恢宏。陆肯堂这支陆氏是明代陆延楫时从湖州迁来苏州的，而这处房产则是陆肯堂中了状元以后购置的。

陆肯堂（1650—1696年），字邃升，是家中的独子，自幼颖悟，过目成诵，写文章信笔而成，语言凌厉顿挫。康熙十六年（1677）被授以岁贡生，选送国子监读书。康熙二十年（1681）参加辛酉科江南乡试，进入前5名，成为经魁。三年后被授以颖上县学学官，未及到任，康熙乙丑年（1665年）参加会试和殿试，都是第一名，授修撰。康熙二十六年（1687年），陆肯堂任丁卯科江西的乡试主考官，他严格考察、大胆录取，录取了很多名士。回到京城后，即被翰林院举荐为日讲起居注官，为皇帝讲解汉文典籍，回答皇帝的咨询，记录皇帝的日常言行举止。历任左右中允、侍读侍讲等职。朝廷的重要著作大多出自其手。

陆肯堂生性纯良，有责任感，“天性孝友，笃于仁义”，对朋友和家里的姐妹都能尽力照顾。家中姐妹出嫁时可以带上丰厚的陪嫁，陆肯堂也不嫌弃男方经济困窘，舍得拿出家财来资助男方。他的德行受到过康熙皇帝的褒奖："陆肯堂学问甚优，人品亦好。"当陆肯堂因身体有病请求回乡养病时，康熙皇帝特意派内阁学士哈山三宝带了太医去探视。受到皇帝的如此礼遇，陆肯堂便又继续留京供职。可惜的是陆肯堂未能尽享天年，47 岁时就去世了。

陆肯堂书法

陆肯堂的儿子读书也很有出息。一门能有两个进士，在当时是很荣耀的。陆肯堂的长子陆秉鑑，字冰言，以吴县籍生源考取康熙癸未（1703 年）进士。

陆肯堂的另一个儿子陆赐书也是进士出身。陆赐书，字宣颖，康熙丙戌（1706 年）进士，授礼部主事，很快又提拔为御史，耿直敢言，曾经勇敢地上书奏请裁汰总理王大臣，不久被外放为陕西庄凉道，调四川川东道布政使司参议。清世宗命令陆赐书仍然兼任御史一职，赐予他用密折奏事的权力。陆赐书在川 10 年间，历任布政使和按察使，为官清正廉洁，颇具声名。乾隆四年（1739 年），以病告归，在苏州去世。陆赐书的儿子陆元鼎，在河南商城做过固始知县，又在四川简州、山西应州任过知州。

陆肯堂的曾孙陆企曾虽未曾为官，却在随父赴任期间为父分忧，募捕蝗虫，广获好评。陆企曾，字义扬。22 岁时，随父亲陆元鼎到商城县任职。这一年正值大旱，飞蝗入境成灾。陆企曾奉父命分道募捕，而不让狡猾的胥吏经手，老百姓也就没有遭受太多的滋扰。由于忙碌，心力交瘁间中暑得病，陆企曾很快就去世了。在他临去世前夕，飞蝗全部被驱出境。上级官员飞马送吊唁信来慰问陆元鼎，还评价陆元鼎“贤令爱民，不惜以爱子殉之”。

陆企曾去世时，新婚才两个月，妻子是苏州状元韩菼的孙女。为了延续企曾的香火，其哥哥陆景曾将自己的儿子过继给他作嗣子，这就是陆文。自陆文开始，陆氏出了“三代儒医”，陆文有医著《医门良方所见录》。陆文之子陆嵩（1791—1860 年）亦有《医门辨证引方》传世。

陆嵩，字希孙。是廪贡生，在镇江府学任训导。道光壬寅年（1842 年），在京口之乱中，陆嵩召集江洲人成一旅，同心协力攻克了镇江城。咸丰癸丑（1853 年）发生战事，陆嵩又奉檄召集南乡 99 村的义民，设法保护从郡城逃亡到乡间的避乱者。在陆嵩的组织下，妇女老弱得以免遭颠沛流离之苦。后来陆嵩又带着 500 名江洲人投奔常州汪方伯（本铨），防守要隘，使当地人凭借要冲的地利而得以保全。有了陆嵩的率兵保护，庚申（1860 年）以前，苏常一带百姓得以免遭战争恐慌之苦。陆嵩育人以品学为先，家规非常严谨，生平著书亦颇丰。

在这样的书香门第，又受家族先人强烈社会责任感的熏陶，陆氏一门人才辈出也就并不奇怪了。陆肯堂的 7 世孙便是清朝的第 101 位状元陆润庠，他也是苏州科举史上最后一位状元，于同治十三年（1874 年）甲戌科得中殿试第一名，在他的为官生涯中曾两次任帝师。1896 年，为补救《马关条约》对中国利权的侵损，经两江总督张之洞推荐，丁忧在籍的陆润庠在苏州总管商务，创办苏纶纱厂、苏经丝厂，这就是晚清时期轰动一时的“状元办厂”。陆润庠也因此成为苏州近代工业的发起者之一。

对于陆润庠，1995 年版《苏州市志》有传：陆润庠（1841—1915 年），字云洒，号凤石，元和县（今苏州）人。居吴县阊门下塘。幼颖悟，从祖父母及父学，家学渊源。祖父陆嵩，曾任镇江府学训导；父懋修，为直隶州州判，均精于医道。陆润庠也谙习医学，对书法也有研究。同治十三年（1874 年）中状元，授翰林院修撰，屡典试事，入值南书房，光绪十年（1884 年）补翰林院侍讲。翌年转补侍读，出任山东学政。十二年，丁父忧，回苏。十五年回京，十八年迁国子监祭酒。二十年母病南归，翌年丁母忧。二十二年督办苏纶纱厂。翌年创设苏经丝厂，任总董。二十四年回京。翌年任内阁学士，兼礼部侍郎，旋署工部左侍郎。二十六年八国联军攻占北京，陆润庠随慈禧等前往西安，擢升礼部右侍郎。翌年署户部左侍郎，升都察院左都御史。二十八年任管理药局副大臣。三十一年任工部尚书。翌年任厘订官制大臣，旋工部裁撤，兼理顺天府尹事。三十三年任吏部尚书，参预政务大臣。宣统元年（1909 年）先后为翰林院掌院学士、实录馆总裁及实录稿本总裁，授体仁阁学士、禁烟事务大臣等。二年任东阁大学士。三年皇族内阁成立，任弼德院院长，充顾问大臣、毓庆宫授读。

陆润庠书法

在清末急遽变化的政治风云中，陆润庠为维护清王朝的封建统治，也主张不墨守成规而斟酌实行新法，以研求国内历史为变通，但他又认为各国制度只适合本国人情风俗，不适合中国。因此他在奏疏中提出“引用游（留）学生亟宜审慎”，认为他们对中国风俗道德概未闻知，将“毁弃古籍，排斥宿儒，甚且废家族伦理之义”而动摇封建统治的根本，并且还要求“停办中小学堂，仍用经策取士”。宣统退位后，陆润庠留在毓庆宫，为溥仪师傅，授太保。民国四年（1915 年）8 月 18 日病逝于北京。谥文端，晋赠太傅。

延伸阅读

吴县迁学出状元

明正统四年己未（1439 年），吴县的庠生施槃廷考试进士第一，这是苏州的第

13位状元了，苏州府百姓欢呼雀跃，不少人都到施家门上道贺。

在施槃考中状元之前，县学在苏州城的西侧，又矮又小而且粗陋不堪，师生在里面活动极为不便，这样的县学与苏州城的实力和规制也很不相称。知府况钟打算把距离旧县学东北一里左右的一些废弃房屋拆除，在那里重新建房作为新县学的所在地。为了慎重起见，况钟专门与巡抚侍郎周忱共同商议论证计划是否可行以及具体操作方法。岁乙卯夏，新县学终于成功搬迁。在这一年秋，学生伊侃到京城参加考试，第二年就考取了进士，于是众人都认为搬迁县学这件事很吉利。

苏州文庙“道冠古今”牌坊

到了戊午（1438年）夏天，发生了一件很奇妙的事：县学院内池塘里种的莲花中，有一枝莲花的一根茎秆上竟然开出了三朵莲花，人们都将之当做文明之瑞。第二年，县学生中果然有三人在京城会试中取得了好成绩，周郁、张瓛、施槃都考中了进士，且施槃还得中进士第一名状元，一茎三花的吉兆终于应验了。消息传开后，乡人都对这桩事惊奇不已。

据郡志记载，南宋淳熙（1174—1189年）中，长洲黄由、昆山卫泾相继考取状元，距施槃考中状元已将近三百年了，人们等了三百年，终于又盼到了状元。因此，苏城自县侯以下人等都认为，县学在旧址时用了几百年才考取了几名状元，到了况钟时期，县学迁址不过5年，就取得这么好的科举成绩，实在是天意！这全是仰仗况、周二公以义、德教化百姓，苏城才能在京城夺魁，使苏州文章能获得天下第一的美誉，受人仰慕。

为了感谢上天和褒奖人才，就在当年夏四月十日，由官府牵头，先是杀牛宰羊祭奠先师，接着又大摆筵席，载歌载舞地举行盛典大加庆贺。

苏州卫指挥使谢钦、通判潘叔正、推官方矩、照磨赵中、知县吴复、郡人刑部主事赵伦、监察御史柳华、翰林院侍讲刘铉在宴乐之余，还高兴地赋诗以记其盛：

圣王嗣位四载春，礼明乐备文运新。宵旰求贤方侧席，英髦郡起来充宾。

南宫会选谁上第，施君少年富才艺。虞廷俊乂欲争先，成周多士应堪继。

大廷敷对帝临轩，三策大人缀万言。殿前敕赐闻胪唱，天下名魁识状元。

状元今是东吴客，吴庠旧在城西陌。前当通衢舍卑陋，后抵墉障地湫窄。

郡侯方图重迁徙，亚卿来视亦云然。县令经营虔筮吉，具材除地河之堧。

堂阁门庑总坚致，文庙高明更弘邃。一庭芳草自生春，三朵池莲发嘉瑞。

瑞莲争睹人夸奇，吉兆先占众所知。两科叠出多魁杰，天与贤才佐盛时。

宋朝黄卫世歆羡，三百年来今复见。遥望祥云彩色凝，况有奎星夜光炫。

郡人咸诵我公能。学校人才屡作兴。事堪追古宁多让，常衮文翁合并称。

仙郎已步瀛洲里，喜有先声到乡里。身荣霄汉新袍笏，辉耀家邦奋壁水。

共思报本聊楷诚，释奠先师具特牲。酹余请为郡侯寿，满堂陪饮皆簪缨。

我嗟人胜地亦胜，盛事欣逢发歌咏。迭和菁莪泮水章，庸为朝廷得人庆。

从景德寺到乐圃

景德寺在景德路黄鹂坊桥东，是东晋王珉舍宅而成。《吴郡志》云：“景德寺，在黄牛坊桥东，寺有废塔，未复。”黄牛坊就是今天的黄鹂坊。西起金门、东至察院场口的景德路，就是因景德寺而得名。有人认为景德寺系吴越金谷园及宋朱长文乐圃故址。

乐圃先生像

古代传统知识分子认为，大丈夫如果入世就该像尧舜那样治理国家，泽被天下及至后世，与夔契齐名、与周召比肩是知识分子的人生最高理想。退一步而言，如果不能入世，就选择捕鱼、建屋、从事农桑或者养花种草来陶冶性情。但知识分子们可不希望在吟啸山林之间时完全丧失自我，他们向往的是能够像陶渊明那样“不以轩冕肆其欲、不以山林丧其节”，乐天知命，即使在陋巷也不改其乐。这种知识分子的共识也就是朱长文给自己的园林取名为“乐圃”的重要原因。

按照朱长文《乐圃记》的记载，乐圃最早的主人是广陵王钱元璙。钱元璙在苏州期间，喜治林圃，属下为迎合他的喜好，纷纷在空地上营建园林，有堆砌高台的，也有开挖池沼的，因此城中留下了很多园林遗址，乐圃所在就是其中之一。钱氏离开苏州后，乐圃沦为民居，数度易主。宋庆历年间（1041—1048 年），朱长文的祖父与祖母购得乐圃地块，朱长文的父亲与叔父在其间读书游玩，其乐融融。之后朱长文的父亲将园林稍向西拓建，面积有所增大，这时的乐圃占地已有数百亩之多。朱长文曾经请求父母同意自己在内营建屋馆作为父母的养老之所。

宋熙宁（1068—1077 年）末年，朱长文在园内增缮室庐，新筑了外墙，还在上面加盖了新瓦。遗憾的是，正当要结顶的时候，朱长文的父母却因老病去世。“子欲养而亲不待”，失去父母的朱长文住在园中，伤心至极。他经常对园子加以修葺，在他的经营下，乐圃虽然不是华堂高屋，但是园中景致都深得野山深谷的自然之趣。圃中有堂三楹，名曰叙伦堂。堂下有庑间，是给亲戚朋友住的。堂之南又有堂三楹，名曰邃经堂，它的用途是供讲论六艺，钻研学问。邃经堂之东是用于存放粮食的米仓；还有一间鹤室，供养鹤之用；蒙斋是用来供家中儿童读书的；攸宁堂则是卧室；登上达观楼、飞云阁可以远眺郊外景色。邃经堂西北隅有高冈，名为见山冈。冈上面有琴台，琴台之西有咏斋，朱长文常常在此抚琴赋诗，所以名云。见山冈下有池曰习池，水入于坤，跨流为门，水自门萦纡曲引，流到冈侧东为溪，靠近巽隅。溪中有台曰墨池，朱长文曾经收集了好多名家的书法妙迹在此赏玩。池塘边有亭曰笔溪，其清可以濯笔。溪傍有钓渚，水面平静如镜，是垂钓的好地方。钓渚与邃经堂相直，溪上有三座桥，溪水经由桥下向南缓缓而出，这里被称做招隐。池塘的水流到墨池亭就没有了，因此称这里为幽兴。沿着山冈向北走，有一段冈跨在小河上，它被称做长虹，从这里可以到西圃。西圃有书带草堂，堂后有玩月楼、朋云居、华严庵、崇圣阁，阁中设有孔子牌位。堂西南有个高土堆叫西丘，上面长着松桧梧柏、黄杨、冬青、梓桐、柽柳之类，树叶与枝条相互纠缠，枝叶婆娑，随风飘扬，有的树高或参云，大或合抱，还有的树笔直如绳，或圆

乐圃图

如盖，或深如幄，或如蜕虬卧，或如惊蛇走，姿态万千，不一而足。园中一年四时，梅兰竹菊，充满生机。朱长文常在此与亲友聚会，或者朝夕诵读《易》《春秋》等典籍，“索诗书之精微，明礼乐之度数，探四子之要旨”，泛览群史，历观百代，考古人是非，正前史得失。在吟咏之余，朱长文还会提笔作文，激扬文字，其乐未央。

有时候，看书累了，朱长文就效仿陶潜的做派，种木灌园，寒耕暑耘。他觉得自己这样的生活方式是人生最大的快乐，因而乐此不疲。

朱长文的后人在《乐圃遗迹后跋》中也认同朱长文的记录，还表示，先祖这种城市山林的生活有颜回在陋巷而不改其志的风范，并以居住在乐圃为荣耀和自豪：“吾祖有名园，吾祖衣朱紫，扬扬夸耀为先贤之胄！”

民国时期，苏州的文史学者朱梁任和黄颂尧曾对乐圃的历史详加考订，并撰写了《乐圃遗址考》，对朱长文治园的一些细节持否定观点。乐圃本为吴越钱氏园，庆历中为朱长文祖父母购得，后增拓西地，广逾 30 亩。有高冈清池、琴台鹤室等，景趣质野，若在岩谷。朱长文在自撰记中记载说乐圃址曾为景德寺，朱长文之后在明时为黄鹂坊桥申时行宅，在清时为环秀山庄。对于这一部分，朱、黄没有异议。在抗日战争前，朱梁任考证了一些细节，他对有些观点持不同看法，他认为，乐圃实际上是在清嘉坊南。黄颂尧亦撰《乐圃遗址考》称，景德寺自东晋创建，至元末始毁，而在宋《平江图》上已经有了景德寺；且旧志载乐圃在三太尉桥北，从宋《平江图》可见乐圃坊、三太尉桥俱在今慕家花园东口、清嘉坊南；吴越钱元璙第三子文恽筑金谷园，故人以三太尉名其园前之桥。如果金谷园之址确定了，那么乐圃的原址也就确定了。而且事实上申氏宅第除在黄鹂坊桥外，在慕家花园还有一处，他认为这可能就是朱长文记录致误的一个原因。

关于上述考证，笔者不敢苟同。其实，先前的考证有个误区，景德寺、金谷园、乐圃三者，乃至后来的学道书院、督粮道署、申时行宅、环秀山庄等，都不是等同关系。今天的环秀山庄面积只有 3.26 亩，而朱长文的乐圃，据《苏州市志》的记述是“广逾 30 亩”，据朱长文自己写的《乐圃记》称“凡广轮逾几百亩”，如果说朱长文本人的话可信，那么朱梁任的考证就显得没有必要了，因为上述所有后来提到的地点都是在朱长文乐圃的地域范围之内的。立足点本身有误，如何考证？因此，不应该说“乐圃址曾为景德寺”，实际情况应该是原景德寺是后来乐圃园中的一部分而已。

申时行宅园

申时行故居

入明后，原景德寺基相继改为学道书院、督粮道署、大学士申时行宅。申时行（1535—1614年），字汝默，号瑶泉，晚号休休居士，吴县人（《明史》作长洲人）。从小过继给徐姓舅家，从徐姓。嘉靖四十一年（1562年）中状元，继张居正、张四维后，成为朝廷首辅即“状元宰相”。其为官尚清正，老练稳重，熟谙政术。为相后，政务宽大，赢得一片赞誉，人称“太平宰相”。其墓在苏州上方山，为省级文物保护单位。《明史》有传。正德《姑苏志》“学校”云：“国朝嘉靖二年，知府胡缵宗阅郡乘载书院者四，今独存文正、鹤山为祠，余悉结民庐，乃以景德废寺改建书院，其前为门扁曰‘东南邹鲁’，仪门曰‘学道书院’，塞门曰‘学得精华’，堂曰‘学孔堂’，塑吴公言子。”

旧景德寺基的一部分于嘉靖年间别建王鏊祠。王鏊（1450—1524年），字济之，号守溪，晚年又号拙叟。文学家，吴县东山陆巷人。明成化十年（1474年）乡试、明年会试均第一，廷试第三名，授翰林院编修。王鏊秉性耿介，与宦官刘瑾势力斗争，与大学士李东阳力救被刘瑾加害几死的崔璿、姚祥、张玮、韩文、刘健、谢迁、杨一清、刘大夏等官员，使他们得以免死。但终因刘瑾专横，祸流缙绅，王鏊力薄不能救，遂力求告归。辞官返里后，蛰居东山14年。其间虽廷臣交相荐举邀他复出，王鏊始终没有再回官场。著有《姑苏志》《震泽集》《震泽长语》《震泽纪闻》《震泽编》《守溪文集》等。嘉靖三年（1524年）卒于家乡，墓表坊上镌有唐寅书“海内文章第一，山中宰相无双”对联。崇祯《吴县志》“坛庙”云：“王文恪公祠，在旧景德寺基，嘉靖十一年，子中书舍人王延喆奏，下巡按御史李士翱勘覆建。”

乾隆《苏州府志》“公署二”云：“督粮道署，在黄牛坊桥东，嘉靖三十年，即学道书院改建，隆庆初废。万历间，少师申时行市其址营居第。”崇祯《吴县志》“园林”云：“适适圃，在乐圃坊内，即故乐圃地，申文定时行子、尚书用懋所筑，为西城园林绝胜，中有赐闲堂，文定谢政家居，构此为憩息之所。”据说申时行在苏州有8处房产，分为“金、石、丝、竹、匏、土、革、木”。此处是其退休归老之地，规模非同寻常，西至黄鹂坊桥，东至中街路口，以至于这段路被称为申衙前。崇祯《吴县志》称之为“西城园林绝胜”，当是实情。这一点可以用申时行自己的诗文作佐证。他的《适适圃十二咏》描写了其中的12处景点：竹径、桃溪、柳堤、桂林、松冈、牡丹亭、梅圃、药阑、池莲、杏坦、芙蓉沜、菊畦。因此，说他家的花园中“季季有花”，一点也不为过。

申时行《适适圃十二咏》

欲借淇园胜，凌霄挺万竿。月来金影碎，风动玉声寒。
障暑阴堪息，停云秀可餐。相过惟二仲，尽日倚琅玕。（右竹径）

分得玄都种，依然玉洞春。逶迤成曲径，烂熳及芳辰。
锦叠溪边浪，红销雨后尘。武陵差可拟，吾岂避秦人。（右桃溪）

一借河桥色，长留水阁阴。笼烟眉锁黛，扬日缕垂金。
叶底三眠梦，枝头百啭音。五株频对咏，真慰故园心。（右柳堤）

岩壑同栖处，风霜独秀时。暗飘灵隐粟，高擢广寒枝。
露气侵衣袂，天香扑酒卮。入林吾自密，不负小山期。（右桂林）

宛转循高阜，青葱结茂林。团云低盖影，挟雨送涛音。
节抱风霜苦，根蟠岁月深。亦知弘景意，山阁助清吟。（右松冈）

洛中移小景，亭北倚新妆。题处皆名品，开时正艳阳。
露凝酣酒色，风度返魂香。解道称姚魏，繁华压众芳。（右牡丹亭）

筑圃双林畔，看花百卉先。含香俱绰约，缀雪转清妍。
影弄孤山月，香分庾岭天。任教催白发，索笑自年年。（右梅圃）

忆在丝纶地，频经烂熳时。今看溱洧赠，恍似掖垣移。
倚槛春容丽，翻阶日影迟。曲栏乘兴到，不慕广陵奇。（右药阑）

碧沼渟寒玉，红渠映绿波。妆凝朝日丽，香逐晚风多。
游戏金鳞出，惊飞翠羽过。纳凉依水榭，还续采莲歌。（右池莲）

坊开裴墅锦，花发董林株。望欲迷琼苑，栽疑近白榆。
微风舒露脸，小雨湿烟须。春意枝头闹，从教醉玉壶。（右杏垣）

群芳摇落后，秋色在林塘。艳态偏临水，幽姿独拒霜。
汉皋霞作佩，湘曲锦为裳。白首沧江上，相看醉夕阳。（右芙蓉汭）

诛茆疏野径，种菊拟山家。秀擢三秋干，奇分五色葩。
凌霜留晚节，殿岁夺春華。为道餐英好，东篱兴独赊。（右菊畦）

后来，申时行的裔孙申继揆将此园改筑为蘧园。同治《苏州府志》“第宅园林一”称：“蘧园，中有来青阁，魏禧为之记。飞雪泉，在申衙前。先为景德寺，后改学道书院，再改为兵备道署，又废而为申文定公宅。”

迭易数姓

清顺治年间，乐圃中有一半被改作阳山巨富朱鸣虞宅，入口小弄也因之名为阳山朱弄。钱泳《履园丛话》云：“康熙初，有阳山朱鸣虞者，富甲三吴，迁居申衙前，即文定公旧宅。”同治《苏州府志》“第宅园林一”：“乾隆年间为刑部员外郎蒋楫所得，垒石为小山，掘地三尺得泉，汇合为池，题名‘飞雪’。乾隆间，刑部郎蒋楫（字济川，号方槎）居之，后归太仓毕尚书沅，继为孙建威伯宅。道光末，归汪氏为耕荫义庄（或云即宋时乐圃）。”

对于蒋楫掘得飞雪泉的经过，其族兄蒋恭棐所作《飞雪泉记》记载较为翔实，文中写道，蒋楫在主厅东侧建了一栋藏书楼，专门用于收藏典籍。飞雪泉即在楼后，泉水在石间潺潺流过，汇合为池，入口非常甘洌。这里原是景德寺旧址，后世曾改作学道书院、兵巡道署，废弃后被申时行买下作为住宅，已经有140多年了。当时民工掘地三尺后，发现了旧甃甓，“并拾得军持数十意泉”，由此推断飞雪泉应该是景德寺内淤塞的古井。蒋楫便取苏东坡《试院煎茶诗》中的字，给泉起名为“飞雪”。蒋恭棐还一再感叹时机的巧合，才使古井得以重见天日。

蒋氏之后，这里继而为尚书毕沅宅。毕沅，镇洋（今太仓）人，流寓苏州。乾隆二十五年（1760年）庚辰科状元。他“爱才下士，四方归之，所最厚如洪亮吉、孙星衍，皆以才学取上第，余亦多知名之士。自少好学，未常释卷。获古书善本，辄校而付之梓。常撰《陕西中州山东金石记》，又以薛氏应旗所续《资治通鉴》颇舛陋，裒集宋元人著撰，考其异同，补所未备，成二百五十卷。著《灵岩山人诗》三十六卷。”卒后“赠太子太保，祭葬如例”。后来毕沅的官场生涯被自己原来的部下贪污军需所连累，他自己在苏州的宅第也被查封入官。嘉庆《直隶太仓州志》卷二十八“人物”云：“后以所任属吏侵蚀军需连累，革子孙世荫，查封家产。”

不久之后，这处园林又为大学士杭州孙士毅所得。嘉庆年间，其孙古云尚居于此。书厅前堆假山一座，为常州戈裕良杰作。此后宅主屡易。道光二十九年（1849年），由工部郎中汪藻、吏部主事汪坤购得，建宗祠及“耕荫义庄”。冯桂芬为之作《耕荫义庄记》。同治《苏州府志》云：“耕荫义庄，在申衙前。国朝道光廿九年，汪为仁即毕尚书故宅创建，置田一千亩有奇。”东偏为园，额署“颐园”，俗呼汪园。构堂名“环秀山庄”，除假山外，有问泉亭、补秋舫、“半潭秋水一房山”亭诸胜。飞雪泉淤塞已久，疏通后，源流不绝，有瀑布之观。经咸丰、同治年间战事后，园颇有毁损。光绪二十四年（1898年），“秉斋廉访”重加修葺（见顾文彬题楹帖识语）。

民国七年（1918年），金松岑等来游，作《颐园记》，这时假山涧瀑俱存。其后久经驻军，装折四散，涧瀑不流，幸而假山完整，两亭一舫犹可登临。民国二十五年(1936年)，著名园林大师刘敦桢到乐圃游赏，这时乐圃“自庄门经通道至东北隅，有门西向即园门……假山上老树参差，蓊郁四合，几忘置身尘市中。”民国二十八年(1939年)7月12日，园东十多丈高墙被风刮倒，“环秀山庄”厅堂倒坍。其后汪氏后裔将园出售，据耆老称，由伪省长陈则民出面买下，转归中南火柴厂厂主李昆松及包姓经理。大部分建筑旧料被拆卖，在园西北建洋房1幢。李又在今王鏊祠室西空地上建楼屋2幢(解放后捐办环秀小学)。民国三十六年(1947年)7月12日《大江南报》载：“终年门虽设而常关……山上有大可数围之古樟一株荫覆全院。飞雪泉淤塞已久，乃改以铅管收全院檐际之水。”临近解放时，仅假山、补秋舫尚存，其余建筑全部颓毁，山庄东部成为空地。

重获新生

1953年11月，乐圃中假山因年久失修而摇摇欲坠，终经园林修整委员会抢修得以不坠。1956年，在东部空地上建立刺绣研究所，其前的阳山朱弄渐成该所出入通道，环秀山庄及王鏊祠俱归该所使用。后从西百花巷程宅移建海棠亭于园东部，据传，此亭为康熙年间香山徐振明建。亭式如海棠，柱、材、装修等俱以海棠为基本构图，东西两门于出入时能自行开闭。后机件损坏，无人能修。20世纪70年代，一株直径达0.5米的全市最古的玉兰遭砍伐。1972年，于山南厅堂旧址新建两层厂房1幢，假山上3棵古树枯死，名园面目为之大变。经有识人士积极呼吁，1980年，市政府决定修复环秀山庄，先重建“半潭秋水一房山”亭。1981年，修复了位于园南临街的明代王鏊祠，祠后三进古建筑被辟为市工艺美术公司旅游工艺卖品部。随后由苏州园林设计室设计，1984年苏州古典园林建筑公司承担施工，拆除了刚建十余年的厂房，移建海棠亭。重建有縠堂、四面厅、问泉亭，整修补秋山房，修缮湖石假山、水池驳岸，配植花木，疏通飞雪泉等，历时近年半。共计建筑面积754平方米，新砌、整修围墙200余米，铺砌地面246平方米，工程投资60万元，由市园林局和刺绣研究所各任其半。园景以山为主，池水辅之，建筑不多。园虽小，却极有气势。全园有堂构8、砖额1、石刻1，古树名木有白皮松、广玉兰、榉、榆等6种10余棵。1982年，环秀小学迁出，新建接待区庭院，内设国宾室、苏绣演艺室及售品部，采用苏州园林式布局，以与环秀山庄环境相协调。1982 年，环秀山庄被列为江苏省文物保护单位。1988 年，环秀山庄被列为全国重点文物保护单位；1997 年底，被联合国教科文组织遗产委员会列入世界文化遗产保护名录。

环秀山庄占地不大，但其内湖石假山却为中国之最。

一房山

环秀山庄原仅 1 亩余，假山占地不过半亩，咫尺之地，万壑千岩，环山而观，步移景转。主峰突兀于东南，次峰拱揖于西北，池水缭绕于两山之间，其湖石大部分有涡洞，少数有皱纹，杂以小洞，和自然真山接近。主峰高 7.2 米，涧谷约 12 米，山径长 60 余米，盘旋上下，所见皆危岩峭壁，峡谷栈道，石室飞梁，溪涧洞穴。山顶采用穹窿顶或拱顶结构，犹似喀斯特溶洞，逼真而又坚固，历时 200 余年而无开裂松动。恰似戈裕良言："只将大小石钩带连络，如造环桥法，可以千年不坏。要如真山洞壑一般，然后方称能事。"峭壁对峙如一线天。出洞仰视始见苍穹，而岩壁危立，石梁横空，疑将下坠，顿生幽崖晦谷、隔离天日之感。主山东北土坡上散点叠石，和次峰一起映带主峰，余脉不尽；山后补秋舫状如舟楫，入东侧亭中，半潭秋水一房山尽入眼帘。其西问泉亭边石壁，有飞雪古泉，雨后飞泉如注。金松岑的《颐园记》对环秀山庄诸胜作了非常精妙的描绘：

坐我以华堂，饮我以美酒，而使我旷然游观乎山水之间，斯非异境与境之在于幽遐薪绝者，天之功也。天弛其功，地谢其能。灵驱秘助，来献斯异。崒而山献，陷而谷，间而宫。崖绝而梁、缭而岿者岭，隈者隩、裂者洞，涧悬溜丁，鸣而赴于溪，溪上有亭焉，实绾山之两口。溪南为堂，颜曰环秀山庄者，以其面山也。苏之城，廛次而墉比。举薪之夕十万家，尘坞嚣然。而一入斯园之门，则镜澜屏碧，纷芩罨蔼，朝岚倒景，夕彩晕光，隐几寂视，若出云表。其山皱瘦浑成，自趺至巅，横睨侧睇，不显斤劚。凡余所涉天台、匡庐、衡岳、岱宗，居庸之妙，千殊万诡，咸奏于斯。斯盖宋钱氏金谷园之古基，朱氏继有之而为乐圃者也。清道光朝，汪氏于此始建义庄。其先后易主，互详钱梅溪《履园丛话》及冯敬亭《耕荫义庄记》。园在义庄东偏，其阖之额署曰颐园者，汪西溪书也。构此山者，毗陵戈裕良，为晚清名手。自诧以为驾狮林而上之，不虚矣。汪子鼎丞，数东余饮于兹园。戊午春，毕节路金坡、贵阳许肇南来苏，鼎丞复邀之饮，度曲于补秋舫。舫位在山之北隩，余踞盘石听之，笛声摇曳出翠微间，而涧瀑自墙外来，应节相和。时玉梅二株方怒花，辛夷亦垂圻，罄无算爵，宾主尽欢。汪子因举觞属余为文，以鐾之石。汪子有儒雅风，诺不可逋也。越一载，乃命笔志其胜，以备吴中名园掌故。

（辑自《吴门园墅文献》文藪）

著名园林学家陈从周称誉“环秀山庄假山允称上选，叠山之法具备。造园者不见此山，正如学诗者未见李杜，诚占我国园林史上重要一页。”

艺圃及其园主人

苏州素称园林之城，除了1997年12月被列入世界文化遗产名录的拙政园、留园、网师园、环绣山庄外，至今保存完好的古典园林尚有50余处。2000年11月30日，在澳大利亚东部城市凯恩斯召开的第二十四届世界遗产委员会上，苏州又有5家古典园林被列入《世界遗产名录》增补名单，它们分别是沧浪亭、狮子林、艺圃、耦园、退思园。

文衙弄

艺圃在阊门内，前门为文衙弄5号，后门为十间廊屋10号，宅园面积0.38公顷，其中花园占地4亩。始建于明代嘉靖年间，初为袁祖庚（1519—1590年，苏州人，22岁考取进士，与戚继光共同抗倭有战功，为官清廉。遭诬罢官返乡后造醉颖堂）之醉颖堂。距离繁华的阊门不过数百步之遥，既位于街市的要道，又能在小巷中独享闹中取静。当时占地十亩左右，房屋比较少，荒烟废沼，疏柳杂木，风景和意境一般，所以吴中士大夫等稍有地位者往往不愿意在此多作停留，只有不讲究体面的贩夫佣卒之徒在这里搭些草棚混生活。崇祯年间，醉颖堂为文震孟购得，取名药圃。文震孟是文徵明曾孙，天启二年（1622年）壬戌科状元，崇祯年曾任礼部左侍郎，兼东阁大学士。因上书劝皇帝勤政讲学，冒犯了权宦魏忠贤，被廷杖八十，贬职调外，愤而告归故里，在药圃发忧乐之情。清初,山东莱阳人姜埰流寓吴中,将文氏废园辟为别业,更名颐圃(后改名曰艺圃),又称敬亭山房。其子姜实节又建思嗜轩,辟艺圃。园内有念祖堂、绣佛阁、香草居、红鹅馆、乳鱼亭诸胜,一时成为文人墨客吟诗作画的聚会之地。两先生彪炳千秋,穷约不变。至今文人墨士"览故老之遗文,对旧燕之巢幕,未尝不望衡宇而欷歔、瞩井臼而慨息也!"

姜埰的《颐圃记》记载了自己在命运不济时流寓苏州购置艺圃的经过。1644年夏,时运不济的姜埰踉跄来到苏州,在山塘街上津桥的小巷子里赁屋而居,他根本想不到自己会有能力买下名士兼高官袁祖庚和文震孟生活过的艺圃。有一天,他的朋友周茂兰突然兴冲冲地拿了一张票据到姜埰的居住地劝他买下艺圃。姜埰觉得"凡天下之无所求而为之者,必天地之气之相感以成其心志之合",袁祖庚40岁就投簪弃官,耽情于禽鱼之乐,他选择在城市山林中自娱,不仅仅是不求仕宦,而且也不求必入真山真林。文相国选择在药圃杜门扫轨,屏居莳植,"非独不求三公之荣,亦不求平泉之乐"。有感于袁祖庚和文震孟的高节,姜埰将药圃购下后易名为颐圃,和乐圃之意互文。姜埰希望自己住进颐圃之后,也像袁祖庚和文震孟一样,"求诸已而不求于人","无所求而为之",而且不改"穷约之志"。

清初学者汪琬《艺圃记》记下了当时艺圃里的诸多胜景:

圃之中为堂、为轩者各三,为楼、为阁者各二,为斋、为窝、为居、为廊、为山房、为池馆、村柴亭台略彴之属者,又各居其一。予尝最其大凡,则方广而弥漫者,莫如池;逦迤而深蔚者,莫如村;高明而敞达者,莫如山巅之台;曲折而工丽者,莫如仲子肄业之馆若轩。至于奇花珍卉、幽泉怪石,相与晻霭乎几席之下,百岁之藤、千章之木、干霄架壑、林栖之鸟、水宿之禽,朝吟夕哢,相与错杂乎室庐之旁,或登于高而揽云物之美,或俯于深而窥浮泳之乐,来游者往往耳目疲乎应接,而手足倦乎扳历,其胜诚不可以一二计,盖兹圃得名也久矣。

艺圃一直有高士来居,从袁祖庚、文震孟父子到姜埰兄弟都是性情高雅、自我要求很高的人,特别是文震孟与阉党的斗争更是令人荡气回肠。姜埰也是大明忠臣,为官时因直言进谏被崇祯皇帝投入牢狱,等到出狱时明朝已经灭亡。明亡后姜埰改着僧装,做了不与清廷合作的隐士。姜埰去世后,其子姜实节改颐圃为艺圃，与兄弟居住其中，与读书好诗、风流尔雅者结交，诗酒唱和，和姜埰一样追求高尚的节操。

当时苏州城里大小园林密布，大抵都是涂饰土木、极尽奢华，以炫耀园主富甲一方，这些园林的主人和气节高尚、追求简约的文震孟、姜埰相比，都是碌碌无庸之人，很快就消失在历史的长河之中，化为蔓草，不足为道了。

清道光年间，艺圃归绸缎业，更名为七襄公所。后来这里曾经散为民居。1982 年全面整修后，被列为苏州市文物保护单位。1984 年国庆节对外开放。1995 年，被列为江苏省文物保护单位。2006 年 5 月 25 日，艺圃作为明代古建筑，被国务院批准列入第六批全国重点文物保护单位名单。

艺圃前门所在的文衙弄，即因该园第二任园主文震孟居此而得名。艺圃后面叫十间廊屋的巷子，据传，是因为那里原来有座寺庙叫宝林寺，寺内有廊屋十间，寺毁后，廊屋犹存，故名。如今那里尚有一条巷子叫宝林寺前。

乳鱼亭

艺圃布局合理，水面集中，居于园中心，风格自然，质朴典雅。池北水榭延光阁，临池而造，靠石条支撑着半伸出水面，其临水跨度为苏州园林水榭之冠。池西有一芹芦小院，院中置湖石、花木、石峰，玲珑窈窕，是园林建筑的佳构。乳鱼亭三面临水，梁架有明式彩绘，古朴雅致，为园内现存唯一明代建筑，也是苏州园林中的珍品，具有一定的历史和艺术价值。

这组建筑之北为响月廊，此廊沟通南北景区。响月廊本是姜氏园之西廊。“响”通“向”，“响月”即表示对月之向往。此廊斜对园东之旸谷书堂。旸谷为日出前隐伏之处，向月则月尚未出，日月相加为“明”。有人认为艺圃当时对东、西二处建筑之命名，寄托着园主人对明王朝的怀念之情。以“响”假借“向”，是为掩人耳目。从建筑命名的精巧构思可见苏州园林文化内涵之何等深邃。

乳鱼亭顶部

艺圃的景象不似大、中型园林那样迂回曲折、交相对景,它宜于静观,宜于玩味。为形成开阔之势,园中建筑物极少,只在水边点缀乳鱼亭、在山林中掩置一六角亭,从而南部的主景区得以充分突出展现。水面的布置以聚为主,极为简洁,仅在东南和西南角各伸出一水湾,并在水湾处各架石桥贴水而过,形成了辽阔的主水面和曲折幽深的次水面。石板桥不设栏杆,低平而贴水,极富自然之趣,与池边的山石有机结合,似浑然天成。这是从园林建筑艺术的角度来看它的价值。

其实,园林的价值还包含了一定的人文价值在内。艺圃的几任园主人都是可圈可点的人物。

首位园主人袁祖庚,字绳之,嘉靖二十年赐进士第,官至中宪大夫、浙江按察使副使,奉诏晋阶中议大夫赞治尹定山,后遭诬告罢官归隐苏州,是被姜埰称为"彪炳千秋,穷约不变"之人。

第二任园主文徵明曾孙文震孟,天启二年状元及第,以不媚权阉魏忠贤闻名于时,任大学士仅三个月即罢官回家。乾隆《苏州府志》称他"刚方贞介,有古大臣风"。钱谦益撰《文文肃公像赞》云:

麒麟一角,蔚为嘉祥。状元宰相,峨峨煌煌。德隅义质,冬日春阳。正色谠言,栗玉严霜。怪鸱谗虎,畏惮角芒。坐不暖席,中书之堂。天不慭遗,人之云亡。星纪洊更,天地沧桑。跂踣公惜不逮元佑之休盛,比信国幸不睹德佑之尽伤。公神上升,将仍抱端门之书,执简以侍帝侧。抑亦流星旌驭,雷车属招摇,勾陈而方攘。于乎!顾瞻遗像,神采扬扬。长身山立,修眉剑长。手疑动而拱揖,口欲吐其铿锵。嗟彼世界,觌此冠裳。抠衣举衽,不自知其泪之浪浪。

(见乾隆《吴县志》卷之一百二)

第三任园主姜埰，字如农，山东莱阳人，崇祯辛未进士。因不满首辅周延儒贪赃枉法，敢于直谏而被遣戍宣州。姜家一门忠孝，明亡，其父及一门20余人殉节。国变后，姜埰流寓苏州，自称宣州老兵，亦曰敬亭山人，与其弟垓（字如须，庚辰进士）同寓讲学。兄弟二人的气节，受到当时吴中士人的推崇。姜埰去世后，隐士徐枋专门写了一篇《故给谏东莱姜公埰私谥贞毅先生议》加以赞赏，有感于姜埰“笃行于家，施于民，效于君，殉于国”的节操，民间人士为姜埰追加谥号为“贞毅先生”。

康熙二十四年（1685年），江苏巡抚汤斌出于对姜氏兄弟二人气节的推崇，在虎丘建二姜先生祠，专门供奉姜埰与姜垓。乾隆《苏州府志》卷第二十二“坛庙二”记载：“莱阳二姜先生祠，在虎丘养鹤涧旁，祀明礼科给事中埰、行人司行人垓。”

顾炎武弟子、吴江潘耒写了一首《二姜先生祠》，将他们兄弟二人比做苏轼、苏辙，兹录全文如下：

轼辙齐名世早知，百年忠义系人思。忠传折槛排奸日，义想衔刀伏阙时。
两地青磷埋宿草，一山红树妥新祠。吴门野老多相识，雪涕争看幼妇碑。

（见乾隆《苏州府志》卷第二十二坛庙二）

延伸阅读

姜埰小传

姜埰（1607—1673年），字如农，山东莱阳人，明崇祯辛未（1631年）进士，是翰林倪元璐的门生。弟弟姜垓（1614—1653年），字如须，崇祯庚辰进士，翰林徐汧的门生。

姜埰在仪真（今江苏仪征）做过十年的县令，为官廉洁耿介，为人清白，从未受过贿赂。提拔为礼部主事后，又改任礼科给事中。当时首辅周延儒贪婪放纵，姜埰便上疏给崇祯皇帝道：“今日贿赂公行，丧失了起码的廉耻，这些都是周辅臣带头倡行所致，朝中官员奢靡成风，难道百官中就没有怀忠自好者？而陛下一概责之。这就有点像‘代人规卸，为人出缺’了。陛下这样做必然导致谣言四起而真相被蒙蔽，实际情况是大奸巨贪为了扰乱视听才故意中伤揭发不利于自己的官员，其目的无非是让陛下发怒，以堵住敢于揭发贪污受贿问题的官员之口，使其他官员噤若寒蝉。照这样下去，还会有谁向陛下说真话呢？”姜埰如此直言进谏，惹恼了崇祯皇帝，他大怒道：“你这卑贱的小臣，竟然敢质问我！”在厌恶姜埰之余，崇祯皇帝将姜埰打入大牢。

姜埰像

关入牢中的姜埰被严刑审讯，却不认罪，只是用手指蘸着嘴里的鲜血写一个“死”字，表示自己已有必死的决心。都御史刘宗周上殿为姜埰力争，从早上一直到中午都不肯退下。崇祯皇帝便将固执的刘宗周也革了职。佥都御史金光宸请求代替刘宗周受罚，也被以目无皇上为由革职。廷臣范景文、傅鼎铨、吴麟征、祁彪佳、熊汝霖等一起开陈大旨，委曲规劝，崇祯皇帝的情绪才略有缓解。这时姜埰已被杖打得昏厥过去，命若游丝，他的弟弟姜垓求得急救偏方，到狱中口含人尿喂给姜埰饮下，又请良医救治，去掉很多坏死的皮肉，才留住了姜埰的性命。

第二年，李自成军队攻陷莱阳。姜埰之父姜泻里是诸生，平日居住在山中，听说李自成军队来攻城，赶忙带领兵丁老幼入城，可是一直死守了两个月，都没有等来援兵。李自成军队夜袭莱阳城，姜泻里于是率亲丁巷战，被砍中胳膊俘虏，对方兵士押着姜泻里要挟姜家出金帛自赎，泻里道：“吾儿为清官，吾受国恩，死即死耳”，拒不理睬，因而被杀。姜泻里三子姜坡从城东飞速赶来，抱着父尸大骂，也被对方抓获。到了夜间，姜坡举火烧对方帅帐被发现，被剁成碎块身亡。姜埰的姐姐姜氏、妻子王氏、姜垓的妻子孙氏、姜坡的妻子左氏全都死于这场战乱，唯有姜埰的母亲得以幸免。

登莱巡抚曾化龙向崇祯皇帝奏请要求表彰姜氏一门忠孝，崇祯皇帝被姜氏一门的忠心感动，赠姜泻里光禄寺卿，谥忠肃，赐祭葬；赠姜坡翰林院待诏，建祠供奉。台省相继上奏请求释放姜埰回家料理丧葬事务，不料崇祯并没有同意赦免姜埰。姜垓于是上疏请求把自己关入大牢，换哥哥姜埰出狱奔丧，崇祯还是没有准允。姜垓只得赤脚飞奔回莱阳料理丧事。没多久，传言说李自成军队又要来了，姜垓于是带着母亲迁居到了相对安定的苏州。

崇祯皇帝

很快，巨贪周延儒以罪被赐死。崇祯十七年(1644年)正月，大学士李建泰督师山西，临行前，请求崇祯皇帝释放被周延儒诬陷的姜埰和熊开元。

熊开元是嘉鱼人，任崇明县知县和吴江知县期间，政绩突出，被提拔为吏科给事中，也以正直忠诚得罪过周延儒。当时边境兵患之事十分危急，百官有事来奏，皇帝随时召见。熊开元请求面见崇祯皇帝，他屏退了左右，唯独大学士周延儒留在那里不走，开元便直率地对周延儒道："我要说的话你是不能听的！"

崇祯皇帝对熊开元道："辅臣是朕的师傅，你有何赐教？"

开元顿首曰："陛下平定天下的心很迫切，可是天下却越来越乱，这其中必有缘故啊。"

崇祯道："那你说说看？"

熊开元道："朱子曾经说过，'天下之治，在人主方寸与朝廷一二人而已！'今陛下方寸已无间，但是却有一两个人不能与陛下同德。陛下不早察之，日后必有噬脐之悔。"

崇祯怒喝道："你的意思是说周辅臣不是贤良之臣了？那么你所认为的贤良之臣又是谁呢？滚！下次带着奏疏再来！"

第二天，熊开元果然带着奏疏进宫，正巧姜埰也拿了奏疏上朝，两个忠臣都因为周延儒而惹恼了崇祯皇帝，被同时革职。在其他大臣的说项下，姜埰被贬为宣州卫，熊开元被贬为杭州卫。姜埰还没到宣州，北京就被李自成攻陷，崇祯皇帝也绝望地在煤山自缢而亡，他在上吊前在龙袍上的遗书中有"悔不听二臣之言"之句二臣就是指姜埰和熊开元。

明神宗之子朱常洵被立为福王后，大赦天下，姜埰留在苏州，与母弟同住。这时马士英入阁，举荐逆阉党羽阮大铖任兵部尚书。刚开始，姜埰的弟弟姜垓任行人一职，他入署见题名碑上崔呈秀、阮大铖与已故忠臣吏科都给事中魏大中并列，就上书直言道："魏大中是忠节褒恤之臣，不可与奸逆同列，请铲除呈秀、大铖名。"福王采纳了这个建议，阮大铖因此深恨姜氏兄弟，必欲杀之。兄弟二人于是改名换姓，逃到浙东藏匿起来，过了很久才又回到苏州，并继续杜门不出。

不久，姜垓病故。姜埰更加郁郁寡欢，时间长了也带着对明朝的怀念离开了人世。他遗嘱要求一定要葬在安徽宣州的敬亭山麓，碑碣神主都必须称自己是"敬亭山人"，"使我千秋无违君命"。姜氏的门生们暗地里尊称姜埰为贞毅先生，尊称姜垓为贞文先生。姜埰的两个儿子安节和实节、姜垓的儿子寓节，躬行实践姜氏一门的高节。姜实节擅长作诗，姜安节奉遗命迁至宣州，奉父祭祀。实节与寓节居于吴，入籍做了吴县人。

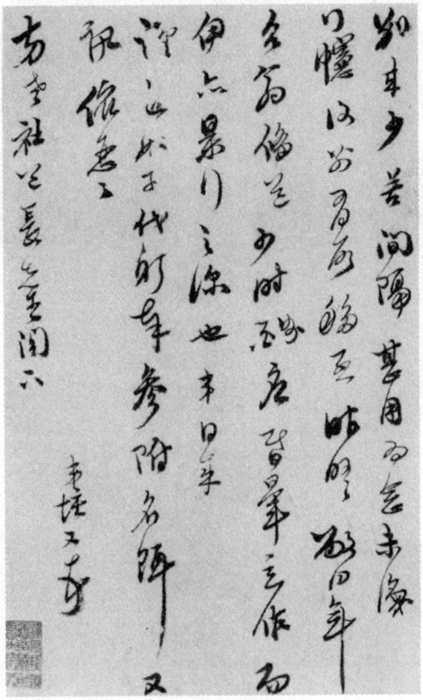

姜垓书法

姜寓节，字奉世，也很纯孝，他12岁时侍奉病父，即断酒肉持素，朝夕饮泣，祈求父亲早日康复。及至居丧时，哀痛之情超过了成人。继母傅孺人生病时，姜寓节和妻子一起割下臂肉，加在药中供奉继母食用。继母去世后，他也悲痛到了极点。

姜寓节笃于师友之谊，徐俟斋(枋)是文靖之子，在上沙山中隐居，曾经濒于饥寒窘境，姜寓节每个月都去送食物救助他。宁都曾青藜(灿)客居苏州，客死在北京，他的一个妾生女四人、子一人，寓节让出自己家的房子给他们居住，使这家人能够居有定所，安心抚养孤儿。夔州孝廉唐铸万以县令落职，寄居于苏州，也不时获得姜寓节的救助。钱塘秦开地、无锡顾景范、桐城钱饮光来苏州时都曾借住在寓节家。姜寓节去世的时候，苏州人以孝正名之。

姜垓之子实节，字学在，曾经在虎丘修建自己的生圹（生前就造好的墓），到了春秋佳日，他在自己的冢上吟啸喝酒，慨叹悲歌，有时又大哭。旁人觉得诧异，但又不知道个中原因。有人问姜实节："你修造生圹为何不打算与夫人合葬呢？"实节道："我的父亲葬在治所，我的嫡母董夫人、生母王夫人因为父亲的遗命都不能与我父亲合葬，我岂敢让妻子与我合葬呢？"

姜实节选址在虎丘修造生圹，是因为贞毅、贞文的祠在虎丘。祠是巡抚汤斌所建，号二姜先生祠。又有姜熊祠，祀姜忠肃与熊开元，这是商丘宋荦中丞所建。

熊开元晚年削发于灵岩山，名济志，号蘗庵。无子，遗命将自己火化。

五峰园与柳毅的传说

根据谢家福《五亩园小志》中转引《烬余录》“灵芝石”的记载，五亩园原来有灵芝石，高七尺，纵横八九尺，石面平坦，四旁好像无数灵芝，大小相叠，嵌空玲珑，天然形成，被视为奇品。战乱后尚存。又有丈人峰，高四丈，到清初时已折为二，其中一个很像观音，静顺道人特地依石结庵来供奉这座丈人峰。相传两石都是汉晋时的遗物。北宋梅子明校理又觅得三座石峰，高皆二丈余，名三老峰；桃坞中亦有两座石峰，高可二丈，一名庆云，一名擎天柱。在阊门西街27号内、柳毅桥西有五峰园，相传是义士柳毅葬处；明朝时为杨成的住宅。园中有五石峰，各高二丈，谢家福怀疑这些奇石就是从桃坞的五亩园移来，因为为时未久，还没来得及载入郡志。民国《吴县志》卷三十九和《吴门园墅文献·丛谈》都有“五峰园在阊门下塘福济观后、柳毅桥西，桃花桥南，是明嘉靖间长洲杨庄简（成）尚书所治”的记载。这两个史料也和谢家福一样，都认为五峰园中的五石峰就是五亩园中的三老峰、丈人峰、观音峰，桃坞的庆云峰、擎天柱。五亩园是汉代张长史所建，该园之物辗转流传至今，应该算得上是苏州私家园林太湖假山石的祖宗了，五峰园以园中最为“年长”之物命名，也是得其所哉。

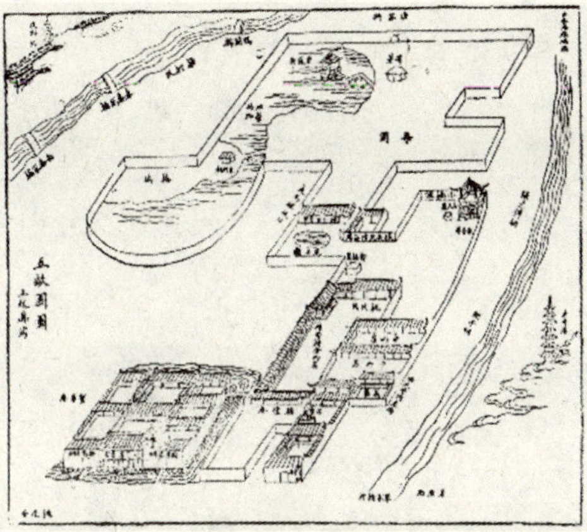

五亩园图

除此以外，五峰园中的柳毅墓也很引人遐想。柳毅传书的故事可谓家喻户晓。柳毅墓的记载，也屡见于苏州旧志中。《吴门补乘》云：“柳毅墓，在阊门内西街五峰园，中有土山，相传为柳墓，东有柳毅桥。”

《红兰逸乘·古迹》收录的一些内容则为柳毅墓增添了些许神秘色彩。其中太仓王昊《当恕轩偶笔》有一则笔记记道：唐氏洞庭君柳毅的墓在阊门西街五峰园的楼下，久已芜没。有人白天在那边小睡，还看见车马驺卫入室，有美丈夫着红袍玉带上堂，一会儿就不见了。此人惊恐万分，找人来挖掘，挖到了碑及金绠悬棺，这才知道确实是柳君所葬，于是不敢再冒犯，就停止了挖掘。苏州城里的白鹤三乡庙、水仙王庙，都是为了祭祀柳君而建。醋库巷的水仙庙，香火极盛，堂前有方池，水深难测。乾隆年间赛会时，观者拥挤，一个5岁幼儿堕入深池，但奇怪的是幼儿并没有沉入水中，而是浮在水面上，众人赶紧把他救上来，惊奇地发现幼儿手中的糕饵纸包竟然还是干的。幼儿自己说水中好像有人托住他的背，所以他一点儿也不觉得可怕。

柳毅亭

苏州有许多供奉柳毅的庙，称为水仙庙，以此看来，柳毅在苏州人心中俨然已经成为水仙王，被百姓顶礼膜拜。五峰园中的柳毅井，至今尚存。巧合的是，在吴中区东山启园（俗称席家花园）也有柳毅井，据说是通向洞庭湖龙宫的。启园里还有株神橘树，相传是柳毅叩击过的。《吴门补乘》卷三祠庙补转引《留青日札》，记载了一则发生在明代嘉靖年间的有关龙井神女祠的故事。

洞庭东山有口井渊深叵测，世人都称之为柳毅井。嘉靖辛丑（1541年）中，书舍人王某与友人一起前往游玩，于酒酣之际吟诗道：

菊花垂荫碧阑干，此地曾经柳毅传。卿若有书吾肯寄，汲深千尺辘轳悬。

这时林月渐明，隐隐约约地看见橘柚影中有个美人，“掩映若隔烟雾”袅袅而来，远远地还能听到美人在吟诗：

橘花如雪晓风清，迢递关山春梦惊。明月一天凉似水，不堪重省旧时情。

可是等到王某与友人醒过神来追美人的踪迹时，却杳杳不可得。天亮后，他们打算建祠供奉，刚一下锄就听得铿然有声，仔细定睛一瞧原来是挖到了一块石碑，上面有“龙井神女祠”诸字，于是王某等在其上建屋供奉。

故事讲得神乎其神，东山即洞庭东山的简称，人们一直觉得洞庭东山是通向神灵的一块神秘所在。与之相应的是，席家花园后面还有一个叫橘社的地方。柳毅传书的地理环境都具备了，在此建个龙井神女祠，应证一下《龙女牧羊》和《柳毅传书》的传奇，也是情有可原的。至于城里城外两处柳毅遗迹的真与假，千年之后的我们已很难断定了。

五峰园的首位园主人是明嘉靖时的杨成，五峰园俗称杨家园，至今其地犹称杨家园子巷。除了五峰园，杨成在苏州还有一个宅子，地址在“梵门桥西”。

杨成(1521—1600年)，字汝大，嘉靖丙辰(1556年)进士，授工部营缮主事，迁都水郎中，出为浙江副使，转四川参政。蜀王倨傲不羁，监司去和他见面时恭谨得都超过了礼节的规定。杨成据理力争，还把蜀王所侵山林陂田悉数还给了当地百姓。杨成历任广西左布政使、应天府尹、右副都御史、江西巡抚、工部侍郎、礼部尚书、礼部尚书、兵部尚书等职。他尽心尽职地治旱、治水、剿匪盗，在监管工程时也是竭力精打细算，节约开支，颇有政绩。杨成为官也很正派。当时神宗已久病不能视朝，但是储位未定，而权阉张鲸被贬后总是想着被重新起用。杨成于是和南九卿一起上疏，言辞恳切地请求神宗上朝立储君，废黜权阉。70岁时杨成被加封太子少保，80岁时去世，谥号庄简。

崇祯五年(1632年)，巡抚都御史庄祖诲、提学御史李懋芳、巡按御史陈乾阳建杨庄简公祠。十一年(1638年)，巡抚都御史张国维又以杨成之子杨大濚附祭。

随着时间的推移，五峰园花园残存面积仅剩约2.2亩，而且屡易其主。据民国三年(1914年)就在此居住的唐氏后裔反映，清末时此处属三茅观巷沈姓。民国初年为王永顺木行主购得，唐氏向木行主租屋开五峰园茶馆，没过几年就歇业

荒圮的五亩园

了。其后园内空地渐成民宅，但五峰端拱依旧，峰阜旁有小池，山水之间有石桥、山洞、古树、旱船，柳毅墓上小亭中供着水仙神像。临近解放时，园内先后办过煤炭作场、绸厂。1956 年对资本主义工商业实行公私合营时绸厂被迁并，民族乐器厂迁入。1958 年文物普查时，园已荒芜，旱船坍圮，柳毅墓上小亭因大风吹坍而拆去，水池填塞一半，仅五峰尚存。当时拟将五峰交街道办事处保管。1963 年被列为苏州市文物保护单位。“文革”前后，厂屋改为民居，两峰倾倒，水池全部填塞，古树枯死。1979 年，五峰园被列为修复项目。1983 年，园林部门对峰石进行保护性加固。1995 年时，园中尚存三峰（西侧另峙一小峰，不在原五峰之列），周围湖石倒散，石桥、山洞俱毁。

不过，可喜的是，现在五峰园已被重新修复。住在附近的市民常到那里悠闲地晒太阳，听评弹；也有旅游者自己探访到那里怀古的。

陆稿荐熟肉店

陆稿荐熟肉店坐落在苏州观前街东首醋坊桥堍，它创建于清康熙二年(1663年)，距今已有300多年历史，是目前苏州历史最为悠久的熟肉名店。

陆稿荐

陆稿荐以自产自销苏式卤菜而闻名遐迩，其实它最早的店址在城西东中市崇真宫桥畔，规模不大，也无牌号，是一爿夫妻老婆店。店主叫陆蓉塘，妻子弥姐有一手祖传的煮肉技术，凭着弥姐烧制的酱肉，小店生意聊足糊口。因为陆稿荐的肉味道独特，店西神仙庙的当家道士也常常光顾。可惜好景不长，随着都亭桥以东和皋桥以西市面的日益繁荣，陆家肉店生意渐趋冷清。有一年夏天，酷暑难熬，人们茶饭不思，根本就不想吃肉，店堂里冷冷清清，陆氏夫妻进入了两难境地：歇业吧，断了生计；开业吧，杀一头猪却卖不掉多少肉——当时可没有冰箱，在夏季高温状态下这些肉很快就会变质乃至发臭。夫妻俩一筹莫展，一心盼着夏天早点过去。

一天午后，一个衣着褴褛的跛足老乞丐经过店门口，忽然中暑倒地。陆蓉塘虽是屠夫，却生性慈善，夫妻俩手忙脚乱地把乞丐扶进屋里躺下，给他喝了碗凉茶，又在其额头敷了块冷毛巾，将他救醒，并用肉汤煮了碗泡饭给他吃。晚上，该乞丐就躺在小店屋檐下。陆氏夫妇在自身经济条件并不宽裕的情况下，供其食宿近半个月。临行前，那乞丐指着地上一堆作为卧具的稻草说："大恩大德，无以为报，只此稿荐，留下烧肉。"陆氏夫妇也不以为忤，笑着点点头。

谁知，当他们将此稿荐投入灶膛烧肉后，锅中竟飘出一股从未有过的异香，这香味飘出店堂，引来了不少寻香而来的顾客，不一会儿，一锅熟肉就被买光了。街坊邻居七嘴八舌地问陆氏夫妇："今朝的肉为啥这样香？"陆老板也不知所以然，随口道："伲(我们)碰着仔仙人哉！"乡邻们突然想起前几天陆家店门口确实有个叫化子，天天夜宿于此，现在已不知去向，加之附近有一座神仙庙，于是，认定那乞丐就是神仙，还有人讲，跛足者当是铁拐李，也有猜测是吕洞宾的。正巧人群里有位书生想卖弄一下学问，便向陆老板追问道："睏(睡)在你店门前的叫化子有啥特点？"陆蓉塘想了想说："只记得他一直拿着两只破钵头，口对口放在头下当枕头。"书生道："两只钵头口对口正好是个吕字。"又问老板娘："叫化子身上着啥衣裳？"答曰："衣裳很破烂，腰里扎仔一根破草绳。脚上一双鞋子后跟已烊脱(化掉)哉！"书生若有所悟道："绳、纯音同，烊、阳同音，肯定是吕纯阳来过了。"

在当时的历史条件下，读书人的说法似乎具有某种权威性，陆老板自己也想不到随口说的一句玩笑话，竟然被那书生说出这么多道道来，也将信将疑起来，自感遇到了神仙。为了纪念此事，陆老板就将店名改为陆稿荐。

陆稿荐熟肉素负盛名，在苏城肉业独树一帜。道光年间《吴门表隐》中就记载"陆稿荐蹄子"是"业有混名著名者"之一。咸丰十年(1860 年)，肉店遭战乱而损失殆尽。同治五年(1866 年)，又在崇真宫桥原址重振家业。光绪二十七年(1901 年)，陆蓉塘后裔陆伟、陆念椿等因经营不善，连年亏损，将陆稿荐以 150 元押金、3800 文月租金租押给枫桥人倪松坡，又将阊门外吊桥堍杜家老三珍斋肉店(生财牌号)以 640 元的价格卖给了倪松坡。翌年，倪将设在观东醋坊桥的肉铺易名为陆稿荐(后称大房陆稿荐)，又将西中市皋桥肉店易名为陆稿荐，并在临顿桥堍开设协兴肉店，倪氏让 4 个儿子各营一家，一时成为苏州肉业中之巨商。

民国时期，苏州肉业中以陆稿荐为名号的有将近 20 户，只有大房陆稿荐所制熟肉、卤菜最为得法，也最为苏州人认同。陆稿荐烧出的酱肉具有皮薄而呈麦黄色、膘白、精肉红的特色，食之满口香酥，是名副其实的“五香酱肉”。酱鸭的外皮用以红曲、冰糖特制的卤汁抹上，使酱鸭皮红带甜，肥嫩可口，色、香、味俱佳，称之为“秘制酱鸭”。还有苏州一年一度的传统时令产品“酱汁肉”，也是陆稿荐的名产。酱汁肉加工时用肥瘦均匀的条肉，切成小方块，加红曲、砂糖、香料等烧制而成，其色红似樱桃，其味甜而不腻，入口即化。其他如砂仁腿胴、酒焖汁肉、百叶包肉等也都是深受大众喜爱的食品。成稿于1934年的《醇华馆饮食脞志》称：“熟肉店以陆稿荐、三珍斋两家最为驰名。其出品以酱鸭、莲蹄为上，蹄筋、酱肉次之……熟肉之最佳者，莫如观东之老陆稿荐。”大房陆稿荐以“大房”为商标（以麦穗为底座，加添“大房”两字，标记并注明“只此一家，并无分出”，并向国民政府登记为注册商标），讲究选料，肉选用“湖猪”（太湖流域良种），头尖爪细，皮薄肉嫩，烹煮易烂，肉味香糯。鸭选用4至5斤重的娄门大麻鸭，体大形美，胸宽颈短，肉质肥嫩。烹制精工，尤其是卤汁的配制煎熬成为业中绝活，五香酱肉、蜜汁酱鸭、酒焖汁肉、糖蹄、酱蹄筋等誉满苏城。

大房陆稿荐由倪松坡传给倪柜香，又传给倪肇鸿，1935年倪肇鸿病逝后，由倪柜香的外甥陈士贤主持。在陈士贤的管理下大房陆稿荐艰难地度过了日伪时期。

解放前夕，大房陆稿荐经营艰难，一度衰落。解放初，该店职工进行生产自救，每人集资10元作流动资金。1956年，公私合营时店铺资产为993元。1958年，大房陆稿荐工场撤并归平江区食品厂，1963年又恢复陆稿荐工场。1966年，大房陆稿荐更名为苏州熟肉店。1979年恢复陆稿荐老字号，除恢复传统产品外，还根据市场变化和现代人的口味，由单一酱肉类10多个品种逐步扩大到烧烤、糟制、熏制及酱卤4个大类100多个品种。大房牌五香酱肉、秘制酱鸭、酱猪头肉、酱汁肉、苏式叉烧等，自1981年起，相继获商业部、省商业厅优质食品、名特食品称号。

时至今日，陆稿荐熟肉店仍是苏城百姓购熟肉食品的首选，到了时令节日时，醋坊桥堍的店门口人头攒动，熟肉美味供不应求。

雷允上诵芬堂

桃坞街道阊门社区西中市 134 号雷宅，是清雍正十二年(1734 年)“吴门医派”名医雷大升初创“雷允上诵芬堂”时所经营的老店，是雷允上制药的发祥地，也是为无数人解决病痛的名药“六神丸”的诞生地。

雷允上

清代吴门名医雷大升，字允上，少年时拜在苏州名医王晋山门下学医，后在观前街玄妙观设摊诊病。在长期行医基础上，他研制的丸散膏丹，对湿毒、热毒、丹痧疗效显著，著有《金匮辨证》《要症论略》《经病方论》《丹丸方论》等医科典籍。

雍正十二年(1734 年)，雷大升在苏州阊门内专诸巷天库前的周王庙弄口开设了“诵芬堂”药铺。乾隆元年(1736 年)，他又以“雷允上”医名挂牌坐堂行医，集行医、售药于一处。由于雷大升医术高明，自己研制的成药疗效显著，于是“雷允上”名声传遍苏州，蜚声杏林。乾隆二十年(1755 年)，苏州发生严重疫疠，之后又多次出现较重的疫情，雷允上诵芬堂生产的细料丸散救活不少人的性命。太平天国攻占苏州后，雷允上诵芬堂换人将库存贵重药品分发给各房子孙，相继离乡谋生。绮三房的曾子纯、松五房的雷骏声结伴到上海谋生，其他子孙也陆续到上海设摊谋生，一年后在上海法租界兴圣街开设“雷允上诵芬堂申号”。战事结束后，雷允上诵芬堂重返故里，并在原址重新开设了“诵芬堂”药铺，上海药铺仍旧保留，这家上海药铺就是今天上海“雷允上制药”的前身。

同治三年(1864 年)，雷允上诵芬堂开发出用于外症和咽喉炎症的新药——六神丸。遵循中国中医药“以毒攻毒”药理研制的六神丸，小若芥子，圆整光亮，服用剂量小，疗效却极佳，特别适合民间防病治病。然而要把丸药做成如芥子一般大小，却不是平常的中药企业可以做到的，故而后世传人一直保守着六神丸处方与工艺要点的秘密。

雷允上国药几百年来深受百姓大众的拥戴，历代名人也倍加美誉，蒋介石为雷允上题词“美比韩康”，张学良题词“利济疮痍”，林森题词“神农遗泽”，诸如此类，不胜枚举。2008 年，雷允上六神丸制作技艺被列入国家级非物质文化遗产代表作名录。

目前可见的雷宅建筑为坐北朝南的 4 幢房屋，一路 4 进，中有砖雕门楼一座。前门通天库前周王庙弄口，建筑为 5 开间平房，房屋经过了现代装修，无法观察其上部梁架，只见其立柱用料较大。雷宅周边有艺圃、盛怀宣故居等文物保护单位，具有丰富的人文内涵。

姜思序堂国画颜料店

苏州文人荟萃，文人书画创作也是蔚然成风，由此带动了国画颜料行业的兴旺，其中最有口碑的是姜思序堂。姜思序堂是苏州专营中国画颜料的专业店铺。姜氏原为明末进士姜图香后裔，清初姜氏出了一位书画家，这位书画家善于制色，使用他制作的颜料作画能使纸色合一，经久都不脱色，一时在书画艺术界被广为称诵，远近的文人画家都争相向其购买。随着社会需求量的越来越大，便由家庭作坊发展为公开出售。到了乾隆年间，开始在阊门都亭桥设店铺，前店后坊，以“姜思序堂”为店招，在颜料包装上盖一方“原在苏城吴县前东进士第内”的图章作为标记，制作这方图章的原因是姜家原先住在吴县县衙前（清代吴县县衙在今十六中操场一带），即今古吴路。从此姜思序堂国画颜料名闻全国。

太平天国时期，姜思序堂一度停业，后该店学徒黄石斋在东中市皋桥东开设了一家黄绘林堂国画颜料铺继续专营国画颜料。黄绘林堂迁往上海后，又分化产生了上海大吉庐、大吉祥两家国画颜料铺。姜氏后裔姜少甫先在黄绘林堂学艺，进而在东中市崇真宫桥西首恢复了姜思序堂。姜少甫继承祖辈的优良传统，精心制作各种国画颜料，深受著名画家任伯年、吴昌硕、徐悲鸿、齐白石等好评。

民国元年（1912 年）至解放后的 1955 年，姜思序堂一直由徐、吴、薛三姓合股

姜思序堂

经营。薛氏名文卿，为姜氏嫡传艺徒，又勤于钻研制色技艺，善于向画家讨教，故对每种颜料的性能、出处、优劣及调制研究颇深，姜思序堂的制色技术也因薛氏而得以与初创者一脉相承，并在原有基础上有了改进和提高。

1955年后，姜思序堂国画颜料店改社建厂，几经拆并，于1979年4月定名为苏州姜思序堂国画颜料厂。1980年5月，迁至虎丘1号桥玻纤路1号(后改为21号)。2000年改制为姜思序堂书画用品有限公司，2005年3月，消号关闭。2006年7月，苏州思居堂国画颜料有限公司经改制成立(原名苏州姜思序堂书画用品有限公司，通过工商程序作为附名保留使用)，注册商标为“姜思序堂”。

国画颜料的制作技艺与原料质量有直接关系。原料分矿物性、植物性、动物性、金属及化工合成五大类，依其原料性质，采用不同的制作方法。有的要锤破，有的要浸出，有的要取其实质，有的仅上提浮膘，颜料成品质量好坏，关键就在于选料和操作。经过数代人的努力，姜思序堂的老艺人薛庚跃总结出了制色的十大要诀：保持清洁，纤尘不染；选料精优，严格不苟；下料正确，不多不少；研磨深透，细度合格；沉淀踏实，时间要多；倾倒有度，眼到手到；浮垢底渣，存精去粕；一次筛出，粗细不再；矿物淘清，植物泡够；煎熬火候，恰到好处。

姜思序堂国画颜料由于加工精到，故而颜色鲜明，纯净光润；细若轻尘，入水即化；与墨相融，着纸能和；装裱不脱，经久不褪。全国各地画家纷纷写信赞誉姜思序堂国画颜料“明亮透彻，经久不变，润笔透纸，色泽鲜艳而深厚”，这些信件于

1980 年 4 月经由北京荣宝斋转到了姜思序堂颜料店。

姜思序堂经营的国画颜料品种有石青、石绿、花青、赭石、朱砂、胭脂、泥金、泥银、铅粉、藤黄、雄黄、石黄、朱膘、洋红等。用于制作这些颜料的原料产地分散，大多产于边远地区，有的尚须从国外进口。产品形式分块状、盅状、粉状、片状等。在姜思序堂的诸多产品中，以石青、石绿最为出色，销售量极大，原料必须用比较衡有的孔雀石、绿松石。另外，还有花青（也叫靛青、靛花），最早用土蓝靛提取的青黛为原料，后曾改用进口蓝靛来提取青黛加工制作。为了保证原料的稳定供应，1962 年与江西乐平县产地联系后，定点种植蓬形蓝蓼草 200 亩，专供姜思序堂制作花青用。朱砂的原石生于石灰岩中，以箭头形为贵，现在已不多见。现采用广东佛山化工颜料厂的水银合成银朱，再经加工为朱砂。胭脂、洋红所用原料都是蚁虫类动物的分泌色素，以印度出产最多，中国云南也有少量出产。印度等地有一种为群虫所附的树木，日久后树身为一种胶质所蔽，内中杂有紫褐色的虫壳，形如树皮或像树梗，将之剥下后便是制胭脂最好的紫草茸，又名紫梗，是一种天然树脂。泥金、泥银是由金银箔加工而成，为真金真银，能经久不变色。藤黄，也称月黄，来源于一种高数丈的海藤树体内的液质，液质性剧毒，待干后收之便是藤黄，产于东南亚各国，其中以越南产藤黄质量最好，这种藤黄唐代时就已开始输入中国。另外，用进口钛青蓝加工制成的天蓝膏，是现代姜思序堂改良创造的新品种。

苏州国画颜料以姜思序堂牌号销售，1979 年用“古塔牌”商标。1981 年，“古塔牌”国画颜料获江苏省优质产品证书，1982 年被评为轻工业部优质产品，并获中国画研究院监制印鉴，驰名国内外，远销日本、美国及东南亚各国和地区。

苏州姜思序堂国画颜料厂同时还精制与书画配套的“古塔牌”八宝印泥，这种印泥与国画颜料齐名，畅销国内外。之所以起名为“八宝印泥”，是因为这种印泥系采取珍珠、玛瑙、珊瑚、麝香、梅片、金箔、琥珀、猴这 8 种名贵珍品原料精制而成。1985 年、1989 年，该厂所制高级八宝印泥两次获轻工业部优质产品称号。

“姜思序堂国画颜料制作技艺”已被列入第二批江苏省级非物质文化遗产名录。目前的唯一传人仇庆年原是苏州姜思序堂国画颜料厂的工艺师，从事国画颜料制作已经有 40 余年。2009 年 8 月 2 日，仇庆年在山塘街“老山塘民间艺术馆”开出了“仇氏国画颜料印泥工作室”。

万福兴糕团店

万福兴糕团店

东中市路口的万福兴，始创于清宣统三年（1911年）正月。当初江阴人士宋之芳选址东中市都亭桥堍，始创万福兴糕团店。万福兴糕团店是苏州糕团店里的老字号，2006年4月被正式批准为“中华老字号”。存放在万福兴糕团店店堂里的三只斗糕模具是开店之初所用工具，至今已有百年历史。据考证，这三只斗糕模具是苏州苏式糕团模具仅存于世的“孤品”，万福兴糕团店将之视做镇店之宝。

万福兴以“肥润香软、甜松糯韧、色彩纯朴、造型美观”为经营宗旨享誉苏城。它坚持传统制作和前店后坊的模式，令苏州百姓对之情有独钟。万福兴之所以能在近百年的商业竞争中立于不败之地，由小变大，发展成苏州家喻户晓的老字号名牌店，应归功于历代万福兴的师傅对质量精益求精的敬业精神，不仅传承既往，还不断推出新品。目前，万福兴生产近60个糕团品种，其中季节性产品20多款、全年性产品30款，不仅有常年供应的品种，还有随着季节变化的时令品种。

除了常年上市各类松糕、猪油糕外，万福兴还“随时令上柜应景糕点”：一月元宵，二月二撑腰糕，三月青团子，四月十四神仙糕，五月炒肉馅团子，六月二十四谢灶团，七月豇豆糕，八月糍团，九月初九重阳糕，十月萝卜团，十一月冬至团，十二月桂花猪油糖年糕。可谓月月都有花样，而且月月不重样，看到什么糕团上市，就知道是什么节令了。

古桥凭栏

苏州是水乡泽国，除了利用舟船作为交通工具之外，就是凭借众多的桥梁，形成贯通陆路的交通网络。从考古资料所揭示的史实来看，早在六七千年前，今吴江梅堰龙南一带已有沿河的原始村落，依河而建的村舍之间是一条小河，河道中有一批排列整齐的竖插木桩，上面搁上木板就形成了一座简易的木桥，这便是苏州已知最早的桥梁。

自公元前514年吴国在苏州建立都城以来，经过千百年的人工开挖和整治，至唐宋时期，苏州城内水道体系已相当完备。据宋《平江图》测算，当时苏州城内河道约82千米，除内城河（一环）外，有横河12条，直河5条。水多势必桥多，唐代大诗人白居易曾以“绿浪东西南北水，红栏三百九十桥”的诗句形容苏州的河和桥。另一位唐代诗人杜荀鹤则以“君到姑苏见，人家尽枕河。古宫闲地少，水港小桥多”，道出了古城苏州河街相邻、水陆并行、近水人家临河筑屋的“小桥流水人家”的特点。

亭子桥

在苏州游览，几乎是举目见桥，城内桥梁鼎盛时，平均每平方千米有25座桥之多。宋《平江图》上有桥314座；明末《吴中水利全书·苏州府水道总图》所示有300座；清末《苏城全图》标绘桥梁311座。据《苏州市志》统计，1985年苏州市区共有桥梁361座，还不包括园林里的桥梁。每一座桥都有一段建桥佳话，并且印证着社会发展的一段历史。

在唐代以前，桥梁都以木梁木栏为主，即诗人所称的“红栏”，到宋代，逐渐以石料取代木料。苏州各市（县）区以及下属的乡镇也分布着大量的古桥，据调查统计，现有各类古桥近200座。

苏州有确切记载的最早的桥梁要数古城西北部的都亭桥了，其建桥历史可追溯到春秋时期。不过，到了唐代，此桥已毁，《吴地记》称“基址见存”。尽管如此，历代志书上仍然还有关于此桥的记载。正德《姑苏志》“桥梁上”云：“都亭桥，承夫寺西，吴王寿梦尝于此作都亭，以招贤士。”道光《苏州府志》“津梁一”云：“都亭桥，旧传吴王寿梦于此作都亭以招贤士，故名。则此桥春秋时已有之也。”由于历史悠久，原该桥所在的东中市一带，苏州百姓还会习惯地称之为“都亭桥”，只是别读作“都林桥”。《平江区志》之《解放后平江区域内已废桥梁一览表》中将此桥的拆除年代定为“1960年”。

苏州还有一座与都亭桥建桥时间接近、所处位置也相近的古桥，就是今天人民路与东中市交叉路口的接驾桥。接驾桥原名屈驾桥，后来改称承天寺东桥，到了明代又叫阙家桥。正德《姑苏志》“桥梁上”云：“承天寺东桥，相传吴王屈驾于此，名屈驾桥，今名阙家桥。”这段记载虽然没有像都亭桥那样讲明桥与寿梦有关，无法断定那位“吴王”是哪位吴王，但也至少说明此桥是得名于春秋时期。至于接驾桥之名，那是后起的，传说是康熙抑或乾隆皇帝南巡到苏州，当地官员在此接驾，于是就将这座桥改称接驾桥了。《宋平江城坊考》云：“按：能仁寺东桥，一名阙家桥，今俗讹接驾桥。‘阙’、‘接’音近不如‘结’、‘接’，疑‘暨家桥’之讹。”《平江区志》之《解放后平江区域内已废桥梁一览表》中将此桥的拆除年代定为“1956年”。不过，接驾桥虽然已经被折除，但它在苏州已经由桥名演化成为一个约定俗成的地域名了，这里的公交站也以“接驾桥”命名。

苏州类似的以桥为地名的还有黄鹂坊桥。黄鹂坊桥在《平江图》中名黄牛坊桥，现今用的是其讹称。黄鹂坊位于景德路汤家巷口，宋皇祐五年（1053年）始建。桥洞形状为一圆洞形石拱，一半在水中，一半凌空，很有特点。

就桥梁的人文内涵而言，桃花坞历史文化片区有四座古桥值得一叙。

皋 桥

皋桥位于西中市东端，接东中市，架于黄鹂坊河上。相传，汉议郎皋伯通居住于此，桥因此得名。皋桥的出名，不单单是因为皋伯通住在桥堍，最主要的原因是梁鸿、孟光“举案齐眉”的故事就发生在那里。

汉代议郎皋伯通（生卒年不详），字奉卿，当年就住在皋桥所在地附近，皋桥就是借他的姓氏而得名。伯通去世后，葬在胥门以西约两百步远的地方，那里也就被称为伯通墩。

高士梁鸿（生卒年不详），字伯鸾，陕西扶风人，远离家乡来到吴地隐居，住在皋伯通家堂下四周的廊屋里，以为人舂米为生。当地女子孟光被梁鸿的高尚品行所感动，便嫁给他做了妻子。梁鸿每天收工回家后，妻子孟光给他饭食都是把端饭的托盘举得和眉一样高。伯通看到这样互敬互爱的情形觉得很奇怪，认为梁鸿虽然是个地位低贱的雇工，但是却能使妻子那样尊敬自己，看来并非平凡之人。皋伯通对梁鸿详加考察后，终于发现原来梁鸿是个高蹈的隐士，不趋炎附势，性格率直而胸襟坦白，于是开始欣赏起梁鸿来，叫梁鸿从廊屋搬到自己家中住。

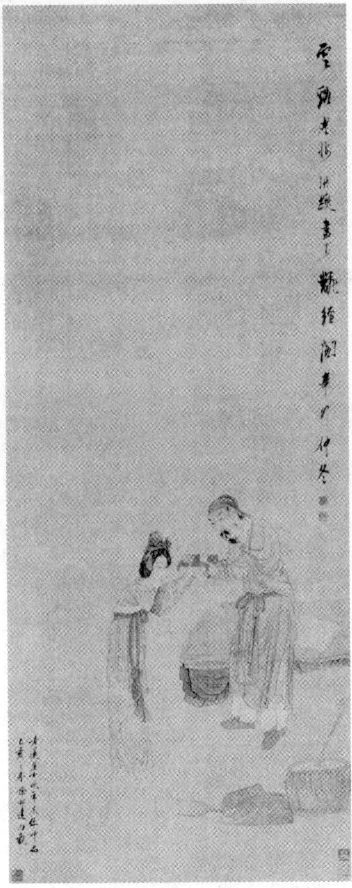

陈洪绶《举案齐眉》

梁鸿在舂臼之余偷偷地闭门著书，写了十余篇文章后，因为过于辛劳得了重病，他自知去日无多，便对皋伯通道：“昔日延陵君葬子嬴博之间，也没有归葬回家乡，千万不要让我的妻子把我送回家乡安葬。”说完就去世了。于是，皋伯通等在义士要离冢旁为梁鸿寻得一块墓地，安葬了梁鸿。众人都认为忠烈的要离和清高的梁鸿安葬在一起十分相配,“要离烈士,伯鸾清高,宜令相近”。葬礼结束后,梁鸿的妻子孟光和儿子都回了梁鸿的家乡扶风,梁鸿留下的《五噫歌》则为世人所传诵。

从梁鸿与皋伯通的情谊可见,皋桥的始建时间最晚当在汉代。南朝梁的庾信及唐代苏州刺史白居易、刘禹锡等人的诗对梁鸿、孟光以及皋伯通逸事都有吟咏。此外,还有许多同名诗:

皋 桥

伯鸾憔悴甘飘寓,非向嚣尘隐姓名。鸿鹄羽毛终有志,素丝琴瑟自谐声。
故桥秋月无家照,古井寒泉见底清。犹有余风未磨灭,至今乡里重和鸣。

皋桥依旧绿杨中,闾里犹生隐士风。唯我到来居上馆,不知何道胜梁鸿。

横绝春流架断虹,凭阑犹想五噫风。今来未必非梁孟,却是无人继伯通。

以上所引诗歌依次为唐代李绅、皮日休、陆龟蒙以及赵执信所作。从这些诗文中可见,梁鸿夫妇相敬如宾的事迹,在封建时代被士大夫广为传颂,梁鸿和孟光已经成为“高士”与“贤妻”的典范。最令后人敬佩的是,以隐士身份出现的梁鸿,没有像其他士大夫那样汲汲于追求功名,甚至身后也没有随俗归葬故里,而是就近葬在了苏州,为苏州增添了一个凭吊古人高节的所在。

皋桥在宋《平江图》中也可以找到。明崇祯十一年(1638 年),解元杨廷枢曾倡募重建,清乾隆二十五年(1760 年)、嘉庆十五年(1810 年)重修。桥宽 2.5 米,5 块长条石架于河上,桥栏为砖石结构。民国二十四年(1935 年)拓宽东、西中市时扩建该桥。1950 年,又重建为钢筋混凝土拱桥,沥青桥面,宽 12.3 米,长 8.9 米,单孔,跨度 8 米。

此外,桃花坞还有一座鸿桥,即因梁鸿得名。《桃坞名胜记》云:“鸿桥,在张广桥东,向南北,以梁鸿得名。宋全捷二十一指挥驻城西北鸿桥西,即此。《吴郡志》称红桥,属阊门。《水利全书》作虹桥。《冯府志》:红桥在福济观东,道光二年修。”此桥所在是苏州人最早“轧神仙”的地方，与亦称虹桥的吊桥有别。但苏州人只认此桥为虹桥，吊桥一般不称虹桥，故也不相混。

梁鸿在苏州非但有墓，还有祠堂，原来在隆兴寺侧，系清道光十年（1830年）布政使梁章钜所建。

梁章钜（1775—1849年），字茝中、闳林，福州人，祖籍福建长乐。到苏州任江苏巡抚之后，他怀着唐仲冕对先族唐寅一样的感情，在苏州探访自己的同族先贤梁鸿的墓和祠堂，但是结果让他大失所望：遍访苏州城，他只寻到了梁鸿的墓，却没找到梁鸿的祠堂。民间传言说梁鸿的墓在金坛县，梁章钜深表怀疑。他认为，就算汉代的郡制和清朝有大不同，那也不至于把墓地划属金坛县。他考证发现《后汉书》里记载梁鸿墓在要离冢旁边，而且当时不少人还一致认为“要离烈士，伯鸾清高，可令相近”，于是断定：既然要离的墓在苏州城西，那梁鸿墓也就应该在此。《吴地记》记载梁鸿“墓在泰伯庙南”，泰伯庙是吴越钱氏迁至此处，为汉永兴二年（154年）太守糜豹所建，恰恰就在阊门外，所以《范志》也记作梁鸿“墓在阊门外金阊亭侧”。这个记载可以从陆鲁望给梁鸿写的祭文中找到对应的证据。由此看来，《王志》中所说梁鸿墓在吴县西四里的马婆墩，纯属附会，根本不足信。《续志》又另外把阊门南城内法会庵西的两座古墓误认作梁鸿和要离的墓，疑点更是明显：如果吴县城市的规模发生了大变动，编修史志的人怎么可能忽略不记录呢？远在唐代时，梁章钜的另一个先族梁敬之到苏州已经寻访到了梁鸿墓，临走前还立了一块碑。清代时碑文有所流传，但是没看到碑。梁章钜怀疑是年岁久了，碑被土掩埋不见了。由于早先一直有人预言这里不能立碑，一旦立碑就会发生灾难，因而也无人敢挖出石碑。梁章钜当然也不敢冒犯众人执意开挖古碑，再说梁鸿墓到底在哪里也实在难以确定。梁章钜便寻思：墓埋葬的只不过是肉体，既然墓已难寻，为什么不立一座祠堂来怀念梁鸿的高节呢？就好比很多地方都立了贤人的祠堂，而这些先贤其实并未到过这些地方一样，立祠供奉完全是为了怀念其精神而已。豁然开朗以后，梁章钜就在皋桥附近选了一处地方，“营构祠宇”，这也就是清代梁鸿祠的由来。梁章钜还作《新建梁伯鸾祠碑记》记录了这次修建祠堂的缘由，为后人留下了有关梁鸿及梁鸿祠的珍贵史料。

据民国《吴县志》“坛庙祠宇一”记载：咸丰十年（1860年），梁鸿祠毁于太平天国战火;光绪六年(1880年),吴县知县高心夔移建至今西大营门双鱼池西。

泰伯庙桥

泰伯庙桥,在阊门水关桥东、阊门内下塘街西端,架于中市河上,南北走向。宋《平江图》中名"庙桥",《吴郡图经续记》作"至德桥",《吴郡志》称"至德庙桥",因地址在泰伯庙前,故以庙名桥。宋乾道初(1165年)知府沈度建,明嘉靖四十二年(1563年),巡按御史陈瑞重建,清嘉庆十五年(1810年)修,民国十三年(1924年)重修。为钢筋混凝土平桥,宽5米,长24.8米。苏州人称庙桥附近地域为"庙桥头"。关于明代的修桥情况,皇甫汸撰《重修至德桥记》记之甚详,文中写道,吴地百姓祀奉泰伯,是从汉代开始的。汉永兴年间,太守麋豹在阊阖门外建了庙,梁乾化年间吴越钱氏将之迁到阊门内城河之畔。宋代乾道初年郡守沈度在此建了桥以及牌坊等,并将庙命名为"至德",桥、牌坊也随此名。到了明代时由于年久失修,至德桥已经崩圮。嘉靖癸亥年(1563年),道人屈真定打算筹款修桥,可惜捐资的人太少,未果。监察御史陈瑞代巡吴中期间施行了很多善政。有一次,他登上至德桥俯瞰,发现桥基已经岌岌可危,便慨叹道:"至德桥都颓败成这个样子了,政府官员难道还要把修桥的义务推诿到游方道人身上去吗?"回到衙署后,陈瑞就发文要求把赎罪上交的款项拨付用于修桥。重修后的至德桥给周边交通带来了很大的便利,河两岸绿杨婆娑,景色优美,船只和商户都麇集于此,民众也在此结屋而居,这一带渐渐成了闹市。民众于生活之余到泰伯庙中祭祀,还可以从怀古中感受到德行的力量。

皇甫汸在《重修至德桥记》中记下了铭文:

> 至德造吴,洪惟泰伯。宣父有言,礼让为国。怀风永叹,禋荐靡忒。
> 中叶道衰,民乃作辟。吾君之子,鄙王与侯。爵服非玩,蘩潦是羞。
> 仲扬其波,季浚其流。端季于越,比隆岐周。肃肃柱下,持节来巡。
> 六条咸察,百坠俱新。纳民松轨,返俗以醇。归报我后,洽和神人。
> 烈士徇名,太上不朽。声闻于前,光垂于后。昭德塞违,功实云茂。
> 竦兹梁文,与石并久。

(崇祯《吴县志》卷十六"桥梁")

阊门钓桥

苏州是座水城，护城河环绕城外，与太湖相通。建城初期就有水陆城门。沟通古城内外的是吊桥，阊门也不例外。吊桥，位于西中市西端，跨阊门外城河。宋《平江图》上原名虹桥，俗称钓桥。元泰定年间(1324—1327 年)曾经修葺，明崇祯《吴县志》中收录有虞集和黄溍的两篇《虹桥记》，从中可以看到当时修桥的情况。

晚清阊门钓(吊)桥

虹桥在阊门西，跨官河，通驿道，为咽喉要处。水至桥下，汇为回渊，折而东行，水流湍急。原来河上有木桥，因年时已久腐朽不堪。元至治三年(1323 年)发大水，木桥被毁，这一带的水陆交通也因此受阻，吴县的地方官吏商议良久，终因经费问题而搁置。就在这时，本地的乡绅邓文贵主动到官府表示在河上架木桥终非长久之计，他愿意捐出自己的一半家财来复建此桥。八月乙丑邓文贵即召工画图，把原有旧物尽皆撤换。工匠们抽干河水后，打好石桩，精工固定构件，第二年(1324 年)十月终于建成新桥。新桥为石基木梁结构，桥形端庄，环如偃月。桥长四百尺，“而其高十分修之一，五分而杀其二，乃与岸等脊之，广得高之半，而趾之广加其什五，上设扶阑为之周，发其下为门如半月，以酾漕河，而堤其两垂，以度挽者”。建桥材料费用耗去十二万五千余贯，支付工钱二万四千余贯。工程结束后，总管郭鹏翼率领僚属在桥上饮酒以祝贺新桥落成，有感于邓文贵的义举，他命人作文纪念。

邓文贵是一介平民，只不过靠做生意积攒了一些钱财，像修桥这样的大工程按理应该是官府的责任，而他却拿出自己靠节衣缩食得来的资财来做公益，这种义举就是放在今天，也不可多得。

钓桥初为木结构，明洪武初(1368—1378 年)，改为石桥基木梁。明成化六年(1470 年)，知府丘霁出资修缮，更名为永济。正德七年(1512 年)桥毁于火灾，知县胡文静重建；万历十八年(1590 年)又毁，知府石昆玉用截留的关税十余万贯再建。三十六年，木梁被水浸烂，知县陈以闻修之。崇祯八年(1635 年)，郡绅李模再修。十一年(1638 年)毁，巡抚都御史张国维重建。

张国维(1595—1646 年)，字其四，号玉笥，浙之东阳人，天启壬戌(1622 年)进士。牛若麟写了一篇《阊门重建虹桥记》，详细记载了张国维修桥之事：

李模于崇祯八年(1635 年)修桥时实际上虹桥已经有隐患了，所以仅仅维持了三年，到崇祯十一年(1638 年)，虹桥又毁，这可给周边交通带来了大麻烦。每天城内外从桥上来往的民众不下数万人，无桥可走，只好摆渡。经济能力本来就捉襟见肘的贩夫走卒只能望河而叹，生计也成了问题。

这时的明朝政府已是风雨飘摇，国库空虚，民生维艰。在苏州任巡抚都御史的张国维见府库金钱若洗，乡里也是度日维艰，自己想重建虹桥也是有心无力，只得"仰屋无策"。就在他愁闷之际，御寇江上的中丞张公班师东还，他见张国维愁眉不展唉声叹气，便道："修废举坠是官府的职责，当年王仲舒在苏州做刺史时，有感于民众绕远路跋涉之艰，捐出自己的玉带集资建了宝带桥，我们腰下的黄金也可捐出来为百姓做实事啊！"

张国维大受启发，于是命令幕僚王弘经到山上采石，派吴志葵到天宁购买木料，雇佣了 2000 余人工，共同出力建桥。季夏开工，仲秋时宛如长虹的新桥就落成了，总共花费了 610 余两白银。新虹桥坚固异常，可以同时载 4 辆车，还可五马并行，可以承载 50 个人同时在桥上行走，还装有栏杆供行人凭栏远眺。虹桥又恢复了往昔的繁华和热闹。

在总结了以往虹桥容易毁塌的教训后，张国维命人加强了对虹桥的管理，要求百姓不得在桥旁搭草棚，以防火灾。桥建成两年后，张国维被提拔为少司空兼宪衔，离任时苏城百姓感念他的功德，登桥挥涕念念不舍。

张国维抚苏六年，为民爱民的实绩远不止重建虹桥一件，他治理水利，疏导四从三衡之内渠，"凡通输贯而利民生者"都不遗余力，长江以南十一州郡的百姓都受益匪浅；苏州百姓对张国维更是崇敬，还为他建了生祠，年年祭拜。苏州沧浪亭内的五百名贤祠有张国维的画像，题词为："抚绥十郡，大度渊涵，疏通水利，泽被东南。"

后人可以从当时张世伟撰写的《阊门虹桥颂》中体味阊门虹桥的壮观场面：

登桥观之，美哉蝃蝀。石版齿齿，下连勾冲。

制视河厉，大木横纵。望极南北，郁乎葱葱。

子胥之涛，阖闾之封。有凭而固，有增而崇。

之后在清顺治二年（1645 年）、康熙三年（1664 年）、嘉庆二十三年（1817 年），阊门钓桥又多次被毁而重修。清道光《苏州府志》“津梁一”云：“本朝顺治二年毁，巡抚土国宝重建。十一年巡抚周国佐再建。康熙三年，巡抚韩世琦再建。九年圮，吴县知县韩敬所重建。十年，巡抚马祐修。十四年重建。五十二年毁，重建。嘉庆二十二年重修。”民国二十三年（1934 年）改建为钢筋混凝土石拱桥（桥面为钢筋混凝土，基础仍为明清时的石排柱）。

为适应交通需要，20 世纪 70 年代扩建钓桥两侧，将桥面加宽。1995 年版《苏州市志》记载钓桥“宽 12 米，长 14.7 米，单孔，跨度 11.3 米。”2005 年版《金阊区志》记载，钓桥“现跨度 18.2 米，宽 12 米，长 21 米”。2006 年，结合阊门重建，又把钓桥的外型改建成与人民桥差不多的廊桥，只是规格略小一些。新桥样式古典简洁，既适应了现代交通需求，又与阊门的整体风貌相和谐。

崇真宫桥

崇真宫桥，在《平江图》中名“宫桥”，位于阊门下塘街虹桥东侧，架于中市河上，南接东中市，北对崇真宫，桥因此得名。明正德《姑苏志》仍称：“宫桥，崇真宫前，青石扶栏，雕刻工巧，细如丝发，为吴中桥栏之最者。”崇祯《吴县志》已称“后圮重建，尽失旧制”。乾隆二十四年（1759 年），崇真宫住持叶凤梧重修。此事详载于王兆辰《重修崇真宫桥记》中。1982 年重建为石板平桥，西端为石柱桥台，东侧石柱上留有两个系缆孔，桥南首为真泽泉古井两口。桥宽 3.5 米，长 5.8 米，跨度 4.8 米。

崇真宫南面是中市河，从宫门口过崇真宫桥可直达东中市。崇真宫桥西今存明代永丰仓船埠，是控保建筑。崇真宫为宋政和七年（1117 年）郡人黄悟微舍宅而建，赐名崇真圣寿宫。宣和中，改神霄宫。建炎中，改崇真广福宫。有“徽庙”

"宸翰"二碑及"允中"堂额。明洪武初废,并入元妙观。明正德五年(1510年),大德法师马尚贤请于郡守况钟,乃获重建。成化中,给帖世守焉。山门外原有石梁柱题。嘉靖乙丑(1565年)重建时发现了旧志所传石阑刻狮,刻工精美绝伦,可惜因临近河岸,潮气相侵,图案已漫漶不清。历年久远之后,四水弄及南塊官路遭受侵占,屋舍也已颓圮,无法住人。到民国时期,这里曾是北区救火会驻地。20世纪50年代还曾作过消防站。"文革"后改为民居。

崇真宫桥

乾隆乙卯(1795年),叶凤梧住持崇真宫,他继承先贤美德,兴废举坠,崇真宫也有所振兴。叶凤梧见石梁塌圮,便矢志募建。筹备了好几年,和乡里耆老相商,众人都说:"桥址已被侵占很久,把它清理出来都很难,再说费用也承担不起,再等等看吧。"叶凤梧不改其志,一心要募建崇真桥。

自古道:"有志者事竟成",何况是济人利物之事,这样有意义的善举就算是神灵也会相助的。有一天,叶凤梧占卜得到一句"重逢寅卯",他觉得这似乎是来自神灵的预示。

果然,戊寅年冬,有人与叶凤梧一样也想重修崇真宫桥,于是他们一起联络热心之人,终于在己卯年二月动工。邑侯南台朱公亲自到场踏勘指挥,在朱公的劝导下,那些侵占桥址的人家拆除了房屋,恢复了四水弄的旧貌。这时,所募款项也已告罄,叶凤梧便倾其所有,继续支持复建工程。这次工程中桥南有两口枯井也得到了疏浚,周边住户因而能够享用甘泉。

这一年闰四月十四日,新桥终于建成,来看新桥的民众可谓摩肩接踵。可是到中午却突然发生了一桩险情:桥面的石头訇然断裂,偏西的一根石栏杆倒下了,栏柱却被移置两旁,直立如植,幸而无人受伤。路人见状都啧啧称异。惊魂方定的工匠们回忆道："刚才有个高个子的长髯道人，满脸污垢，穿着青布破袍，在桥上衣袂飘然，不一会儿他抚着西边石栏，对大家说道：'石性烈，不加托木，石且断！'当时听的人都觉得很奇怪，过了不一会，这个道人径自向南走去，桥上人也蜂拥般跟着道人走，正因为这样，石头断的时候无人受伤。"听了工匠们的叙述，大家都觉得这是神仙现身指点迷津，于是赶紧买来巨石，把桥面上缺损的 7 块石头换去，并且在下面又都加了托木，工程方告结束。

吴中旧俗以四月十四日为吕仙诞辰，福济观在崇真宫之西，以往每年显灵之事都会发生好几次，可是那几年却不见了神仙的踪影。从叶凤梧的事情来看，实际上仙家是随处济度，心愿如海，其踪迹也常在世间，这次及时避险应该说是叶凤梧的诚心感动了上苍。

世人对苏州建筑的印象一般都是“粉墙黛瓦”“小桥流水人家”，可是在东中市至西中市这一段街道的两边却是典型民国时期海派风格的建筑群。与苏州传统的立帖式空心墙民居不同，这里的大部分建筑都是石库门，用青砖实砌，有的建筑还用钢筋混凝土结构，比较坚固。从依稀可辨的“裕苏官钱局”等字样则可以看到当年这里经济活动的痕迹。这些建筑是什么来由呢？

西中市民国建筑群

阊门自古繁华地，商旅云集，商业活动频繁，旺盛的物流带来了巨大的资金流，而中市一带正承担了吞吐资金、以钱生钱的重要使命。这里也是旧时苏州金融的命脉所在，苏州的银钱交通大都是在这里进行，然后再流往五湖四海。据 1908 年商会统计，当时苏州有钱庄 24 家，其中 21 家在西中市，只有 3 家在观前。

江苏省钱局苏州府局

康熙七年(1668 年)，江苏布政使佟彭年奉诏，在苏州创办了江苏省钱局苏州府局(当时在江宁另建一铸钱机构,称江宁府局),简称钱局。清代苏州实行“都图制”,选址在“吴县北利三图”,为明代永丰仓旧址,即如今的东中市崇真宫桥北堍、中市河下塘久福里一带。具体方位是:南起原崇真宫后,北至桃花河,东起今东角墙、更楼弄北段(原路头堂),西至今二十四中学本部西围墙。后来的东角墙、西角墙等街巷系当时宝苏铸钱局的东南角、西南角的护厂小河道填埋而成。苏州府局是近代苏州最早的铸钱机构。4 年后,苏州府局停办,旋即改作火药局。康熙六十一年(1722 年)冬,康熙皇帝的四子胤祯继位,即以铁腕著称的雍正皇帝。雍正皇帝规定各省只准设一处铸钱局,由此,撤销位于南京的江苏江宁府局,将在原苏州府局上建起的火药局移去,新建江苏铸钱局。雍正八年(1730 年),恢复铸钱。康熙时代所铸钱正面为汉文“康熙通宝”,背面为“宝”的满汉两种文字;雍正时代所铸钱正面为汉文“雍正通宝”,背面左右为满文“宝苏”两字,因此雍正时代的江苏铸钱局又称宝苏局。后来宝苏局因铸当五钱粗糙低劣,不适于使用,在推行中引发拒用风潮,最甚时还被迫停铸和收回。尽管如此,宝苏局还是发挥着铸钱造币的功能,在其短暂的历史中曾经铸造过“同治通宝”“乾隆通宝”“咸丰重宝”等几个年代的货币,断断续续至光绪末年才正式宣告停铸。

宝苏局给苏州人留下了若干昔日铸钱时的影迹。比如铸钱必须用铜作原料,所以制钱工人又称铜人。今苏州市二十四中学(含今久福里、长鋆村一带)旧时均为宝苏局所在地,二十四中学北面小巷在乾隆《姑苏图》中标作“局后街”,自铸钱开始后,因多为制钱工人住宅地,民间即称之为“铜人街”。民国《吴县志》记作“同仁街”,并注“有前、后、中三街”。宝苏局南面为阊门内下塘街,有南北向小巷紫粉弄,北至原西角墙,旧时因其北面宝苏局烧熔铜料之灰以及翻砂所用砂灰呈紫色,弄内常蒙其紫色之灰,故名紫粉弄。今河沿街中段西侧,东起河沿街,西接宫弄,有巷称牛牙场,在乾隆《姑苏城图》中标作“刘衙场”,疑为宝苏局一刘姓官员住宅,民国《吴县志》作“牛牙场”,并注明“疑牛衙场之讹”。牛牙场北今有更楼弄,它东起河沿街,西至宫弄,折北至东混堂弄。更楼弄位于宝苏局之东,因在该处建有为宝苏局打更报时兼顾瞭望周边的更楼,得名更楼弄。今更楼弄 12 – 21 号,即原更楼弄西端折北至东混堂弄段,原称路头堂。“路头”在苏州民间指财神和路头菩萨，因而财神庙又称路头堂。宝苏局建有专供炉工们奉祀财神的财神庙，每次开炉前必由工头带领工人到财神庙向路头菩萨祈祷开炉平安。宝苏局有熔炉 12 座，财神庙内也就常常是香火燎绕，巷也因庙名。后该巷并入更楼弄，原名废。

更楼弄北面有东混堂弄，位于河沿街北端西侧，东起河沿街，西接后同仁街。因当时该处建有专供宝苏局职工洗澡的浴室（“混堂”在吴语中就是指浴室），浴室又位于宝苏局东面，故称东混堂弄（宝苏局西原另有浴室，在今阊门西街西侧，称西混堂弄，1980 年改称五峰园弄）。

东面的南北向长街——河沿街位于东中市东端北侧，南至过军桥（原东西向都亭桥旁），北至日晖桥，与桃花坞大街相接。它原名过军桥巷，在宋《平江图》中可见。今过军桥原称南过军桥；今日晖桥，原称北过军桥。民国《吴县志》乃作“河沿街”。河沿街两旁为铜铁小五金如锁钥、锉刀以及车木制品、油纸伞、木桶作等的手工作坊。河沿街的铜铁作坊等显然与其西面宝苏局的存在大有关联。因手工艺人劳作尤为艰辛，旧时有“做煞河沿街”之说。

德馨里门楼

东中市北面的中市河相当狭窄，但到宝苏局前一段突然开阔起来，这里便是宝苏局的码头所在，当年加宽河道是为便于卸载铜材、炭料和装运新钱。

苏州话中经常出现的“版版六十四”俚语也与铸钱有关。历来铸钱的钱范是开成 8 排钱模，每排各浇铸 8 枚，一范就是 64 枚。钱范为两块合成，浇铸时正背面两块范板合拢，每一次都固定浇铸一模一样的 64 枚铜钱，这就是所谓“版版六十四枚”的由来。从康熙、雍正到乾隆、嘉庆，历代的小平铸钱都是以“版版六十四”的规制浇铸的，因为每版印 64 枚铜钱的规定是一成不变的，因此在苏州话里“版版六十四”的意思就是不知变通、只认死理，这也应该是经济活动在日常生活中留下的痕迹了。

德馨里

清末民初金融业建筑群德馨里，当年分驻着苏州主要的官办金融机构和重要的银钱业单位，浓缩了苏州金融业发展的历史。

德馨里南起天库前，北至西中市，街长229米，宽3米。它是目前国内仅存的清代官办银钱机构建筑群，也是苏州最早的金融机构所在地，具有鲜明的民国建筑风格特征。整个建筑群从中间由南北与东西两条小弄分隔成4个区域，使得房屋呈“田”字形格局分布，南北向小弄出口处均略曲折至门口，门口的过街楼现尚存，基本保持原样。

清咸丰三年（1853年），陷入内忧外患的清政府财政日益拮据，为了解决财政危机，政府在铸钱的同时还发行了两种纸币，其中“大清宝钞”以制钱为单位，“户部官票”以银两为单位。为了在民间大力推行大钱和钞票，清廷便催促各省设立官钱店。江苏省一向是国内的钱税大户，苏州的经济实力又在江南排名第一，加之其作为江苏省巡抚衙门所在地的政治地位，咸丰四年（1854年）在德馨里设立官钱店，后因钞票发行过滥，以致无法正常流通，到咸丰十一年（1861年），苏州官钱店再也无以为继。

光绪年间，善于搞经济的强人、两江总督张之洞为了缓解江苏地区“制钱异常短绌，钱价日昂，商民交困”的困境，奏请核准，经督抚院立案，于光绪二十九年（1903年）二月在德馨里设立裕苏官银钱局。该局又为省金库出入之代理机构，隶属于苏州巡抚衙门，归藩库管理，管辖苏、松、

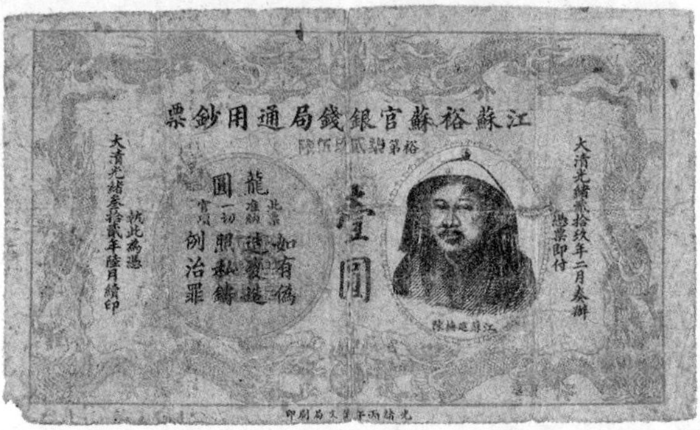

裕苏官银钱局通用钞票（票面头像为江苏巡抚陈夔龙）

常等地区金库。苏州市政藩库拨给资本15万两白银(这笔银两不久即被抽去用做兴办沪宁铁路的款项),同时发行钱票、银元票,并经营存款、放款和汇兑业务。发行的钞票有制钱票和银元票两种。前者面值有伍佰文和壹仟文(改发铜圆);后者有龙洋票和鹰洋票两种,面额有壹圆、伍圆和拾圆。现存江苏巡抚陈夔龙头像纸币由于极其精美珍罕,是集钞界高手争相追逐的重头藏品。光绪三十二年(1906年),裕苏官银钱局在上海、镇江、无锡、平望四地设立4个分局,在德馨里设置公估局,作为苏州鉴定白银成色的权威机构。光绪三十四年(1908年),苏州钱庄业于德馨里2号成立会商处。宣统二年(1910年),裁撤平望分局,并开始逐步收回发行的钞票。由于收放适时,到1911年辛亥革命时,裕苏官银钱局关歇,未收回的制钱票仅1万余文,银元票仅7.59万余元。

清代后期,德馨里先后聚集了多家苏州最有信誉和声望的钱庄、钱店等机构,其中有苏州钱业著名的"三少"之一的卢少棠开设的同福钱庄。卢少棠本为织造府司库账房,专爱结交织造、藩司、巡抚等要员,常为上任新官准备资金,有"官账房"创始人之称。辛亥革命爆发前夕,同福钱庄改名为和丰钱庄,继续在德馨里经营。这一时期,颇具规模的德和钱庄也设于德馨里,经理是安徽休宁人黄传清。

民国初期,德馨里仍为江苏省和苏州主要银行的所在地。民国元年(1912年)10月,江苏首任都督程德全令留洋学金融归来的镇江人陈光甫创办了江苏银行,这是苏州的第一家现代银行。它设在德馨里原裕苏官银钱局的旧址,也是全国省级地方银行中最早成立的银行。直到民国二十年(1931年)11月,才迁到观前街承德里,德馨里原行址改为江苏银行办事处。

中国银行苏州支行也设在德馨里,它开设于民国三年(1914年)1月,是中国银行在全国所设分支机构中较早的一家,初名苏州分号,后改称支行,行址设在德馨里14号。第一任经理为罗鹏年先生。到1933年,迁至观前街自建行屋。德馨里中国银行原址(控保建筑编号211)被严家淦之父购买。

严氏原是东山望族,后迁居木渎,继而又来苏城定居。德馨里中段临舒巷一侧的过街楼即为严家的墙门间,严家淦曾就读于宝城桥弄的桃坞中学。受父辈耳濡目染,严家淦也是从金融起家,最后步入了政界。1946年到宝岛台湾后,曾任台湾省政府财政厅厅长。严氏与东山金融业买办之家叶氏、席氏关系十分密切,严家淦前妻为东山首富叶铁生之女、中法银行买办叶振民之妹，继妻刘期纯为席锡蕃的外甥女。严家淦本人也曾入德中孔士洋行任职，长子严隽荣现在是台湾上海商业储蓄银行常务董事兼总经理。

民国四年(1915 年)1 月，苏州交通银行成立，它隶属上海交行管辖，行址也选在德馨里。民国十三年(1924)7 月，苏州银行公会在德馨里西出口的贻德里成立。

礼让之祖泰伯

泰伯三让

中国素有“礼仪之邦”之美称，三皇五帝时代，尚属部落首领时期，由于没有能够将文明记录和积累的文字记载，我们只能从“口耳相传”的传说中探析历史，在这时的传说中并无所谓成文的“礼仪”。真正的礼仪，恐怕要从商周算起，商代的甲骨文已经是科学意义上的文字，这些传世的甲骨文字虽然大多是卜辞，但已有礼仪的记载。到了周朝，出了一位有名的圣贤人物，那就是泰伯，他的礼让行为让大教育家孔子都称赏不已：“泰伯其可谓至德也已，三以天下让，民无得而称焉。”

泰伯像（吴道子绘）

被孔子称赞为“至德”的泰伯，既是周天子之子，又是吴地开化之祖，无疑也是中华民族的礼让之祖，也因此而成为文人学子朝圣拜谒的偶像。明代秦应阳《谒泰伯庙》诗云：

至德传遗庙，嵬峨镇要津。荒庭纷药草，碧瓦簇鱼鳞。
藓绿封碑古，云红照槛新。虹梁通市陌，绣户压城闉。
一片鲧华地，千秋立极人。仲雍齐亮节，季札踵清尘。
享得吴歌侑，牲将周鼎陈。衣冠思雅化，榱桷肃明禋。
遗像瞻当日，抠衣拜此辰。平生顽懦意，感激有天真。

据《吴地记》记载，周太王有三个儿子：长子泰伯，次子仲雍，再次季历。历生子昌，昌出生时有圣人的瑞兆。按照一般的传位习惯，父终子及，长子优先。可偏偏老三季历为周太王生了聪明的第三代，周太王也有意传位给他。为了实现老父亲的意愿，在周太王生病后，善解人意的泰伯、仲雍以入山采药托辞，逃到尚属“荆蛮之地”的吴地，入乡随俗模仿吴地土著“文身断发”，表示自己无意于王位，以使老父亲能够没有顾忌地把王位传给季历。季历的儿子昌被立为西伯，之后成长为周文王。吴地的民众都很敬重泰伯的礼让德行，推举他做了吴地的大王。而正是泰伯、仲雍的让贤，才让周文王、周武王有了施展才华的平台，促成了周朝的兴起，并取代商朝入主中原，同时也使得吴地得以受到先进的中原文化的沐浴。

泰伯，有的书上记做“太伯”，《吴郡志 · 考证》云：“太伯，古公长子。韦昭云：武王革商，追封为侯伯。故曰太伯，范宁曰：太者善大之称，伯者长也。”孔子称泰伯“三以天下让”，也就是说泰伯有三次做周王的机会，却让了三次，那究竟是哪三次呢？参考《吴郡志 · 考证》，大致是这样三次：第一次是周太王病重后，泰伯与仲雍借口为父上山采药，逃亡到吴地，由季历代替长子主持周太王的葬礼，把王位让给了季历。第二次是季历驾崩后，泰伯把周朝王位让给了侄子、季历之子昌。第三次是周文王姬昌驾崩后，泰伯又把当周王的机会让给了自己的侄孙、姬昌之子周武王姬发。泰伯礼让的决心十分坚定，为了表示自己确实无意当周王，他断发文身，再也不以长子和王位继承人的身份参与祭祀大礼。为了纪念泰伯的三次礼让贤行，吴县还曾有“三让”乡。

泰伯庙小史

泰伯奔吴后，带来了先进的文明，因此而成为吴国的开国之祖。花成大《吴郡志 · 考证》：“勾吴，太伯之奔荆蛮，义而从者千余家，号曰勾吴。《史记注》曰：勾吴，大吴也。《史记正义》引宋忠《世本注》云：勾吴，太伯始所居，地名也。许慎注《淮南子》云：勾吴，吴人语不正，言吴而加以勾。颜师古曰：勾，夷俗之发声也，亦犹越谓之于越也。《史记正义》又云：去梅里东南六十里，十九世寿梦居之，始号勾吴。与《史记》太伯时已号勾吴不同，疑《正义》误。太伯旧城，《史记正义》云：太伯居梅里，属今常州无锡，去此东南六十里，十九世孙寿梦居之。二十一代孙

泰伯庙·至德坊

光,使子齐筑阖闾城都之,今苏州是也。《世本》又云:诸樊徙吴,即今苏州,二说不同。大抵泰伯之后,吴自梅里凡三徙,而定居于今之郡城,中间迁徙,不出数十里之内也。梅里属吴县,《史记正义》唐张守节所撰,是时或属无锡尔。"

吴地百姓感念泰伯的功绩,早在汉代就为泰伯立庙祭祀。《吴郡图经续记·祠庙》云:"泰伯庙,在阊门内,旧在门外,汉桓帝时,太守麋豹所建。钱氏移之于内,盖以避兵乱也。延陵季子侑祠焉。"因为孔子称泰伯"至德",因此泰伯庙又称至德庙,《吴郡志·祠庙》云:"至德庙,即泰伯庙。东汉永兴二年,郡守麋豹建于阊门外。《辨疑志》载:吴阊门外有泰伯庙,庙东又有一宅,祀泰伯长子三郎。吴越钱武肃王始徙之城中。《纂异记》又云:吴泰伯庙,在阊门。西皮日休诗云'一庙争祠两让君',盖并祠仲雍,旧矣。"庙门附近有一座桥称为至德桥,《吴郡图经续记·桥梁》载:"至德桥,在泰伯庙前,以庙名桥也。"《吴郡志》称"乾道元年郡守沈度重建。"

除此以外,苏州护城河邻近胥江段还有一座"泰让桥",也是纪念和褒扬"泰伯三让"的,不过苏州人习惯将它念做"太阳桥"。

修庙树德

泰伯庙在南宋建炎四年(1130 年)被毁,乾道元年(1165 年)郡守沈度重建。淳祐年间,承议郎、直宝章阁、两浙西路提点刑狱公事潘凯又重修泰伯庙。

南宋淳祐壬子(1252 年)春天,潘凯抚苏,他履职严谨,尽心尽职,"不敢怠弛",但是很快就发现吴地民众德行修养较低,刑事案件也比较多。三个月后潘凯到泰伯祠去祭祀,顾瞻徘徊之间,目睹泰伯庙屋老苔荒,不禁喟然叹道:"至德者是

要受百世人瞻仰的，当地官吏供奉不虔诚，叫民众如何继承美德?”他快步走到两边庑廊下，只见“土妖木魅，诡形罔象”，塑像气质佞俗猥琐，造型也粗陋不堪，塑像所着端委①等礼服也毫无雍容气象，平民百姓竟把这里当做了乞灵膜拜的场所，整个泰伯庙散发着“磨剑好勇之习”和“断发文身”的蛮夷之风。

看到这样的景象，潘凯分析吴地民风不纯良应该与道德不倡有关，他愤然道：“堂皇之庙该修却不修，庞杂委琐的事物该屏却不屏，难怪圣德被玷污到此等地步！唐代狄仁杰在江南做官时拆除淫祠1700所，只留下夏禹、泰伯、季札、伍员的祠堂作为祭祀之所，可见庙祠在抑邪扶正上的作用之大!”接着便警示下属道：“在泰伯庙这样的神圣地方，只有倡导道德才合乎礼，驱除邪魔鬼道也才合乎义！为官者义不容辞啊!”

于是潘凯下令买材料、雇人工，把庙中那些不伦不类的东西尽皆撤除，又树立了仲雍、季札的像，一同放置在泰伯祠配享供奉。一个多月后，修建完工，潘凯率领下属们在泰伯庙行三献之礼，要求通过泰伯庙“宣尚德化，正人心而兴民风”。

泰伯庙原先有祀田18亩，到潘凯时又增加了59亩多，每年能缴粟55石，这些收益已经足够供养庙中浮屠，结余的还可用做修葺之资。

继潘凯之后，根据周忱《重修泰伯庙记》、汪琬《重建至德庙记》记载，明清两代又有况钟、汤斌两位父母官对泰伯庙进行过修缮。

宣德五年(1430年)秋七月，礼部郎中况钟奉旨任苏州知府。上任之日，府中小吏把关押囚犯的文牍呈给况钟审阅。只见文牍上赫然写着“关在大牢里的民众有一千余人”，再看案情，原来这些人尚争务胜，有的人都打了十余年官司了还在纠缠诉讼。况钟虽然断案神明，但也只得暂时将这些争讼搁置一边，他想先着手找出民风如此的根源。

第二天，况钟即率领吴地父老到泰伯庙拜谒，他一下子就看到了和潘凯所见类似的情形：“堂宇倾仆，垣墉颓圮”，官吏和民众都没有诚心供奉。于是况钟慨然长叹道：“民众都不看重德行，难怪刑讼不断啊！立德难道不是郡守的第一要务吗?”

① 古代的一种礼服。

况钟回官署后即命下属招募工人买材料把荒废的泰伯庙修葺一新,堂、室、门、庑等一应俱全,还建屋40楹,加砌了坚固的砖质围墙,不到10日工程即完工。况钟再次率领父老到泰伯庙祭祀,附近的居民和过路人看到况钟对礼让的泰伯如此虔敬,都很感叹。

况钟重视德行的做法传到狱中,犯人们都愧悔不已:"泰伯宽容得把天下都舍得礼让出来,我们却为一些琐碎的小事争斗,往后再也不能给况知府抹黑啦。"他们纷纷俯伏在庭下承认自己的错误,那些陈年旧案也很快得到了解决,没几天,狱中就几乎空无一人了。

在况钟以德服人的治理下,吴地的民风又恢复到了以"礼让"为美德的纯良情形。

日历很快就翻到了清朝,这时泰伯庙又陷入荒圮,无人修缮。巡抚都御史汤斌(1627—1687年)字孔伯,河南睢州人。顺治壬辰进士,由内阁学士擢江苏巡抚)下车伊始就到泰伯庙拜谒,庙中的破败之象让汤斌叹息不已。他下令叫工人撤除淫祠,又把拆下的材料废物利用到修建工程上。汤斌自己捐出薪俸若干银两用于修建,布政使章复(讳钦文,顺天宛平县人,由江西按察使擢布政使)也捐金若干两以补不足,县丞涂崇焜具体负责修建工程。三个月后完工时,泰伯庙内拱券、木石等都得到了加固和修缮,只是殿址比过去缩小了一些。

七月初一这一天,汤斌斋戒沐浴后一大早就率领众下属赶到庙中,举行祭祀祝祷仪式。汤斌在仪式上发表了自己的一番以德治国的见解:

尔曹亦知之乎?当勾吴之为荆蛮也,语言风俗不达于上国,惟泰伯来居斯土,然后端委以治,而二千余祀之间,文教由是始启。其末不幸有鲑(专)诸、要离之属出,而民人效之,尚气斗狠,舞剑轻死,则伯之遗风渐以衰矣!尔曹亦知之乎?今者市井鳞比,舟车纷拏,冠带文章甲于海内,伊谁之力而莫或念也。

汤斌的话还没讲完,站在他身旁的郡人汪琬就向民众作揖后重申汤斌的训谕道:"我曾经听说:'文者礼之迹也,让者礼之基也'。泰伯用文教治吴,其实是以'三让'为本:公卿在朝中互相礼让,平民百姓在市井之中互相礼让,农夫在田间相互礼让,出现争讼时互相礼让。等到以上这些情形都出现了,教化才算成功。

一旦礼教被废弃后，连锥刀之末、尺缕斗粟这些细若微尘的东西都要争抢，于是，父子相讥、妇姑相诋毁，弟兄之间也争吵不休。道德败坏到极点时，讼狱繁兴，盗贼滋炽。汤公修建泰伯庙可不是口头上说的‘至德必百世祀哉’，而是为了让大家在祭拜泰伯之后，能够惧然而思、幡然而悔、慨然而改，共同倡导吴中子弟礼让为先的风气。”

康熙四十四年(1705年)，康熙皇帝南巡，驻跸苏州行宫时，钦赐匾额“至德无名”(康熙御笔)给泰伯庙。乾隆十六年(1751年)，乾隆皇帝南巡，亦驻跸苏州行宫，钦赐匾额“三让高踪”(乾隆御笔)给泰伯庙，并命散秩大臣诚毅伯乌米泰致祭，祭文曰：

惟周泰伯，孝先体志，友更从心。值商祚之将移，早裕化家之识。望南邦而戾止，俾无立幼之嫌。熏逊让于三吴，遥开千万年之文物。泯称述于黎庶，隐启八百年之太平。叹至德于宣尼，敻乎尚矣！存古祠于唐相，风示来兹。朕时迈省方，致深怀古。睹江乡之殷庶，宜饮水而思源。申典礼于牲牷，冀备物以展敬。灵其鉴格，尚克歆承。

乾隆二十二年(1757年)，再遣工部侍郎钱维城谕祭，祭文曰：

惟尔善承先志，克振家声；庆笃姬宗绪阴，贻于文武。心存商祚境，难处于夸齐。采药而入荆蛮，爰偕同气；端委以治周礼，聿绍雄图。名称虽泯于当时，流芳雅咏；秩祀常钦于后代，殷荐馨香。朕南国重巡东吴，载莅缅怀至德。尚称三让之遗踪，遥溯高风；实启千年之文教，式循旧典。用展明禋，惟以歆承，庶其昭格。

咸丰十年(1860年)，泰伯庙毁于太平天国兵燹。同治六年(1867年)重建，光绪元年(1875年)增修，庙前有石牌坊，横额“至德坊”三字为江苏巡抚吴炳元书。

随着时代的变迁，泰伯庙也成为苏州走向现代化轨道的见证。清光绪二十四年(1898年)，湖南人马伯亥集资在庙内创办苏州德律风公司，装设24门磁石式交换机一部，实装手摇壁机市内电话12号。开放时间为上午7点到下午7点，服务对象为各官府衙门、盛宣怀住宅、商务总会、电报局等。苏州德律风公司在泰伯庙共延续了25年。1923年，德律风公司的200门磁石式总机归并阊邱坊新局。

民国时期泰伯庙亦曾增修。1952 年 10 月,泰伯庙最后一任主奉祀吴福盈将泰伯庙无偿捐给国家,后曾作为泰伯小学的校址。“文革”期间遭到破坏,到 1982 年被列为苏州市文物保护单位之时,一块牌坊、三根石柱,再加上主体建筑中唯一保存下来的后殿,就是泰伯庙的全部“家当”。

“文革”期间,泰伯庙前建起庙桥农贸市场,服务周边数万居民。近年来,在市人大代表、政协委员以及社会各界的纷纷呼吁下,“庙桥农贸市场”于 2008 年 11 月 16 日停业。政府将复原泰伯庙大殿,整治牌坊周边环境,修复庙桥,原农贸市场所在地将修建成宣传礼让之风的祭祀广场。

现在想来,泰伯是以礼让的美德赢得了吴地百姓的敬重,当时归附他的有 1000 余户人家,他本人也因教化吴地土著走向文明而被尊为吴地始祖,为后世几十代人所敬仰,泰伯可谓“欲辞富贵而富贵随之”。吴地能够富庶数千年,应归功于泰伯的“三让”,也难怪圣人孔子要夸奖泰伯能“以礼让为国”了。以德教化应该也就是泰伯庙历时两千年而屡废屡兴并能尽享供奉的主要原因,但愿今人也能在祭拜泰伯庙时,从泰伯的“礼让”中汲取到对自己有益的精神营养。

苏州城隍老爷春申君

苏州百姓将寺庙道观里供奉的神像，除了观音菩萨等少数耳熟能详的以外，不管佛教、道教，一概统称为“老爷”。城隍庙里的神像被称为“城隍老爷”；土地庙里的神像被叫做“土地老爷”或“土地公公”。不管“城隍老爷”还是“土地老爷”，都是百姓心目中的地方守护神。

功成名就封吴地　惠及百姓获庙食

春申君黄歇

苏州的“城隍老爷”叫春申君①，唐《吴地记》中记有“城隍庙，其初春申君也”。春申君的大名叫黄歇（前314—前238年），是战国时期楚国贵族，曾四处游学，见识广博，擅长舌辩。考烈王即位（前262年）后，任黄歇为令尹（宰相），封春申君，赐予淮北十二县为封地。黄歇为人豪爽，有远谋，与齐孟尝君、赵平原君、魏信陵君并列，人称“战国四公子”。春申君礼贤下士，宽厚待人，门下有食客三千。考烈王十五年（前248年），在辅佐考烈王实

① 苏州境内的“城隍老爷”，除了春申君外，还有李明。嘉庆《黎里志》卷二记载：“昭灵侯庙，一名城隍庙，又名禊湖道院。在禊袴湖中央，祀唐李明。按：李明系唐太宗第十四子，善飞白鸟迹书。初封曹王，后为苏州刺史，有惠政。唐先天二年（713年），敕立祠。唐末，淮兵围苏，吴越钱氏祷于祠有应。这件事被皇帝知道后，皇帝封昭灵侯并为之建庙。宋元间，俗传侯为城隍神，故又名城隍庙。”

现了楚、魏、赵“合纵”抵抗强秦,并北伐灭鲁后,黄歇提出了改封吴地的请求,这时吴地已并入楚国版图,考烈王允准。黄歇在吴故都修筑城阙、宫室,盛极一时,至今吴地还有许多春申君的遗迹。

据宋朱长文《吴郡图经续记》记载,朱长文时期的苏州太守居所原是春申君之子为假君治理吴国时的宫殿,因数度失火,便涂以雌黄,故被称做“黄堂”。据传,为假君的吴宫在秦朝时尚存,守宫的小吏拿着火把查看燕子窝,致使吴宫失火被毁。朱买臣羞辱前妻旧事即发生在此处。朱买臣休妻的故事讲的是汉代苏州藏书镇的朱买臣被耐不住贫穷的妻子抛弃后,因庄助的推荐被提拔为会稽太守,吴地也是他的管辖范围。发迹后的朱买臣用马车载着已改嫁的前妻到太守居所,把她置于园中供给饭食,一个月后,前妻羞愤得自缢而死。多年后,司马迁编《史记》到吴地探访春申君的古迹和事迹时,看到春申君的遗宫如此辉煌,发出了“吾适楚,观春申君故城,宫室盛矣哉!”(见《史记·春申君列传》)的感叹。

春申君黄歇在吴地虽然只有短短的10年时间,但他精于治水,重视发展农业,特别是浚治了吴淞江,开河修渠,兴利除患,对江南的发展贡献很大。他还治理了黄歇浦(该河即以春申君名而得名,明代起称黄浦江),拓浚河道,“治水入江,导流入海”,使黄歇浦成为太湖入海的主要通道,故而黄浦江又名“申江”“春申江”“歇浦”“申浦”,上海也因此而简称“申”。吴淞江为春申君所治,故而名为黄浦。在上海境内有黄歇村、春申村、春申桥、春申塘,在江阴有山名黄山(君山)等。相传,浙江吴兴的黄浦、江苏江阴的申港河和黄田港均与春申君黄歇有关。苏州相城区黄埭镇,相传也因黄歇在此以土掩水筑成堰埭,后人为纪念黄歇而得名。而且黄埭乡有春申君庙,乡人已将春申君作为社神来祭祀,一定是因为他对当地有功,才得以庙食千秋。

国君无后使“妙计”　祸起萧墙遭灭门

战国时期,楚国在相国黄歇的辅佐下,一度十分强大。国君考烈王拥有众多的妃子,却皆无所出,楚王因为无后而终日闷闷不乐。

春申君有一个门客叫李园,深得春申君的信任。李园的妹妹李嫣美貌无双,李园就想把她嫁给考烈王,以谋求高官厚禄,却又苦于没有进贡之门。于是,他设

法将妹妹嫁给春申君，想通过春申君再将妹妹献给考烈王。春申君不知是计，在李园的怂恿下纳李嫣为小妾。不久，李嫣就怀上了春申君的孩子。一日，李嫣对春申君说：“楚王无后，百年以后必由其兄弟继位，妾以为对夫君大不利。妾已有身孕，不如将妾献给楚王，将来如能生下男孩，不就是你的儿子继承王位了吗？”

春申君觉得李嫣言之有理，于是依计而行，将李嫣献给了考烈王。李嫣进宫后生下一子，被立为太子。母以子贵，李嫣被立为王后，李园也如愿以偿地获得了高官厚禄。

李嫣是怀着身孕进宫，犯有欺君之罪，一旦被发觉，将满门抄斩。李嫣与李园整日如坐针毡，想来想去，觉得只有杀掉春申君才能永远保住这个秘密。于是，兄妹二人开始设计杀人灭口的计划。

一天，有一个自称朱英的人秘密求见春申君，他对春申君说：“相国，天下有意想不到的富贵、意想不到的祸害和意想不到的人，您相信吗？”春申君见他问得奇怪，便道：“愿闻其详。”朱英正色道：“相国辅佐楚王多年，朝廷内外无人敢不听相国之命。楚王年老体衰，将不久于人世。无论相国册立新主或取而代之，都不会有人敢提出异议，这可以说是意想不到的富贵。相国昔日的门人李园身居高位，今非昔比。在下以为，李园窥视相国之位已非一日，必欲将相国除之而后快，这可以说是意想不到的祸害。在下不才，然能预测未来，相国如封我为郎中将，我将为相国除去李园，在下可以说是意想不到之人。”

春申君一听，认为朱英是变着法子来要官的，他根本不相信受过自已很多恩惠的门人李园会对他不利。朱英见无法说服春申君，为了自保，连夜出走，不知所终。

17天后，楚考烈王死了。春申君入宫吊唁，被李园预先埋伏在宫里的人杀死，残忍的李园还割下春申君的头，当球一样踢来踢去。他甚至一不做、二不休，闯入春申君家，将其一家老小全部杀害，以免后患。之后，李园立妹妹李嫣所生太子为新楚王，即楚幽王，李嫣为王太后，李园自任相国。

生为吴地免水患　死为城隍永奉祀

春申君对吴地民众有恩，吴人为纪念春申君的功绩，曾在各地建祠庙供奉。

苏州城内祭祀春申君的地方现存有两处，一处是王洗马巷的春申君庙，另一处是景德路东段的府城隍庙。但是，最初供奉春申君的城隍庙，并非在这两处。

唐代，春申君即被作为苏州的城隍神供奉在府城隍神庙。据《吴郡志》卷十二记载，唐代时，春申君庙即城隍神庙，在子城内西南隅。《宋平江城坊考》引洪武《苏州府志》的记载：距离长洲县县衙西北两百步远就是旧城隍神祠。唐天宝十年(751 年)，采访使赵居贞修庙立碑，碑背面有"梁贞明五年刺史钱传璙重修"题名字样。宋宁宗嘉泰三年(1203 年)，张岩以祈晴得到应验，奏请封城隍神为忠安王。四年正月，敕书封城隍神为忠安顺应王。嘉定九年(1216 年)、十年相继发生大旱和蝗灾，祈禳又得到灵验，应沈皞的奏请，八月加"威显"二字，于十一年春正月敕书送抵吴郡，官僚带着伎乐在城外驿亭隆重地将之奉迎入庙，"垂日之旦，有庆云，或丹或黄，华采粲丽，状如龙鳞凤羽，纷郁轮困，凝结逾时"，看到这一奇景的人都认为是吉兆。宝祐三年(1255 年)八月，敕书加封"英济"，城隍神便成为忠安顺应威显英济王。明正德《姑苏志》进一步明确称："春申君庙，在子城内西南隅，祀楚黄歇也。唐天宝十载，郡守赵居贞重修，自唐以来祀为城隍神，今废，惟东城土社神犹称春申君云。"又云："春申君庙，在练塘市，宣德七年重修，翰林检讨陈璲记。"

从上述文献所载方位上考证，旧城隍庙当在今平桥直街西侧、长洲路苏州市职业大学(原长洲县衙)北面不远处。元末时毁于兵火。到了明初，已经在别处建有新庙。正德年间(1506—1521 年)，春申君又成为苏州东城土社神，且在练塘设有专庙祭祀。

到了明末，苏州各县甚至大的集镇都有自己的城隍庙，城隍神亦以春申君为主。据崇祯《吴县志》记载，苏州城里的"春申君庙在钱驸马桥南"；又收录周南老《春申君庙》诗一首：

筑居故吴墟，封邑遂有吴。邑民严庙祀，高宫俨冠裾。
说秦归楚嗣，子时多智谞。相楚夸豪雄，得君良有初。
胡为惑宠嬖，用计计益疏。谓彼毋望人，英也其置诸。

清初，乾隆《苏州府志》称："春申君庙在王洗马巷"。道光《吴门表隐》云："春申君庙，向在子城内，明洪武四年移建王洗马巷。神姓黄名歇，封凤凰乡土谷神，八月十八日神诞。庙本湫隘，康熙间郡绅顾藻廓地重建，内有朱舍人英、张巡司二神袝。左皂王振，颇显应，民间失物者祷而寻之，屡验。一在铁瓶巷，最古；一在娄门外太平桥傍，有罗城土地堂；一在六直镇。”由此看来，春申君庙移建王洗马巷是在洪武四年（1371 年），原来在“子城内西南隅”的旧城隍神庙就逐渐废掉了。但是在铁瓶巷、娄门外太平桥傍和六直镇（今甪直）又同时存在着供奉春申君的庙宇。

关于铁瓶巷内号称“最古”的春申君庙，《红兰逸乘》云：“春申君庙，在铁瓶巷中。神像之旁有皂班曰尹阿爹，乾隆年间人，为吴县伍伯者也。或云姓王，生平正直好义，已诺必践，殁而塑像。人家有失物者，往祷祀以烧酒、腐干，并书失物之本末，粘其竹爿，则夜间窃物者必受责挞。”民国《吴县志》称：“春申君庙……一在铁瓶巷，最古，称古春申君庙，今尚存。”连庙中神像之旁的“皂班”都很灵验的铁瓶巷古春申君庙，不知什么缘故，后来却无声无息地消失了。

苏州府城隍庙牌楼

王洗马巷的春申君庙屡有兴废。民国《吴县志》称：“春申君庙在王洗马巷……乾隆间再建，咸丰十年毁，同治五年重建。”《苏州市志》卷四十九“文物”记载：“庙前有照墙，两株古银杏左右耸峙，树龄 200 岁以上。庙门 3 间朝南，上层为戏楼。戏台朝北伸出，4 米见方，下承方石柱，上覆歇山顶，双戗飞翘。檐下置牌科，配牡丹纹花板，额枋雕云龙纹饰。内部有八角形彩绘盘龙藻井。两侧有看楼（东楼已毁）。面对戏台有前后两进殿堂，均为硬山顶，面阔 3 间，高与戏楼相仿。此外还有附房若干。”现存大殿、戏褛、二殿、厢房、道舍等建筑，占地 8261 平方米，均为 1990 年苏州市道教协会重新修复，是苏州道教界举行宗教活动的主要场所之一。

至于今景德路口的府城隍庙，据《红兰逸乘·古迹》记载，此处原来是三国时期东吴大将周瑜的故居，“吴周公瑾故宅，至宋为雍熙寺，又明时分其半为吴郡城隍庙，庙中掌库神祀陆伯言：庙外俱明广孝阡也”。明代弘治、嘉靖，清顺治、康熙、乾隆年间屡经修葺。咸丰十年（1860 年）仪门毁，同治十二年（1873 年）重修。府城隍庙的东西两翼在明万历二十三年（1595 年）分别创建为长洲县城隍庙和吴县城隍庙。1956 年被公布为江苏省文物保护单位。1958 年以后，城隍庙被工厂占用。1995 年，将阊门外原宝莲寺大殿移建至寝宫遗址上。2004 年，城隍庙经过修复重新开放。

承天寺及圣姑庙

在人民路接驾桥西、东中市东段北侧，有一条南起东中市、北至保健路的巷子，叫承天寺前。这条并不起眼的巷内曾经有过一座非常有名的寺庙——承天寺。该寺原木想叫重云寺的，因为笔误而名重玄寺，始建于梁代。对此《吴郡图经续记》“寺院”是这么记载的：承天寺，在长洲县西北二里，相传是梁时陆僧瓒故宅，因看到家宅上空祥云重重，陆瓒便请求舍宅为重云寺，梁武帝欣然同意，并赐匾表示嘉许，匾额题为“大梁广德重云寺”。在奏章转抄上递的过程中因为一个偶然的小差错，“重云”被误写为“重玄”，于是将错就错叫成了“重玄寺”。唐代诗人韦应物曾经到过重玄寺，并留下了诗作《登寺阁》：

时暇陟云构，晨霁澄景光。始见吴都大，
十里郁苍苍。山川表明丽，湖海吞大荒。

吴越钱镠时对该寺大加缮葺，重修后的重玄寺殿阁崇丽，前列怪石。寺中有永安、净土禅院、宝幢、龙华、圆通教院等 5 座别院：所谓宝幢者，旧曰药师院，昔有钱唐僧道赞者，作紫檀香百宝幢，覆以殿宇。翰林晁迥等 23 人承旨为之作礼赞。寺中又有圣姑庙，吴人于此求子还挺灵验。

梁武帝

圣姑庙因为颇为灵异，也被称为灵姑庙。庙中供奉的是舍宅为寺的陆僧瓒之女。陆僧瓒这一支陆氏是齐宣王小儿子的后裔，到了汉代有陆烈在吴地为官，又被提拔为豫章都尉，吴地百姓感念他的德政，将之迎葬在胥屏亭。陆烈这一房的子孙于是落户在吴地，后世中多有为官者：烈生襄，赍令盱眙，生本州从事鸿，鸿生渤海太守建，建生本州从事晔，晔生御史中丞、京兆尹璜，璜生弘农都尉文，文生亲，亲生颍（颍）川太守、尚书令闳，闳生桓，桓生扬州别驾续，续生褒，褒生吴城门校尉纡，纡生九江都尉、太学博士骏，骏生选，选生尚书瑁，瑁生颖，颖生海虞令濯，濯生汉公，汉公生冽，冽生本郡从事元之，元之生高平相、员外、散骑常侍英，英生晋侍中太尉、兴平康伯玩，玩生五兵尚书、侍中始，始生秘书监侍中万载，万载生宋东阳太守子真，子真生齐南兖州刺史惠晓，惠晓生梁太常卿倕，倕生卫尉君——总共28世，冠冕不绝，都因德才兼备而被载入史册。

自兴平康伯至秘曹监父子兄弟五世、内侍嘉祥积庆挺生慧感夫人（即圣姑）。慧感夫人生前为人严谨贞洁，去世后通于神明，而且非常灵验，朝廷对她也以礼相待，给了不少荣誉。

陆僧瓒之女终身未嫁，就在重玄寺中料理事务。去世后，在重玄寺的东庑立有她的祠堂。开宝（968—975年）中，因在大风中托梦拯救吴越忠懿王所乘之船而被封感应圣姑。元符元年（1098年）夏，吴中大旱，官员们到各个寺庙祈雨都没有效果。地势稍高的田地颗粒无收，很多百姓都饥渴而死。一些商贩遂以贩水为生。到第二年春夏之交，江河水位低得舟船都无法通行，苏州城里的沟渠也均已淤塞。天气又闷又热，很快发生了瘟疫。知州祝安上听说圣姑庙灵验后，马上斋戒沐浴到圣姑庙致祷求雨。不一会儿，重玄寺中的僧侣说，神灵已经暗示马上就要降大雨了。众人抬头一看，天色并无动静，只得怀着将信将疑的心情快快地回到斋室休息。刚一坐定，就听得有人大叫道："天上乌云翻滚！"转瞬间，大雨滂沱，苏州老幼一片欢呼。从此，圣姑对民众的心愿是有求必应，被苏州百姓当做观音大士的化身，朝廷见其解难有功，诏封其为慧感夫人，后来又加封慧感显祐善利夫人。

《吴都法乘》中收录了范成大所记慧感夫人的三个灵验故事。

第一个故事是提醒祝安上及时避难的。祝安上在任苏州知府期间供奉圣姑非常虔诚，因此每逢发生水灾和旱灾时，只要祝安上祈祷，很快就会应验。后来祝

安上被提拔到台州任太守，行至钱塘时，他本打算一早就渡江，可是到了夜间却梦见一白衣妇人对他说道：“来日有风涛之险！”惊醒后祝安上惊奇不已，终于没有敢贸然渡江。到了次日中午，果然飓风倏起，几十艘船都被风浪打沉，而祝安上得以幸免。

第二个故事是关于圣姑显灵惩罚小偷的。有一天傍晚时分，小偷到圣姑祠中窃取旗幡，到了早晨，庙祝进门却看到有一个人身上缠着旗幡在大殿内走来走去，把他抓住后质询，那个人答道：“我是小偷，我记得半夜时候已经逃出去了，而且也已经回到自己家了，可是现在我也不明白我怎么又回来了。看来是神灵发威，让我受这种惩罚！我不敢不服罪啊！”

第三个故事是提醒市民及时躲避战火的。南宋高宗建炎年间（1127—1130年），金兵南侵，即将攻到苏州城。有个市民平时供奉圣姑非常虔诚，圣姑就托梦告诉他：“城将陷矣！速为之避。”她还叮嘱这个市民千万不要把这个秘密告诉其他人，因为按照佛家的所谓劫数之说，其他人是在劫难逃的。过了没几天，金兵果然来攻打苏州城，在苏州发起了恶战。

乾道三年（1167年）秋，苏州发生旱灾，苏州百姓向圣姑祈雨得到了灵验，父老顾安时把这件功德上报给朝廷，朝廷加封圣姑为慧感显祐善利夫人。

慧感夫人如此灵验，又如此怜惜百姓，一时间，不但普通百姓对慧感夫人顶礼膜拜，就是地方官员、文人乃至僧侣对她也是深信不疑。有的官员为了求老天停止降雨，冒雨在危急的防洪大堤上向天叩首，虔诚得甚至不惜舍弃生命。

到了宋初，重玄寺曾改名承天寺，到宣和年间（1119—1125年）因禁用“天”字，而改称能仁寺。这次改名实际是个闹剧，《吴都法乘》所收录龚明之《易承天为能仁寺》详细记载了这桩荒唐故事。当时的户部干当公事李宽、给事中赵野等几位官员一时心血来潮奏明圣上，提出来在寺庙、桥梁乃至普通百姓的人名中，大凡有“君、皇、圣、天、龙、王、主、玉”等字的，要一律改掉，对“犯而不改”者要判重罪。如果桥梁有像龙形的，也要一律凿去。有一个太守曲意奉行李宽们的荒唐决定，命人把所有寺观中的藏经全部翻出来仔细检查，要求将藏经中出现的那8个禁字一律剪去。蹊跷的是，这件事做了没多久太守就死了。龚明之在太学的同舍陈朝老直言对龚明之道：“这是无君、无天之兆，是非常可怕的！”

据孙觌所撰《能仁寺重铸钟铭并序》，太平兴国之初年，平江节度使孙承祐为寺院铸了口大铜钟，还特意加造了一栋三层高楼来存放这口钟。建炎庚戌（1130年），金兵攻陷苏州，能仁寺包括大钟在内一夜之间都被战火焚毁。南宋绍兴癸丑（1133 年）修复，寺中僧侣合力化缘筹款，重铸铜钟。

到元代时能仁寺改称承天能仁寺，据说因为寺前有两个土丘，故又名双峨寺，当时寺内有一尊无量寿佛铜像。元末，张士诚攻占苏州，一时找不到合适的地方做王府，他见寺中建筑庄严，装饰华丽，便将此寺作为临时王府。

至元元年（1264 年）冬十二月，破败荒凉的能仁寺已经只剩下无量寿佛铜像及盘沟祠、灵祐庙了。至元四年年底，能仁寺从庐山请来高僧南楚悦任住持。南楚悦来能仁寺时正值严冬，他只带了一些衣服、坐具和一个布袋。南楚悦到寺中后即召集工匠首建大殿，"殿楹之高百三十尺，其大围十有五尺，广加其修若干尺，厚栋修宎，曲栾方粢，咸以楹称。楹之表，上至屋极又若干尺。修去其崇若干尺，广加其修若干尺。像设绘事，种种庄严，傅土设色，皆出国工之手。殿之后，有万佛阁，其楹加于殿楹三十尺。阁为间五，而东西朵楼为间四，隆其中而杀其旁，纵横修广，各中于度。其上列十五大莲华，一华一佛一二华瓣，亦各有佛，以足万数。下施机轮，可以运转。奇诡殊特，昔所未睹。范铜为巨钟，至万八千斤，比旧加三之一。"可惜，南楚悦规划中的无量寿观世音、护伽蓝神、三小殿及演法、集僧堂、三门两庑、厨房、库房等寺庙中的必备建筑尚未完工，他就转到杭州径山修炼去了。

至正四年（1344 年）秋九月，高僧明雪窗从虎丘转到能仁寺任主持，明雪窗（？—1352 年）是松江人氏，有较高的艺术修养，尤善画兰，在元代有"家家恕斋字，户户雪窗兰"的盛况，所著《画兰笔法记》一书今流落在日本。明雪窗多方筹款，先后建造了非常宏丽的大殿、穹阁、藏经楼、钟楼以及诸殿堂。经过明雪窗的修缮，能仁寺"天神环绕，力士翊扶。幡盖香云，缤纷蒙蔽"，善男信女到此，"莫不目眩心骇，争投钱币以助胜缘"。明雪窗按照南楚悦的设计修建能仁寺，可谓前规后随，事半功倍。至正七年（1347 年），明雪窗以年迈多病转到虎丘东庵修炼。九年春三月，在行中书省右丞石岩等的劝导下，明雪窗又回到能仁寺任住持，这次他主持增饰万佛，创造四臂观世音、四天神王、护伽蓝神，补画正殿之八十四龛、庑下之三十三参，"杇墁瓴甓，缜壮砻密。髹彤金碧，绚耀华美"，厨堂库院什器之需也

是纤细毕备。至此,南楚悦没来得及做的所有工作在明雪窗时期全部完成。

但是岁月沧桑,未及百年,能仁寺又破败不堪。于是地方官举荐南印定主持寺中事务。南印定道:“我一定会让能仁寺像当初一样美轮美奂。”于是筹资开工,乐善好施者所捐钱财也源源而至。先修大阁,塑佛像若干,再葺经、钟二楼和无量、观音二殿,修建沟殿、大殿,在三门塑四天王像,在两庑画五十三参像,所有塑像和画像都用旗幡作装饰,金碧辉煌,观者恍入仙境。南楚悦、明雪窗和南印定都是得道高僧,却亲力料理庙中建筑事务,可谓功德无量。

张士诚将寺改作王府后,还在寺旁建立东西两个行宫,取名“东海岛”和“西海岛”,不知他这样做是不是因为在寺中受佛教文化熏陶的缘故?至今,那里还保留着这两个不知其历来的地名。

到明朝洪武初年,张士诚兵败被俘、自缢身亡后,能仁寺又得以恢复为寺,并改名为承天寺。宣德十年(1435 年),巡抚侍郎周忱建赐经阁。正统八年(1443 年),一夜火灾让承天寺“荡然无存”。成化十年(1474 年),僧道泽戒昌以针刺破手指写下血书《法华经》,发誓要重建能仁寺。他的诚心感动了大批信徒,善款纷至沓来。工程很快在当年七月丙辰启动,6 年后终于完成,新建的承天寺“高广深阔,一如旧制。凡所像设,亦无不备”。万历(1573—1619 年)初,僧圆觉募建大殿不果,优婆塞(在家信佛、行佛道并受了三归依的男子)性仁募建西方殿。

明代中期以后社会风气走向奢侈淫靡,寺内的僧侣也受这种社会思潮的影响,逐渐变得不再恪守清规戒律。自从张士诚的奢靡王府被恢复成寺庙之后,承天寺便以造酒为业,寺里都是来自吴江的出家人,他们常年以寺为家,其他地方的信徒再也无法入寺为僧。这些来自吴江的出家人“日事酒肉,引诱妇女”,却并不念佛诵经,修炼佛道。康熙己巳(1689 年)夏,照山房有个叫贤言的僧人把妓女张文带入寺中嫖宿,与小僧静朗争奸致讼。巡抚都御史洪之杰查明案情后,将他们绳之以法,并将寺中其他僧侣尽皆驱逐出寺。当时有很多县学生请求拆除承天寺,并建议把拆下的材料用来建试院。洪之杰表示这是千年古刹,没有准允学生们的要求。康熙二十八年(1689 年),承天寺遭到官府查封,就此衰败无闻。三十一年,吴县知县张嶐以“屋宇空闭,恐致颓废”申请同意租赁给百姓,每年收来的房租则供给医局、社学,作公益之用。到同治年间,僧涌莲重建承天寺,那是后话。

西海岛二弄

到民国时，承天寺更加荒圮。20 世纪 50 年代，承天寺曾作为花线厂厂房，这时已经无人提起它的辉煌了。

不过，1995 年版《苏州市志》还是记载了该地遗存的几个地名，东海岛有 3 条分弄：东海岛一弄，西接东海岛三弄；东海岛二弄，南至大铁局弄，西转至承天寺前；东海岛三弄，东至人民路，西至承天寺前。《平江区志》也有类似记载，西海岛有 5 条分弄：西海岛一弄，东接承天寺前；西海岛二弄，东接西海岛；西海岛三弄，东接西海岛；西海岛四弄，东接保健路；西海岛五弄，东起保健路。以上这些地名默默地诉说着承于寺曾经的沧桑。

郑思肖与“铁函心史”

宋遗民郑思肖《游承天寺》云：

野梅香软雨新晴，来此闲听笑语声。不管少年人老去，春风岁岁阖闾城。

郑思肖即郑所南，看得出来，此人经常光顾承天寺，他与承天寺还确实有着很深的渊源。话说崇祯十一年(1638 年)冬天，苏州大旱，住在城里的民众只得买水喝，井中之水也接近干涸，人们到处争相找水。不经意中，在承天寺的枯井中挖得一只铁函，外面写着“大宋铁函经”数字，打开一看，内书“大宋孤臣郑思肖百拜封”字样，打开被白石灰封得严严实实的包裹，原来里面是一本叫《心史》的书，这就是有名的“铁函心史”。陈宗之在《郑所南先生藏书井记》中记载道，《心史》虽在地下埋藏了 356 年，可是墨色犹新，芳香依旧，仿佛有神在保护它似的。于是，苏州的一位长者陆嘉颖开始到处传播此书，不少官员和名士都争相为之题款，并抄录收藏。有个叫张邵的诸生把《心史》献给了江苏巡抚都御史张国维。张国维仔细阅读后非常欣赏，亲自带头捐出薪俸把《心史》付诸出版，还在挖得《心史》铁函的那口枯井旁边立了碑。张国维还打算修建祠堂供奉郑思肖，并表彰其后人。

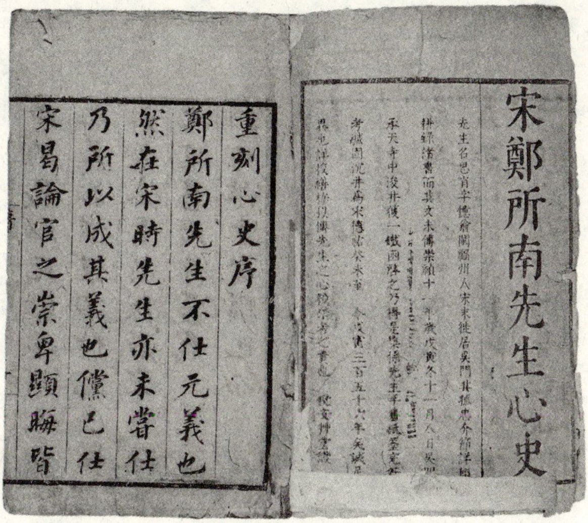
宋鄭所南先生心史

重刻心史序
鄭所南先生不仕元義也
然在宋時先生亦未嘗仕
乃所以成其義也儻已仕
宋畧論官之崇卑顯晦皆

郑思肖《心史》书影

明末遗民顾炎武似乎心有灵犀，在得知承天寺出土了《心史》后，于感慨之余写下了《井中心史歌》：

万古此心心此理，千寻幽井置铁函。百拜丹心今未死，厄运应知无百年。

得逢圣祖再开天，黄河已清人不待。沈沈水府留光彩，忽见奇书出世间。

又惊牧骑满江山，天知世道将把覆。故出此书示臣鹄，三十余年再见之。

同心调复同时，陆公已向崖门死，信国捐躯赴燕市。昔日吟诗吊古人，幽篁落木愁山鬼。呜呼！蒲黄之辈何其多①所南见此当如何？

《心史》的作者郑思肖究竟是何人？为什么《心史》出土后会如此轰动？

郑思肖，字忆翁，号所南，福建连江人。祖父郑咸，卒于枝江主簿任上。父亲郑震，字叔起，宋淳祐年间（1241—1252 年）道学君子，曾经当过安定与和靖这两个书院的山长，有《菊山诗集》传世。景定壬戌年（1262 年），郑思肖 22 岁，其父郑震在苏州去世，被葬在长洲县甑山。郑思肖是太学的一名上舍生，应博学宏词科。他是为了侍奉父亲才来到苏州的，先是住在苑桥，后来又搬迁至条坊巷，在苏州曾住过黄牛坊（今黄鹂坊）、采莲巷、仁王寺、双板桥、望信桥（今望星桥）等处，生活

① 指宋末降元的蒲寿庚和黄万石，被明朱元璋下令永世不得为官。

郑思肖像

虽然清贫，但不改青云之志。元兵南下进犯期间，郑思肖曾向太皇太后和幼主递交奏疏，疏中言辞耿直，急切的家园之忧直露无遗，他也因此得罪了当权者，当权者将郑思肖的奏疏隐匿下来，并未上报。

郑思肖原名并非“思肖”，宋亡后才改此名。思肖即思赵（“赵”的繁体字“趙”内有“肖”字），他的字“忆翁”与号“所南”都蕴含着怀念宋朝和一心指向南方的寓意。因为念念不忘旧君，郑思肖终身未娶，孑然一身。他经常通过吟诵诗文表达自己的故国之思，如《过徐子方书塾》有：“不知今日月，但梦宋山川”；《题郑子封寓舍》有：“此世但除君父外，不曾别受一人恩”。《寒菊》云：“宁可枝头抱香死，不曾吹落北风中”；《赠人》云：“天下皆变，吾观其不变，惟其不变，乃所以变其变者，物也。不变者道也。”又如：“古人重立身，今人重养身。立身者盖超乎千古之上，与天地周流于不知不识之天也。养身者惜一粟以活，征命役于万物，死于万变者也，何足道哉！”

每到夏冬举行祭祀活动时，郑思肖都到野外痛哭着向南而拜，而且只要一听到北方口音，郑思肖必定捂着耳朵飞跑着离开。一开始很多人都不理解他的这种奇异的行为，时间长了，人们也知道他言行孤僻，就不以为异了。郑思肖有个习惯：无论是坐还是卧都不会朝北向。他自始至终念念不忘宋朝，还隐晦地给自己的住所题匾额“本穴世界”，因为“本”字下部的“十”放到“穴”的中间就是“宋”字，将新构建的两个字连起来就是“大宋”二字了。

郑思肖才华独具，尤擅画墨兰，但是自从宋朝被元取而代之以后，他画兰就不再画土根，兰花也就变得孤零、无所凭藉。有人见他总是这样画兰，就问原因，郑思肖悲叹道：“国土都被番邦夺去了，难道你不知道吗？”郑思肖还有一个奇处：如果他不想把画作送给对方，即使对方拿权势来逼迫他就范，也是徒劳无益；而对于一些和他看法一致的人，哪怕是普通平民，他也会欣然赠画给对方。

杭州天目山的中峰明本法师在禅林中德高望重，他仰慕郑思肖的名声，前往求见却未果。有一次,因为一个偶然的机会,他在孝子梅应发家见到了郑思肖,两人见面各自都默默不语。对坐了很长时间后,中峰法师忽然问道:“所南先生为何不说法?”思肖道:“两眼对两眼,无法可说。”等到分别时,明本又道:“博学老子。”思肖即应对道:“世法和尚。”

墨兰(郑思肖绘)

元朝初年,宋太祖赵匡胤十一世孙、秦王德芳之后赵孟頫才名重于当世,可是郑思肖却不以为然,他认为赵孟頫身为赵宋宗室却在元朝为官,非常可鄙,因此坚决拒绝与赵孟頫交往。赵孟頫曾经好几次去他家等候,想跟他见面,终不得见,只得叹息而去。

郑思肖嫉恶如仇,但并非铁石心肠之人,他曾经把自家房子卖掉,所得之款项用于救人所急。为数不多的一些田地大多也舍给了寺庙,只留下数亩田供给自己基本生活所需。他根本就不为家室所累,还常对自家的佃客说:“我死之后这些田地就归你所有了!”

也正因为此,郑思肖根本就居无定所,他潇洒地游遍了吴中的名山、禅室、道宫,苏州城里的万寿、觉报两寺成了他的安身之所。

自宋朝亡国之后,郑思肖一直过着和尚道士一般的生活。他自称三外野人,曾经著有《大无工十空经》一卷,书名含义依旧是怀念大宋故国:“空”字去“工”而加“十”为“宋”字,即《大宋经》。这本书的内容奇异生涩,读来如同猜谜语,后世几乎没有人能读懂。郑思肖还在书后自题道:“臣思肖呕三斗血方能书此,后当有巨眼识之。”他还著有《释氏施食心法》一卷、《太极祭炼》一卷、《谬余集》一卷、《文集》一卷、《自叙一百二十图诗》一卷。

晚年病重时,郑思肖叮嘱好友唐东屿:“我就要死了!还得麻烦您给我立一个牌位,上面写上‘大宋不忠不孝郑思肖’。”语讫而绝,享年 78 岁。也许郑思肖认为自己没有为国捐躯可谓不忠，又终身未婚、没有子嗣可谓不孝，他在给自己的画像题赞中写道："不忠可诛，不孝可斩，可悬此头于洪洪荒荒之表，以为不忠不孝之榜样。"

张士诚与承天寺

据民国《吴县志》"寺观"条记载，"承天能仁禅寺，在皋桥东"，至正十六年（1356年），被张士诚据为王府，二十二年（1362年）复为寺。承天能仁禅寺中有千佛阁，阁中木上都凿有"万岁阁"三字。《隆平纪事》说"万岁阁"三字有来历。因为在此之前浙江发生灾害，要求苏州方面将所有木料都登记造册，由官府出资收购赈灾，恰巧能仁寺中存放了好多准备建造楼阁用的大木，为了应对官府的搜罗，寺中僧人发挥才智想出了一个法子——在大木上凿上"万岁阁"三字，官府见木上有这三个字，吓得不敢征购。一直到楼阁建成，木头上的字依旧还保留着。到张士诚据能仁寺为王府后，就把这三个字作了阁的名字。

《隆平纪事》所记"万岁阁"往事似乎是要表明冥冥之中有天意在。其实张士诚看中能仁寺的原因很简单：至正初年南楚、雪窗两大住持苦心经营后，能仁寺的规模达到了空前绝后的境界，这一点可以从元代黄溍撰《平江承天能仁寺记》中得到证实，草莽出身的张士诚，见到如此恢弘华丽的建筑群，怎能不动心呢？据以为王府，也就理所当然。既然能仁寺改做了王府，寺中菩萨当然就得让道，据明代吴宽《平吴录》记载，至正十六年（1356年）丙申二月，张士诚"以淮东大饥，谓惟吴中富庶，可以建国"，带领3000士兵入娄、齐二门，"郡人杨椿力战而死"，镇将脱寅吓得脱逃藏匿在娄门十八营的杂草丛中，被张士诚军队所杀。那个时候正是吴中全盛时期，库中兵器和钱谷堆积如山。张士诚攻占苏州城后，即以承天寺为王府。他命将士将寺中佛像推倒，自己据坐在大殿上，又向屋梁上射了三支箭，改称平江府为隆平府，还成立了枢密院。

对张士诚据能仁寺为王府一事，陶宗仪在《南村辍耕录》（见于乾隆《苏州府志》"杂记二"）中记载了一个南楚悦预言能仁寺的小花絮。承天寺遭火灾，屋宇被焚毁殆尽后，南楚悦住持在善男信女的资助下，大兴土木，将被毁坏殆尽的能仁寺修复一新。寺中金碧辉煌，尤其引人注目。当时有人劝南楚悦在梁上题字，南楚悦没有同意,并且还若有所指地说道:"当有俗人来暂居!"。南楚悦可谓一语成谶。果然没过多久,张士诚率部据能仁寺以为宫,寺中佛像悉数毁坏,兵士们还把铜观音熔化了改铸为钱。

陶宗仪(1321—1407年),字九成,号南村,浙江台州人,相传是东晋陶渊明的后代。大约在元至正八年(1348年)前后,陶宗仪携全家避乱到华亭(今上海),他在当地买地结庐,名曰"南村草堂"。陶宗仪勤于读书,勤于写作,总是随身带着笔墨,即使是下田劳作也不例外。辍耕在树下休息时,他就记下收集到的各类史料、文献、资料以及社会传闻、读书心得等,将稿子贮存在瓮中。前后写了10年,积了10瓮稿子。后来陶宗仪在学生的帮助下,把这10瓮稿子抄录整理成书,共30卷,名《南村辍耕录》。书中所记多为作者耳闻目睹之事,较为真实,经常被研究者引用。因此,陶宗仪所记张士诚在苏州将铜观音熔铸为钱的事情应该是可信的。

天佑通宝

据说,张士诚在苏州铸的钱是"天佑通宝","天佑"年号与宫室承天寺正好互相呼应。"天佑通宝"沿用了当时通行的至正钱的形制,面文楷书端庄,边廓齐整,小平到当五,共四等,比至正钱少了当十钱。天佑钱背文用篆书记值,标有篆文"一""贰""叁""五"等字,分别表示小平、折二、折三、折五。天佑通宝钱铜色多见偏红的青铜,可能与熔铜佛铸成有关;也偶见铜色偏白的,铜质特别细腻,民间称白铜天佑钱。天佑通宝钱本身发行就少,再加上朱元璋的搜缴销毁,所以传世不多,尤其是背穿上有"贰"字者更加难得,属极罕见品。需要提醒的是,唐朝末期昭宗李晔年号为"天祐",但"祐"字偏旁不是"亻",因此,此"天佑"非彼"天祐"。

《南村辍耕录》中还有一则关于张士诚的记载也很有意思,与《隆平纪事》类似,似乎张士诚起兵之事在事发前已有预兆。这个故事也被收录在了乾隆《苏州府志》杂记中。至正壬辰(1352年)春,有人在苏州古城基内掘得一碑,碑上有文字为:

三十六，十八子，寅卯年至辰巳合。收张翼，同为利。
不在常，不在扬，切须款款细思量。且卜水，莫问米，
浮图倒地莫扶起。修古岸，重开河，军民拍手笑呵呵。
日出屋东头，鲤鱼山上游。星从月里过，会在午年头。

周围的人不明白碑中所言何事，只得姑且先记下来。也有人猜测，因为在乘法口诀中“四九”即为“三十六”，张士诚小名又是九四，故此事或许和张士诚有关；“张翼，巳午之交也”。这组数字实在巧合，张士诚小名九四暗合“三十六”，而跟他一起造反的正好是十八人。

《姑苏志》中也有张士诚“毁承天寺佛像为王宫”的记载。

承天寺情结

如今承天寺已经不复存在，只留下的“承天寺前”和“东海岛”“西海岛”地名，依稀还见证着过往的历史。曾经发生在承天寺的故事，也逐渐被人淡忘了。不过苏州人对于张士诚似乎还留有念想……

苏州有个方言词“讲张”（说话），据说是缘于明初官方禁止人们议论张士诚，一看到有人交头接耳，就怀疑是在“讲（谈论）张（士诚）”。这也从另一面说明了苏州百姓一直念念不忘张士诚。

为了防止张士诚的“臣民”不服统治、聚众谋反，疑心病很重的朱元璋对苏州百姓采取了“惩罚性”的移民措施，屡次将苏城富户迁至京师（南京）、凤阳、苏北等地，引发了著名的“洪武迁徙”。

尽管遭到严惩，苏城百姓在每年农历七月三十日地藏王生日那天，还是执着地烧“九四香”（俗称狗屎香）纪念这位“姑苏王”，此俗至今未绝。

岁月悠悠，经江苏省人民政府批准，2007 年 11 月 17 日，在苏州工业园区唯亭镇浅水湾异地重建的重元寺终于落成，千年古刹承天寺的香火得以在唯亭镇永续。

延伸阅读

张士诚的苏州岁月

张吴王遗像

张士诚，泰州白驹场人，小名九四，他和弟弟张士义、张士德(小名九六)、张士信都是煮盐的农民，有时候也兼做一些贩私盐的小生意。张士诚原本是一个安分的人，并没有什么远大志向。在他造反之前黄河发生了改道。至正十一年(1351年)，元朝征用民夫十五万、军士二万治河，天下民不聊生，全国各地发生了多次武装暴动。至正十三年(1353年)五月，张士诚带着17个盐户揭竿而起，很快就攻陷了南通、泰州、高邮，自号诚王，改元天佑，占据了江北的大片土地，他又在南北要塞派重兵把守。十五年(1355年)五月，攻破扬州。江阴朱英过江请求张士诚打到江南，见张士诚不愿渡过长江天堑，朱英就拿江南地广物博、资财富裕、人口数量及生活水平明显高于江北来劝导张士诚，张士诚终于被打动，遂决心挥师南下。他先派弟弟张士德率高邮的这支军队，“击横坍，渡镝山”，到十六年(1356年)正月初一，即攻破常熟。

这时候的江南已经非常萧条，“乡村农夫离父母，弃妻子，投充壮丁，生不习兵而驱之死地”，不少人都死于激战，各郡县饿死民众无数。元朝行省丞相达识帖木儿得便宜行事，升漕运万户脱因作参政，统管当地军民进行武装防御。平江达鲁花赤六十病死后，松江府达鲁花赤哈散沙被提拔到苏州任职，领兵出战。任命都水庸田使贡师泰做平江总管，负责巡守城池。这时吴江只有元帅王与敬，官军一战而败，死者过半，残兵千余人打算入城，城中军士闭门不纳，这千余人只得退到嘉兴驻扎，很快又转到了松江。张士诚所部虽然只有三四千人，但是战斗力非常强，他们长驱而入，直攻北门，一箭未发，就在二月壬子初一这天大清早翻越城墙进了苏州古城，苏州城为其所据。参政脱因藏匿在俞家园，自刎不死，被游兵所杀。哈散沙远在苏州辖区之外，听说苏城被张士诚攻陷，投水身亡。昆山、嘉定、崇明州人，相继投降张士诚。苏南一带于是成为张士诚部的核心势力范围。

占领苏州城以后，张士诚命士兵毁弃承天寺佛像，将承天寺作为王宫，又将平江路易名为隆平郡，改至正十六年为天佑三年，国号大周，并建立了省院、六部、百司等机构，开弘文馆，设学士员。整个苏州城内的寺观庵院、豪门巨室，都住满了张士诚的将士。张士诚任命阴阳术士李行素为丞相，弟士德为平章，提调各郡兵马；蒋辉为右丞，居内省理庶务；潘元明为左丞，镇吴兴；史文炳为枢密院同知，镇松江。郡州县正官，郡守改称太守，州称通守，县仍沿用做尹，郡同知称府丞，知事称做从事，其他各官职也有所增删。

就在这时，战局发生了较大转变。苏州所辖昆山屡次被浙江的方国珍（元末浙东农民起义领袖，后降明）率部从海路进攻，张士诚托丁氏往来说合，与方国珍结为儿女亲家，昆山战火方得以平息。与此同时，元军加紧了对苏州的军事进攻，张士诚为了摆脱被方国珍威胁和元军夹击的困境，只得接受元朝的招安。经过几次往来谈判，元朝封张士诚为太尉，其他下属也各有封赏。按照约定，张士诚部继续据守苏州。元朝中央为了牵制张士诚的力量，也在苏州立江淮分省江浙分枢密院。至正十九年（1359 年），元遣使以御酒、龙衣赐士诚，征海运粮。从这一年起，张士诚每年运粟十余万至燕京。二十年（1360 年），士诚复遣李伯升率众十万攻打驻扎在长兴、开平的朱元璋部，常遇春出兵相援，李伯升战败逃遁，常遇春率部痛追，歼灭了李伯升部 5000 余人，李伯升投降朱元璋。二十三（1363 年）年九月，士诚在苏州自称吴王，但是没有得到元朝中央政府的承认，从那以后张士诚再也没有向元大都缴过征粮。

至正二十六年（1366 年），已经占领全国大半江山的朱元璋集中兵力派徐达和常遇春开始攻打张士诚，朱、张两方军队激战不断，张士诚所辖江南不少城池都被攻陷。大将军徐达在位于苏州城南的鲇鱼口击败守将康茂才，康茂才投降徐达。接着又在尹山桥一带击败了张士诚的军队，并烧毁战船千余艘和若干财物。徐达、常遇春军队势如破竹，兵临苏州城下。张士诚盘踞苏州多年，城防戒备森严，徐达明智地选择长期围困的办法，他亲自驻军于平江的葑门之外，而命令辖下将领常遇春驻军于虎邱（今苏州城西北虎丘）、郭子兴驻军于娄门、华云龙驻军于胥门、汤和驻军于阊门、王弼驻军于盘门、张温驻军于西门、康茂才驻军于齐门、耿炳文驻军于城东北、仇城驻军于城西南、何文辉驻军于城西北，“四面筑合长围，架木棚，与城中浮图等。又筑二台，以俯瞰城中，号为敌台。”在敌台上设有火筒及襄阳炮，炮风扇人，百里之内均有杀伤力。

吴元年(1367年)六月，张士诚通过侦察发现城东军事力量最为强大，便西向欲从阊门突围出城，就在要冲击常遇春军队的防御时，被常遇春察觉，常遇春分出部分兵力往北濠方向阻击其后援，然后迎战。张士诚遣黄哈剌八都率千人跟进，自己则率军队在山塘支援，不料在仓促间他带着兵马走进了一条狭窄崎岖的小道，行军速度一下子大减，在那里偏偏又遭遇上常遇春的部下王弼。王弼驰铁骑、鼓双刀率部大举进攻，常遇春在其后猛烈突进。张士诚兵大败，人马溺死沙盆潭无数。惊慌失措的张士诚被受惊的战马甩下，落入水中。他手下号称十条龙的十名脚夫以骁勇善战著称，见战事危急，“十条龙”披挂锦衣银甲冲入阵中，却已是匹夫难敌万夫，全部落水身亡。张士诚自己也差点溺亡，幸而被下属救起抬着回到了苏州城里。

稍事休整后，突围心切的张士诚派兵从胥门出击。虽然张士诚是有备而来，并派出了更为剽悍的兵士，但是经过前几天的遭遇战之后，军中锐气已经大减，而且对手仍然是常遇春，将士们有了“怯场”心理，偏偏张士信还坐在城楼上大声叫将士们“少休”。常遇春一见战机对自己有利，立马“乘其懈急击”，大军很快就攻到了苏州城墙根。城里城外两军对峙，督战的张士信却居然不着慌，他笃悠悠地躺在银床上与参政谢节一起品尝桃子，恰巧被飞炮击碎其首，死于城中。

张士诚见飞炮威力巨大，也命军中制造飞炮。他命手下设计出了一种抛石机，飞抛出的石头可以抵御城外进攻。于是，一时间，苏州城里的庙宇、神祠中但凡有用的木头石料都被拆作弹丸，木石成了紧缺物资。张士诚这一招果然有奇效，徐达方面围城的将士被飞石砸伤了不少。徐达见军中战斗力明显下降，连夜想应对招数，终于造出了专门对付飞炮的工具。这种工具用大木制成，就如同一顶会移动的房屋，屋顶又盖有编织紧密的竹笆。借助这个工具做保护，攻城的将士又神勇如初，继续对苏州城展开了围攻。

九月初，徐达以城东的葑门为突破口，终于攻进了苏州城。据传，徐达军中有精通阴阳八卦的人通过研究苏州城地形发现，整个苏州城的形状恰如一只乌龟。乌龟这种动物被攻击后一般是将头、尾、四足等六个部位缩进甲壳内，使自己免受

旧时葑门

侵害。攻击方打得越厉害，它缩得越深，也越让对方无法下手。再细看苏州各个城门的位置，偏东的葑门正像乌龟的尾巴，而尾巴正是乌龟最薄弱的部位。此人把这个发现汇报给了徐达，若有所悟的徐达立即下令从葑门下手，发动猛攻。果然，葑门守军一败涂地。常遇春随之攻破阊门新寨。面对已溃不成军的部下，张士诚亲自在城内排阵，谢节拼命在城外树栅补救，却于战事无补。张士诚手下大将唐用仁、徐义、潘元绍等全部投降。城外的徐达军队如蚂蚁一样急速攀上城墙，进入城中，苏州城终于被攻破。

困兽犹斗的张士诚与副相刘毅率兵三万在城中心的万寿寺（今万寿宫，紧邻张士诚的王宫）东与徐达军队激战，依旧战败，刘毅投降。张士诚见大势已去，带着几名骑兵回到王府，对妻子刘氏道："我是必死无疑了，你怎么办？"刘氏凄然道："妾自有主张。"于是叫人在齐云楼下堆满柴草，将府中姬妾妇人都集中到齐云楼上，命令养子辰宝点燃柴草焚烧，刘氏自己则自缢身亡。

在一片喊杀声中，左右皆已四散逃尽，只剩下张士诚一人在王府独坐，他打算和妻子一样自缢了断。外面的徐达见没有动静，想起朱元璋交代他必须生擒张士诚，心知不妙，急忙告诉张士诚旧将李伯升："张士诚关门自缢了。"李伯升虽已降明，但他毕竟是和张士诚一起造反的十八盐户之一，对张士诚还有旧情，听说张士诚自缢，立即撞开房门，解下绳带，救下了张士诚。张士诚醒转后，已降明的潘元绍和李伯升一起劝张士诚投降，张士诚闭目不语，被抬到船上由水路押解到南京，一路绝食，到南京后即拒降自缢而亡，享年47岁。

张士诚墓在今苏州工业园区斜塘镇。20世纪30年代由吴荫培发起的保墓会曾在张士诚的墓前立碑，碑上有“张吴王墓”字样，墓西侧有张王庙，今碑与庙均已不存。60年代，由吴县县政府确认为吴县文物保护单位，现为苏州市文物保护单位。

文山寺的故事

文天祥像

文山寺在阊门内下塘文丞相弄（东起西角墙，西接戈家弄）。明正德十年（1515 年）为纪念文天祥建忠烈祠于此，俗称文文山祠或文丞相祠。嘉靖二十年（1541 年）迁祠于旧学前，此处遂改为文山寺。寺前（南）小巷称文山寺前，寺西小弄称文丞相弄，1980 年起统称文丞相弄。

文天祥（1236—1283 年），字宋瑞，号文山，吉州庐陵（今江西吉安）人。宝祐年间（1253—1258 年）进士，曾任宁海军节度判官。咸淳十年（1274 年）出治赣州。宋室自南渡之后，大部分君臣都苟安江南，秦桧、贾似道之徒猖狂乱政，以至于国力更其衰微，只有少数忠臣力撑朝廷。到元兵大举入侵之际，朝中竟无人敢于应战，文天祥挺身而出，毅然变卖家产充作军资，组织万人到临安勤王。后到苏州任平江知府，卢熊《苏州府志》云："德祐元年九月十八日到任，十月十八日除端明殿学士，仍旧职，十二月二十二日记赴行在。"当时，元兵已到常州，文天祥发兵援助抗元。朝廷派文天祥到元营谈判，文天祥面对强敌据理力争，不肯屈服，被元丞相伯颜羁押至镇江，后来设法逃脱，到福州拥立益王为帝，升任左丞相。祥兴元年（1278 年），在广东五坡岭兵败被俘，押至大都。元世祖及其臣下都敬佩文天祥的品德，爱惜之余屡次劝降，文天祥宁死不屈，被害于至元十九年（1282 年）十二月，死时还坚持和平日一样南向。文天祥的忠烈被历代有识之士传颂，其

《过零丁洋》中“人生自古谁无死，留取丹心照汗青”已成千古名言。文天祥被杀害后，南宋大势已去，“元人鼓棹南行”，很快就发生了“崖山之变”(1279 年)，宋军全军覆没，陆秀夫背着 8 岁的南宋皇帝赵昺投海，南宋灭亡。

南宋德祐元年(1275 年)十月，因元兵南侵，宋恭宗急将兵部尚书文天祥调任浙西、江西制置史兼平江(苏州)知府，在苏州组织抗元事宜。文天祥到苏州后即积极组织与指挥苏州军民，顶住了元兵的进攻。听说邻近的常州陷入元军重重包围，文天祥立即派兵往常州救援。40 天后，宋恭宗又急令文天祥移守临安(今杭州，时为南宋首都)，文离开苏州仅仅 3 天，苏州守城将领王邦杰即派人去常州迎降元军，苏州沦陷，一度繁华的金阊茂苑惨遭元军战马蹂躏和践踏。苏州民众都认为如果文天祥不离开，苏州一定能够在战略上与常州成犄角之势，二州若同心协力，再联络润州等地，也许能阻挡元军南下；即使不能阻挡，至少也能背水一战使元军不敢猖狂地长驱直入，为临安加强战备争取到时机，而不至于那么快就落入敌手乃至被俘。常州尚且不屈服，何况坚定的文天祥！后来文天祥奉命出使与元军谈判，被元军扣押北上，途经镇江时趁机逃脱南下，再次见到了苏州军民(包括文天祥旧部下)，百感交集的文天祥写下了“楼台俯舟楫，城郭满干戈。故吏归心少，遗民出涕多。鸠居无鹊在，鱼网有鸿过。使遂睢阳志，安危今若何！”的诗句，苏州“遗民闻公至，无不流涕者”。被押解至大都狱中后，文天祥作有《集杜诗》200 首。他在《自作年谱》中记述了自己守卫苏州的经过和感受：

予领兵赴阙时，陈宜中归永嘉，留丞相梦炎当国。梦炎意不相乐，出予以制阃守平江。寻以独松事急，趣还宿卫。予行未几，姑苏陷。哀哉！

文天祥殉国后，北京、庐陵都建有文天祥祠，独独苏州没有。明代成化(1465—1487 年)时进士、太仆寺少卿文森虽是长洲(苏州)人，但其先祖是自庐陵迁至衡山、又从衡山迁至苏州的，因此实际上文森是文天祥一族的后裔。正德六年(1511 年)，有感于族中先贤的节操，文森之子文斗表示愿意献出自家的土地为文天祥建一座庙，世世代代祭祀供奉。巡按御史谢琛听说后深表赞同，上奏朝廷，皇帝下诏允建并赐庙名为“忠烈”，要求按照规定春秋飨祀。

正德十年(1515 年)夏，“忠烈祠”落成，宰相王鏊撰《文丞相庙碑》纪念，并作

《文丞相祠》云：

汉朝冠盖尽胡元，穷海累臣抱独冤。请剑便须游下地，结缨何处是中原。

青泥不化苌弘血，白浪空归伍相魂。斜日悲风柴市里，行人千古掩啼痕。

随着时间的推移，“忠烈祠”的地址也略有变迁。清乾隆《苏州府志》卷第二十二“坛庙二”云：“忠烈祠，在乘鲤坊正一图，即旧县学基，祀宋丞相信国公文天祥。旧在吴县永丰仓西北，明正德十年，巡按御史谢琛奏建赐额。嘉靖二十年，巡按御史饶天民改建今所（指原长洲县学所在地，即今旧学前，作者注）。万历间修。本朝康熙二十四年，巡抚都御史汤斌以公裔孙、明翰林待诏徵明（曾书《正气歌》于堂之壁，生气凛然，作者注）、大学士文肃公震孟祔。雍正七年、乾隆二年先后给帑修。”嘉靖二十年（1541 年）之后的毁废修葺，均指移建后的忠烈庙。

上述吴县永丰仓，又名老军仓，在阊门内下塘街，明天顺八年（1464 年），苏州知府邢宥就宋元古仓旧址重建，四面环河，崇祯末年废。清代先后为钱厂、火药局、宝苏局、总捕同知署，辛亥革命后，废为民居，但留下了三个地名：浒溪仓（南起阊门下塘街，北折接志仁里，浒溪是仓名）、仓桥浜（南起阊门下塘街，北至尚义桥街）、仓桥弄（北出仓桥浜，南至仓桥堍）。

雍正七年（1729 年），清朝中央政府要求各级官府加意保护“古昔圣贤祠墓载祀典者”，对于其中破败不堪者由政府拨付款项修葺。乾隆即位后，降旨要求落实这一修缮工作。于是，文天祥祠和杨绳武先祖文靖龟山先生祠同时启动修缮，由文氏后裔文含实总理其事，共费去 330 余两银，这些费用全部由当地官府支付。修复后的忠烈祠“规制宏敞，殿寝廊庑、门垣槛牖、木石土瓦、涂塈彩绘”。工程结束后，杨绳武为之作《敕修文信国公祠记》纪念。

同治《苏州府志》称：“（乾隆）二十四年，裔孙朝节捐资重修，李因培记。咸丰十年毁，惟石像独存。同治五年，移像书院中祀之。”民国《吴县志》云：“光绪十四年，巡抚崧骏重建移像祠中”。

自明代文斗建祠以后，吴地百姓祠祀不衰。住在苏州的文氏子孙更是虔诚供奉，民众们对这些忠节后代特别礼遇，而文氏后裔中也有多人成名。万历乙卯年

(1615 年)，后裔文震孟重修过忠烈祠，他位至相国，其风节义概为后世景仰；乾隆庚戌年(1790 年)，后裔文世光在众多“好义”之士的支持下重修忠烈祠。在前述若干次修建中，有专文具体记载的一次修葺是乾隆年间，主持者为文氏后裔文朝节。文龄在乾隆三年(1738 年)曾经因为努力践行孝道被朝廷表彰。文龄之子文朝节感念“祖德之未坠”，独力出资修葺忠烈祠，勉力供奉。清李因培在为文朝节所撰《重修文信国公祠碑》中慨叹道：

信国公(指文天祥，作者注)早讲伊洛之学，根柢性命，迨见天步方艰，投袂勤王，万死不挫。至于成仁取义，鼎镬如饴，宋之统绪，随公而尽。天下万世，比公于日星河岳，其精神当无不周，岂区区平江一片土哉!

文山禅寺

据吴光奇之孙、苏州著名书画鉴定家吴雨苍回忆，在文山寺附近，包括原树德小学、老虹村一带，曾多次出土数量可观的“韩瓶”。韩瓶传为南宋抗金名将韩世忠部队军用水壶，粗砂陶质，作橄榄形，小口尖底，有双耳或四耳，可系绳。小者作随身水壶，大者也可用于自井中汲水。这种“韩瓶”也称做“陶嵬”，是宋代常见的军用水壶，军队眷属也多使用，并非韩世忠军队专用。但这种文物至少可以证明，文山寺一带确曾驻有宋军或宋军家属，当年文天祥率军抗元，在潮音庵安置家属的传说亦非毫无根据。

吴光奇《文山潮音禅寺碑记》载：“吴中潮音庵，西临中市，背枕桃坞，左邻文山寺，后与云林庵毗连，南宋以来有名之巨刹也。”到清嘉庆中，坚如上人来庵中任住持，因之前有房屋被大火烧毁，只得卖掉庙中一些土地修建，整整用了 3 年的时间才修葺完成，并重建了大殿。传到住持镜如时，潮音庵毁于咸丰十年(1860 年)

战火,镜如到吴山接引庵避乱,“卧疾累年”,到癸亥年(1863 年)才回到苏州。这时的潮音庵仅剩下了殿宇,“龙象全毁”。镜如住持千方百计筹款重修,清杨象济撰《潮音庵增置屋宇记略》记下了整个修建的过程:到同治戊辰年(1868 年)观音大士像终于塑成,“逾岁,地藏、韦驮、关帝金容重整,炳蔚如昔”。又过了一年,购得西侧何姓人家地基三间,在此基础上增建了客堂,吴县知县唐鷍安为之题堂名“如山居”。十一年(1872 年)春,募新大悲像全堂,秋季重修了殿脊,新砌了围墙;又在庵之西北购得文姓荒址十间,而象济及谢家树、唐诏、陆锡康、蒋浩曾等被镜如住持屡经劫难而能自奋的精神感动,又出资购下门前隙地舍给潮音庵。八九年间,为修复潮音庵共花费白银千余两。

如心居

至于阊门内下塘的忠烈祠,仍用文天祥的号“文山”为名,在民国二十五年(1936 年),与潮音庵、云林庵合并,改建为文山潮音禅寺;寺边上的小巷也改称文丞相弄,这些地名都是出于对文天祥的纪念。

三寺合一后的文山寺,规模宏大,有大小殿宇 65 间。20 世纪 50 年代以来,先后为里弄纸盒工场、指甲钳厂厂房。“文革”期间遭到破坏。改革开放后,文山寺佛教活动恢复,并成为苏州城内唯一安置尼姑的庙宇。每年腊月初八,寺内还会供应“腊八粥”,有甜有咸,附近善男信女群集,相当热闹。1989 年重修,1998 年 11 月公布为苏州市文物保护单位。现存大雄宝殿等两路三进殿堂。大雄宝殿为庑殿重檐,楠木金柱,内外柱等高,脊桁下用叉手,建筑技法为元代以前常见手法,斗拱为明式做法,天花上用草栿作,梁枋上彩绘二龙戏珠和唐三藏师徒西天取经以及动植物图案,襻间枋下有明代天顺、清代道光以及 1957 年修建的文字记载。大殿瓦当、滴水上饰有龙凤图案。从大殿的整体风格来看,属于明代中期风格,屋面则继承了唐代的建筑手法。庑殿重檐屋顶式样一般用于皇宫的主要建筑,以示尊崇或隆重。大殿为硬山顶,面阔 3 间 9.9 米,进深 13.5 米,梁架扁作,外檐列桁间牌科,东西两壁有清水砖勒脚。寺内有纯铜铸造的佛塔一座,呈平面六角形,高 7 层 6.8 米,重 4.5 吨,塔身雕刻佛像 1042 尊,极为壮观。寺内廊墙上嵌有几方有关文山寺的重要碑刻,弥足珍贵。

苏城“象蟹”之说

两千五百多年前，伍子胥“相土尝水”，在今天苏州古城的位置建了阖闾大城，并在城的四周建“陆门八”“水门八”。当时城的西面有阊门、胥门，南面有盘门、蛇门，东面有娄门、匠门，北面有齐门、平门。后来古城历经战火，从战国时的吴越争霸，秦时项羽起兵，隋时大将杨素攻陷姑苏城，金兀术率金兵攻占苏城，元末朱元璋、张士诚之战，到清咸丰年间清军与太平军之战，可谓争战不断。曾有风水先生说，苏州城池的形状像只螃蟹，八个城门是螃蟹的八只脚，狮子山与虎丘山是蟹的两只螯，玄妙观是蟹兜（壳）。乾隆年间初创的松鹤楼菜馆内的“马蹄泉”古井是蟹嘴，牛角浜七星泉（井名，又名曲鳝泉，在原服装二厂址内）是蟹脐，其水秽臭不可饮。这个说法在民国十八年（1929年）出版的《姑胥》中尚有记载。

也有人说，位于松鹤楼后院内的井是蟹脐井。清乾隆二十年（1755年），苏州旱灾，城内大小水井一一干枯，唯有这口水井甘露不断，松鹤楼大开门户普救民众。地方官请“老道士”探其缘故，“老道士”察看地形后说道：“吴王阖闾令伍子胥所建的苏州城，犹如蟹形，此井位于中心，通八路水源，故甘泉不断。”民众为纪念此井功绩，取名“蟹脐井”。

按风水先生的说法，蟹有八脚是要行动的，不利民生，所以古人要废塞两门，使蟹不致跑动。据史载，宋初曾堵蛇、匠二门，但与风水之说无关。清宣统（1909—1911年）时，苏州开始装用电灯，电灯将城里照得日夜通明。风水先生认为螃蟹有趋光性，因此虽缺少两足但还是要动，所以才导致辛亥革命，才换了国体。后来索性将两口井（即蟹的嘴和脐)都闭塞了,蟹没有了出纳便死了,大家都认为苏州城再也不会发生重大事件了。民国十五年(1926 年),在阊门以南开了金门,在齐门以西开了平门,不久即发生齐(燮元,江苏督军)卢(永祥,浙江督军)之战,于是象蟹之说又盛传,苏州百姓也认为蟹不可有八足,故一度废塞了平门,并让金门换向重造,改名新阊门。民国十六年(1927 年)3 月,国民革命军莅苏,一律革新,平门才得以重新开辟。平门建筑式样按新式,分出口、入口两个门户。据说后来牛角浜七星泉真的成了臭水潭,故被填没,而马蹄泉至今犹在。

金阊亭的故事

在新改建的南浩街南新桥西堍,有一座作为“南浩十八景”之一的金阊亭。据史志记载,汉武帝时代,朱买臣被任命为会稽太守后回苏州,当时他没穿着官服张扬,而是住在阊门附近的旅店中,当地一些官吏有眼不识泰山,竟然“与买臣争席”,不得已“买臣出其印绶”表明了身份。事后,这些官吏为表示对刚上任的顶头上司的谢罪之意,便凑钱在阊门事发地点造了一座亭子,名为“金伤”。由于地近阊门,后来便谐音为“金阊”,古书中都写做“金昌”,这就是金阊亭的由来。

南朝宋时,金阊亭发生了一起击杀废帝事件。据《宋书》记载,景平二年(423年),辅政大臣司空徐羡之等因为继位不久的宋少帝游乐无度,不亲政事,便将他废为营阳王,幽禁于吴郡。次年,又指派邢安泰等人在金阊亭杀掉废帝,不想年仅19 岁的少帝孔武有力,没有被一下子制服,逃出了阊门,不过毕竟势单力孤,他最终还是被追杀者用门栓击毙。从这一记载来看,金阊亭的位置应该在阊门内距阊门不远处。

但是,据唐宋的方志记载,金阊亭似乎又在阊门外。《吴郡志》载:“要离墓,在阊门外金昌亭旁。”又云:“梁鸿墓,在金昌亭南。皋伯通以要离烈士,梁生清高,因附葬之。”并引唐《吴地记》云:“在太伯庙南,与要离坟相并。”陆龟蒙也说:“伯鸾(即梁鸿)墓,在吴门金昌亭下几一里,尝作文以祭焉”。另外,汉陆绩坟,《吴地记》亦记作“在阊门外太伯庙西”。而泰伯庙,在东汉永兴二年(154 年)就由郡守麋豹建于阊门外,直到吴越钱武肃王时才迁到阊门内下塘,这一点史志上都有明确记载。由此看来,南朝宋以后或唐代,或更早一点,金阊亭已移建城外。

之后历经金兵和蒙古铁骑南下，苏州城遭到两次毁灭性的破坏，特别是游牧民族出身的蒙古兵认为城墙、城门阻碍了骑兵的自由出入，因此，命令将有碍于兵马的城墙、城门夷为平地，并要求抛荒农田植草，供牛马牧食，此举极大地破坏了江南先进的经济和文化。所幸不久元朝统治者便发现没有城墙的城市不利于地方治安，就重新修筑了苏州城门和城墙。

据元高德基《平江纪事》记载："阊门，旧名阊阖门……至元修曰金昌门。作亭门内，名金昌亭。然吴人呼阊门已久，不能遽改，名之如故。故亭亦圮焉。"说明到了元代，金阊亭又重建在城内了。原来作为亭子参照物的泰伯庙已于五代移建至阊门内下塘，好事者又将专诸巷内两座无名古墓说成是要离、梁鸿墓，并说在巷内发现了"古要离之墓"的碑石，尽管明清以来的史志都说金阊亭在阊门内，又有人考证阊门外上塘街上的普安桥为古金阊关，亦即金阊亭遗址，《吴门表隐》就有这样的记载："金阊关，即古金阊亭，在普安桥。明嘉靖时，同知任环拒倭所建。国朝康熙二十三年，知府赵禄星重修。又白莲桥有白虎关，亦环建。"由此可见，金阊亭是历经迁徙的、数易其地了。

北寺塔周边原来都是兵营

北寺塔及周边

北寺塔位于桃花坞大街东端，是苏州城北的标志性建筑。在今天的苏州话中，人们把几个人凑在一起商量重要事情称为"商量北寺塔"，可见北寺塔在苏州人心目中的地位。北寺塔也简称"北塔"，如北塔公园，就是指北寺塔及其寺庙的附属建筑。在北寺塔周围，我们的先人在苏州的版图上留下了几处颇有特点的地名：西大营门、中大营门、东大营门、大营弄、校场桥路等。西大营门位于桃花坞大街东段北侧，南起桃花坞大街，北至高长桥;中大营门位于西北街西段北侧,北寺东侧;东大营门位于东北街东端北侧;校场桥路东起人民路,西至唐寅坟,全长407米。校场桥路东端北面,即原铁道师范学院校址至平门桥一带,清代为校场。

“营”是宋代军队的编制单位,营门为军队驻地,类似今天的兵营。在范成大《吴郡志》卷五中就有关于“营寨”的记载,军种分禁军和厢军。禁军有:威果二十八指挥,雄节第九指挥,威果四十一指挥,威果六十五指挥,全捷二十一指挥;厢军有:崇节第九指挥,崇节第十指挥,崇节第十一指挥,崇节第十二指挥,壮城指挥,中军鼓角指挥,横江指挥,宁节第三指挥,城下开江指挥,作院指挥。此外还有忠顺官寨、御前许浦水军寨、牧马寨等军队驻地。

《桃坞名胜记》卷五称:“《冯志》引《宋营制》:宋禁军,威果六十五指挥,元额四百一十人,在报恩寺西(即北寺)。忠顺官寨在报恩寺后,淳熙二年建。御前拱卫水步军寨,在北寺东,嘉泰初创。御前游击军寨,元额三千人;御前忠劲军寨,元额一千五百人,并在北寺西,宝祐中创。元代驻镇守平江十字路万户府翼,在卧佛寺西(即北寺),明初移卫所于饮马桥,仍以北城下报恩寺后为校场。今建演武厅。”又称,在校场演武厅旁曾有过一座旗纛庙,每年霜降日要在此祭祀军牙六纛之神,原来此庙在苏州卫(今市立医院附近),康熙年间才移建过来的,遭毁后,就在校场内设祭。关于此事,《清嘉录》上也有记载:“霜降日,天向明,官祭军牙六纛之神。祭神时,演放火枪阵,俗名信爆。先期张列军器,金鼓导之,赴教场之旗纛庙。盖俗以春之迎喜为开兵,至是为收兵也。护龙街南北,观者如云,谓之看旗纛,能祓除不祥。俗于是夜五更,相戒醒睡,以听信爆,云免喉痛。”正德《姑苏志》称:“教场在北城下报恩寺后,内有将台,上有演武厅。”

南宋建都杭州,离苏州不远,苏州实际上是“陪都”,因此,有部分禁军设在苏州。当时吴中军制以“雄节”为南营、“全捷”为北营、威果为中营。西大营门、中大营门、东大营门皆因军队驻扎之地得名。《五亩园小志》引《识小录》云:“大营门在阊、齐两门之中,相传张士诚屯军于演武场,故名。明人碑记中已有是称。国初圈封民房驻防兵,自娄门起,别有东大营门,此间遂称西大营门云。”《吴门表隐》称:“娄门至宝城桥,国初顺治十六年,将军祖大寿尽撤民房为满兵营,迎春坊为镇帅府,故西有大营门之名。”

《桃坞名胜记》卷五称："忠顺官寨，在北寺后，今称大校场，为操兵杀囚地。"可见今天的北寺塔后面除了驻扎兵营，还曾是处决囚犯的地方。在《桃坞名胜记》中还收录了府晋蕃①的一首《吴中吟》，真实地记录了当时处决囚犯的情形，此情此景，颇似鲁迅先生笔下"古囗亭口"的肃杀场面：

步出城北陲，传闻决重辟。校场何平衍，观者密如织。
是时囚未来，天寒风惨恻。万目争趋望，有求若未得。
刻晷算日景，告语相啧啧。忽听槛车过，奔走竞蹑迹。
彼囚经锁曳，未死无人色。纵使非冤滥，坐法终堪戚。
何来恶妇人，攘臂眉如戟。生血涂青钱，谓可治疾疫。
不顾人同类，天理已灭息。所以北寺口，愁燐惨凝碧。

延伸阅读：

报恩寺塔，俗称北寺塔，在平门内人民路香花桥北。寺院创建于三国东吴赤乌年间（238—250年），初名通玄寺，唐开元间（713—741年）改开元寺。大顺二年（891年）毁。五代重建时，原开元寺已迁往盘门，遂以支硎山报恩寺额移此。因位于城北，俗称北寺。塔始建于南朝梁代，北宋元丰七年（1084年）重建，苏轼曾舍铜龟以藏舍利。南宋建炎四年（1130年），金兵南犯，塔又圮。现塔为绍兴二十三年（1153年）再建。其后，元至元，明洪武、弘治、万历，清康熙、道光年间及光绪二十九年（1903年），一再修治。近代失于维护，日见残损。1957年被列为省文物保护单位。1958年起多次局部维修。1965年冬兴工全面整修加固，至1967年冬竣工。

报恩寺塔为八面九级砖木结构楼阁式，每层挑出平座腰檐，底层副阶周匝，占地约878平方米。塔高约76米。远观古塔，重檐覆宇，翼角飞翘。登临凭眺，全

① 民国《吴县志》卷六十六"列传四"："府晋蕃，字襄定，西华人。读书目数行下，九岁解四声，十岁读纲目，尤精研选学。尝与友人徐庆治赌观日历，一见能背诵，人皆诧为奇才。兵燹后，入泮。丁卯，副贡冯景亭太史招入正谊书院及修志局为高弟。词赋近六朝，赵钧、陆润庠、叶昌炽辈，咸推服不置。年二十九卒，遗文散佚，仅有《丙戊类稿》待刊。同里濮廷苞子初，甲子举人；苏金钊凤楼，增生，亦知名，凤楼则晋蕃业师也。"

城景色在望，夙称吴中诸塔之冠。塔身结构由外壁、回廊和塔心方室组成。各面外壁皆以八角形㨾柱分为3间，于当心间辟门。外壁、回廊两壁及塔心方室壁上，均有砖制柱、额、斗拱隐出，自栌斗挑出木制华拱与昂。回廊转角处施横枋和月梁联络两壁，再以迭涩砖相对挑出，中央铺楼板，墁地砖。第9层回廊顶纯用迭涩砖挑至中点会合。第8、9层中央立刹柱，穿出塔顶支承铁刹，柱下以东西向大柁承托。塔基分基台与基座两部分，均为八角形石雕须弥座式。基台对边31.5米，高1.25米，下枋满雕卷云纹。台外散水海墁较现有地面平均约低0.96米。基座高1.45米，边沿距底层塔壁0.76米，束腰每面浮雕护法金甲力士坐像三尊，转角处浮雕卷草和如意纹饰。据考，塔的外壁与塔心室砖造部分以及石筑基座、基台均为宋代原构，木构部分则多为以后重修。各层塔门过道和塔心室门上的砖砌斗八藻井等仿木构装饰，结构复杂，是研究宋代小木作形制的珍贵实例。塔的四周尚存部分明清时期重建的殿堂建筑。位于塔东的不染尘观音殿始建于南宋绍兴年间(1131—1162年)，现存殿宇为明万历二十八年(1600年)重建，经清代修缮，面阔5间，重檐歇山造，俗呼楠木观音殿。殿内明代石雕须弥座颇精。1983年此殿曾进行大修。塔北有清代修建的古铜佛殿和藏经阁。古铜佛殿为单檐硬山造，观音兜山墙，面阔7间，梁架和脊饰具有徽州建筑风格。藏经阁为重檐歇山楼阁式，面阔7间，两层，下层额“梵香堂”。至于塔南的四柱三间五楼牌坊和三开间硬山顶门厅及清水砖贴面八字墙，则是马医科巷申时行祠前之物，建于明万历四十五年(1617年)，1979年移建于此。

昔日北寺塔

苏州的太平天国王府

清咸丰十年四月十三日(1860 年 6 月 2 日),太平天国忠王李秀成率部攻下苏州,建立了以苏州为中心的苏福省,占领苏州为时达三年半。据调查,苏州至今发现的太平天国王府等遗迹共有 10 处,其中最恢宏的当数李秀成的忠王府,在今东北街苏州博物馆新馆之东侧。相传在今人民路市邮电局所在地的慕园,为当时慕王谭绍光居处,其余尚有钮家巷的英王府、南显子巷的听王府、白塔东路的忠殿左同检熊万荃衙以及铁瓶巷的女馆。悬桥巷的顾家花园(顾颉刚故居)亦曾为某王所居。

潘钟瑞《苏台麋鹿记》载:“自(东)北街迤西至桃花坞,凡伪王府四五处。”这四五处大体是:自忠王府而西有纳王府、康王府、劝王府。今新桥弄东 164 号谢氏宅为劝王万镇坤王府,今谢氏后裔仍居宅东部一院落中。第二进的院墙上尚嵌有“废园”刻石一方。在原屋檐和隔墙上,还有单龙戏珠、双龙戏珠、鲤鱼跳龙门和龙凤滴水,这些被认为是太平天国的建筑特征。今电扇厂址原为柳氏宅(柳双河),后曾为太平天国纳王府,之后作牙厘局及法院(江苏高等审判厅、检察厅、苏城地方审判厅、检察厅署、吴县地方法院、吴县地方检察处);西大营门现为桃花坞大街 88 号的原贝氏住宅为康王府。

《桃坞名胜记》据《虎穴闻见录》记载亦云:“咸丰庚申四月十三日,城陷。明年,粤逆大封诸酋,万镇坤伪劝王,汪安均伪康王,郜云官伪纳王。劝逆伪府在桃花桥北,纳逆伪府在单家桥,康逆伪府在大营门西。”以上三王中,纳王郜云宽(永宽)和康王汪安钧系杀害慕王谭绍光后开城投降清军的叛徒,城陷后翌日,二人被李鸿章诱杀于娄门外临时行辕。

钱钟书与桃坞中学

桃坞中学是苏州市第四中学的前身,创办于光绪二十八年(1902 年),正式定名在光绪三十四年,是一所美国圣公会所办的教会学校。管理和教学制度自立一套,以“修道为教”,不受中国政府约束。当时,桃坞中学为上海“圣约翰大学”附属中学,优秀毕业生可由学校直接推荐报送圣约翰大学深造。学校以“培养高尚纯正之品格,切实适用之学诣”为办学宗旨,以英文教学为特色,对学生英语学习有很高的要求,不仅要求学生能看能写能讲,还特别注重发音的准确性。教师授课均用英语,考卷也是全用英文命题,学生平时答问、答卷也用英文。桃坞中学不但是当时苏州的著名学府,甚至被称为是美国在远东地区办得最好的学校之一。

钱钟书夫妇

1923 年至 1927 年间,钱钟书就读于桃坞中学。杨绛在《记钱钟书与〈围城〉》中说:“钟书十四岁和钟韩同考上苏州桃坞中学。父母为他置办了行装,学费书费除外,还有零用钱。他就和钟韩同往苏州上学,他功课还不错,只算术不行。”

据说,钱钟书入校不久第一次参加竞赛,就得了中文竞赛全校第七名。后来,每次作文竞赛,钱钟书总是排名第一,直到一个名叫朱光辉的学生出现才夺去了他的第一。钱钟书不服,要求单独比试,校方特先出两题让他们竞争,钱钟书又提出须在两小时内当场交卷,但朱光辉提出他下笔没钱钟书快,且又不是正式的作文考试,文有二题,希望允许他次日交卷,校方允准。结果朱光辉还是第一。

钱钟书英语很好,喜欢看外文原版小说,体现了他的语言天赋。但他确实有点“书呆子气”:他总分不清东西南北,一出门就分不清方向,穿衣服不是前后颠倒,便是内外不分;最出洋相的是上体育课,作为领队,他的英语口令喊得相当宏亮、准确,但他自己却左右不分,常常闹得哄堂大笑。在这期间,钱钟书担任了《桃坞学期报》的中文编辑,他写有《进化蠡见》《天择与种变》(译作)与《获狐辩》等文章,表现了他卓越的文学天赋。桃坞中学名师执教,治学严谨,课程开设丰富,为学生今后的发展奠定了基础。钱钟书在校时擅长中文、英文,数学等理科成绩极差。报考清华大学时，数学得分很低，但因国文、英文成绩突出（其中英文获得满分），于1929年被清华大学外文系破格录取。

1992年，桃坞中学（苏州市第四中学）"九十华诞"之际，收到学校致信的钱钟书先生，以82岁的高龄亲笔回信，信中表达了对母校的怀恋之情。2002年"百年校庆"时，为了纪念这位杰出校友，学校将韩堂改名为"钟书楼"，还在校史馆内设立了钱钟书专栏，陈列了学校旧照、资料以及钱钟书先生的作品等。

陈圆圆与苏州

陈圆圆有倾国倾城之美，且关乎一代之兴亡。冒辟疆公子游山塘首次见到她，便啧啧称赞："此真美人也，娇艳脱俗，其美处不知从何说起"，惊为天人。既而，陈圆圆归平南王吴三桂，成为吴之专宠，足见其超乎寻常之美，更为不易的是，她虽为女流，却能见机早，看出吴的反叛野心，及时出家为尼，远离了杀身之祸。

笔记小说中的陈圆圆

有关陈圆圆的记载，从清初至今，实在不少。钮玉树的《觚剩》、李介的《天香阁随笔》、陈其年的《妇人集》、陆次云的《湖壖杂记》等都有关于陈圆圆的家世和最初出嫁的记载，其中以江阴人李介的《天香阁随笔》最为详尽，文中写道：陈圆圆，名元，武进奔牛镇人。父姓邢，母陈氏，幼从母姓。她父亲薄有家产，雅好戏曲，还会唱歌拍曲。许多记载多详于陈圆圆入京之后的事，认为吴三桂"冲冠一怒为红颜"，引清兵入关，明朝宗室社稷覆灭，万里江山易主，都和陈圆圆有着直接或间接的关系，从而让一个柔弱的女子背负上了一代兴亡的重责。在某些封建士人的眼中，陈圆圆简直成了褒姒、妲己一类的人物。哀怜者有之，诟骂者有之。然而细加探讨，陈圆圆实在是个悲剧人物，她何尝想卷入残酷的政治，在急浪和漩涡中过那不安宁的生活呢？

陈圆圆画像碑（云南出土）

出生在苏州

其实，陈圆圆与苏州颇有渊源。在谢家福、凌泗同辑的《五亩园小志题咏合刻》之《五亩园志余》中，明明白白地说她的出生地就在苏州四亩田：

陈圆父邢三，住四亩田。生圆时，群雉集屋，因呼为野鸡。母姨陈，俗所称卖瘦马者。母殁，依之，遂陈姓，归三桂。后贼将掠献闯，使侍太子。闯败，归太子及圆。三桂怒为太子侍，罢五月朔迎立义兴之议。此太子自言，当时窃疑之。后见王永章《天崩地坼记》，信然。一朝兴废实系此雉，苟有前知，灭此祸水。

家福按：四亩田在后板厂，今建宝藏寺。

这段文字来源于木居士的《愤言》，而木居士的资料又来源于王永章的《天崩地坼记》，说得有板有眼：陈圆圆的父亲叫邢三，住在桃花坞的四亩田。陈圆圆出生的时候，有许多野鸡聚集在她家的屋子上，因此给陈圆圆起名"野鸡"。姨母家姓陈，以"卖瘦马"(即人贩子)为职业。母亲去世后，陈圆圆就跟着姨母改姓陈，走上了曲折的人生道路，后来才有了与一代枭雄吴三桂之间的纠葛。这段记载跟陈圆圆是常州奔牛人的说法显然不一致。对这两种说法的合理解释是，陈圆圆的父亲邢三原籍常州奔牛，后来到苏州"打工"，并在苏州生了陈圆圆。

《五亩园小志题咏合刻》之《桃坞百咏》中更是明确记载："四亩田在后板厂西，明陈圆故居。"并附诗一首，道尽了陈圆圆的一生：

一女关兴废，收京罢改元。为歌野雉曲，诗史补梅村。

堕入声色场中

陈圆圆在苏州的一段生活是她悲剧人生的开端，而且颇有传奇色彩。

明末士子以填曲演戏为时尚，公子名宦等资财丰厚的人家都专蓄声伎家班排练演戏，这样的风尚也影响到了中下层人士中的自命风雅者，陈圆圆的父亲便是其中之一。他常常倾赀招集善歌者住在家中，相互切磋，弄得"日夜讴歌不辍，从此破其家"。家道败落了，歌者也星散了。在寂寞无聊之际，看到爱女陈圆圆漂亮聪慧，邢三便把自己生平所学尽相传授聊以自慰。陈圆圆悟性极高，加之早年的耳濡目染，不久即有出蓝之兆。可惜这样的快乐时光没维持多久就父死母亡，陈圆圆顿失依靠，被卖到苏州金阊烟柳之家，失身为妓。由于色美艺绝，很快名倾吴下。其间，江阴人贡若甫乘船去看望他在浙江金衢道为官的父亲贡二山，在出浒关、过七里山塘时，闻陈圆圆之名，“见之悦，输三百金赎之归”。孰料贡若甫家中河东狮吼，不能相容。贡若甫又有陈季常之癖，特别惧妻，时隔不久，家中便闹得鸡犬不宁，只得“纵之去，不责赎金”。陈圆圆因此重新回到苏州，再张艳帜。陈圆圆初嫁后，因为家庭纠纷的“绯闻”，名声反而更响了。

宜兴周延儒在崇祯年间（1628—1644 年）两度为当朝首辅，权倾一时。其人劣迹斑斑，曾因强夺民妇被苏州复社领袖张溥要挟，其事在当时史志和笔记中均有记载。周延儒既是个庸相，又是个荒淫无耻的酒色之徒，后被崇祯帝赐死。他在苏州的时候曾召陈圆圆为自己侍宴。明朝周同谷《霜猿集》有首咏陈圆圆的诗讲到此事，诗中说圆圆“曾随灵鸟上三台”，并有注云：“圆圆姿态非凡，名倾吴下，曾侍宴宜兴，故有三台之句。”在明末，王公大夫、富家公子狎妓饮酒赋诗是很寻常之事，但像周延儒这样身居高位的人也要圆圆侍宴，且被文人记入诗中，其中自有一些不寻常之处。不过，陈圆圆是不会对那个姓周的糟老头子感兴趣的，直到遇上了如皋才子冒辟疆，陈圆圆方才真正堕入了爱河。

与冒辟疆的关系

在董小宛之前，冒辟疆便和陈圆圆有过啮臂之盟。这段史实是由清史专家孟森考证出来的。冒辟疆有一本名著《影梅庵忆语》，记载了他和几位风尘女子特别是董小宛的爱情故事。孟森在《心史丛刊》二集《董小宛考》内指出：《影梅庵忆语》中的“陈姬”，审其踪迹，当即陈圆圆。至于为什么不直接点明，而代之以陈姬，孟森是这样解释的：“顺康间，吴藩方炽，词人不敢道其旧欢，后则陈亦已成大名，少年事不足谈矣。”孟森的考证可信，我们可以从《影梅庵忆语》中看到陈圆圆离苏赴京的曲折经过以及她和冒辟疆的爱情故事。

崇祯十四年（1641 年）早春，冒辟疆经友人介绍，在苏州见到了色艺冠群芳的陈圆圆。这是冒、陈二人的第一次见面。不久，冒辟疆奉母至西湖，再次抽身到苏州来会陈圆圆。一到苏州，他便听人风传陈圆圆已被田皇亲的家人抢走了。他即

冒辟疆画像

刻赶往阊门，路遇一位深知内情的友人。友人告诉冒辟疆，田皇亲抢走的女子不是陈圆圆，而是一位冒名顶替的“赝品”，是圆圆巧施的金蝉脱壳之计。朋友于是带他来到不远处的一个秘密所在，冒辟疆终于又见到了朝思暮想的陈圆圆。在冒辟疆的眼中，她宛若“芳兰之在幽谷也”。第二天夜里，冒辟疆趁着月色又来和圆圆相会。花前月下，目成心许，陈圆圆向冒辟疆托付终身。她对冒辟疆说：“余此身脱樊笼，欲择人事之，终身可托者无出君右，子毋辞。”此后，陈圆圆又屡次请求冒辟疆为她脱籍赎身，但冒辟疆顾虑重重，均未痛下决心。到了第二年仲春，距两人相识已有一年有余，冒辟疆才下决心迎娶陈圆圆。但是，意想不到的是，就在冒辟疆再赴吴门前10天，陈圆圆已迫于“窦霍门下客”的权势，北上入京了。冒辟疆怅惘无极，痛悔不已。

这里需要补充的是，当日田皇亲发觉抢去的不是真圆圆，便恼羞成怒，发誓一定要得到圆圆。经过努力，他终于找到了陈圆圆的藏匿地点，把陈圆圆抢到了手。陈圆圆在苏州的一些相好，即在幕后为她撑腰的人，立刻纠集了千余人重把圆圆抢回。田皇亲见强抢不成，便施计谋，一方面“大言挟诈”，一方面“不惜数千金为贿”，地方官员受不住田皇亲的软硬兼施，不得不出面调停，最终把陈圆圆送了出去。就这样，陈圆圆终于没能等到心上人，怆然永别吴城而去。

蒋氏绣圃·陈圆圆故居

陈圆圆流寓金阊时，曾筑梳妆楼于苏州桃花坞西尽头三板厂，这里绕城帆影，掩映帘栊，风景绝佳。清顺治九年（1652 年）为举人蒋垓购得，作为其隐居读书之处。

蒋垓是名孝廉，他的先祖原本住在城东。遭遇兵灾后其父从天津任上解官而归，一直有另造园囿以作“课读地”的打算。丁亥秋，蒋氏在桃花坞西部紧邻城墙临水处购地筑屋，建园而居。这里与繁华的阊门近在咫尺，却是闹中取静，“颇无井邑主杂焉”，空间上也很开阔，“门临清渠，后枕碧雉。高原眺望，见嘉畴数十亩，平削如掌。当春农月，荷锄秉耒，耕耘其中者，杂沓云合。凡田家景物，历历如绘。”经过一番精心打理，园中荒草被割除殆尽，建筑结构也作了新的调整，园中长廊回环，曲径通幽，矮矮的围墙绕着园子，颇有风致。园中有嘉木、珍林、清泉、文石、修竹诸景，“松石之间，杂花夹莳”。每到春天，“杂英飘摇，粉红骇绿，烂若敷锦”，艳气逼人，红红白白，高高低低互相映衬，耀眼夺目。

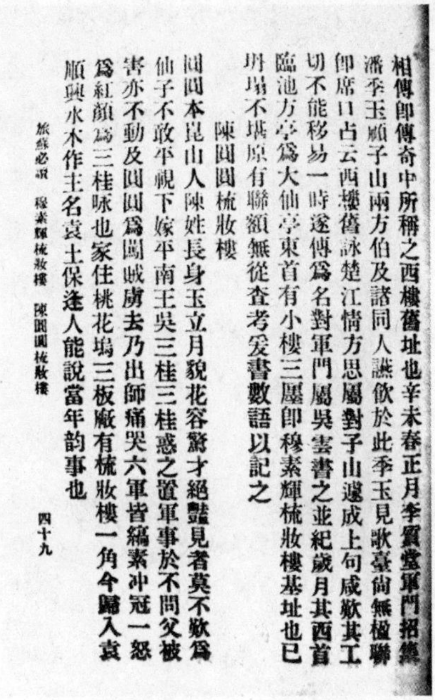
相傳卽傳奇中所稱之西樓舊址也辛未春正月李寳瑩軍門招集潘季玉顧子山兩方伯及諸同人讌飲於此季玉見歌臺尙無楹聯卽席口占云西樓舊詠楚江情方思屬對子山遽成上句咸歎其工切不能移易一時遂傳爲名對軍門屬吳雲書之並紀歲月其西首臨池方亭爲大仙亭東首有小樓三壓卽穆素輝梳妝樓基址也已坍塌不堪原有聯額無從查考爰書數語以記之

陳圓圓梳妝樓

圓圓本崑山人陳姓長身玉立月貌花容豔才絕豔見者莫不歎爲仙子不敢平視下嫁平南王吳三桂三桂惑之置軍事於不問父被害亦不動及圓圓爲闖賊虜去乃出師痛哭六軍皆縞素冲冠一怒爲紅顏爲三桂咏也家住桃花塢三板廠有梳妝樓一角今歸入袁順興水木作主名袁士保逢人能說當年韵事也

旅蘇必讀　穆素輝梳妝樓　陳圓圓梳妝樓　四十九

《旅苏必读·陈圆圆梳妆楼》

蒋垓常常邀了宾朋来园中饮酒作诗，面对如此美景，在陶醉之余，虽然都是饱读诗书之士，但大家竟然想不出什么名字才能配得上园中景致，斟酌了若干次，也始终没有结果。

有一天，蒋垓叫园丁锄草，突然发现有一巨石横亘在园内，石头上被蒙上了厚厚的一层泥土，上面隐隐约约又好像有字画的痕迹。蒋垓忙命园丁用铁锹挖出巨石，小心翼翼地“剜藓剔苔”，石头终于露出了“庐山真面目”：石头上八分大的“绣谷”二字历历在目，字有二尺见方，不过没有落款，从“笔锋瘦硬”和“体势遒劲”来推测，应该出自唐代书法家手笔。大喜过望的蒋垓对自己的奇遇兴奋不已，他命工匠将巨石嵌入墙壁，又以石上“绣谷”二字来给园子命名。好友们也慨叹造化神奇：名石的消失和现身在冥冥之中仿佛是有定数一般，哪怕是历时几百年，也好似有鬼神守护一样，“非幸遇其人与其时，不出也”。蒋垓自己也觉得这种巧遇实在难得，他暗暗庆幸自己运气好，也替石头遇到“明主”而高兴：如果这块石头在泥潭里或在大街上，肯定不会有人关注，因而埋没终生；而如果现身的时机不巧，正好是在田间或是路边，那多半是和那些石马、龟趺一起，在风雨中被侵蚀——可以说巨石现身是在合适的地方遇到了能够珍视它的主人。关键是这块巨石的题字与所在园林意境也完全契合，不仅遂了主人“欲命名而不得”之意，还和苏东坡“绣谷锦潭”之句以及白居易《庐山草堂记》中的典故暗合，蒋垓甚至觉得这块巨石是“天作而地藏”之后恩赐给自己的妙物。

绣谷园并不大，园中亭榭也不多，但布置很得体，相传出自王石谷手笔。但在蒋垓去世后十余年中，绣谷园三易其主，“绣谷之名若灭若没者四十余年”，直到蒋垓的孙子时才又回到蒋家手中。

蒋垓之孙蒋深，字树存，号绣谷，官至山西朔州知州；博学好古，喜欢搜集先世之文。有一次，已回到苏州的他偶然之间读到了《绣谷记》，受好奇心的驱使就依着笔记去寻访，这才知道原来祖父的产业已经三易其主了。到得园中，目睹绣谷园的荒凉景象，在感喟和惋惜之余，便下决心购回该园并着力修复，于是“苏秽芟荒，崇峭决深，莳植益蕃，丹垩益新”。仔细翻检亭庑，“旧石具存”，蒋深的心灵得到了少许慰藉，他高兴地大叫道：“嘻！此王父之遗志也!”又命人将自己修园的经过撰文并刻录于石，与原先那块“绣谷”巨石一起嵌入墙壁，自己则乐在其中，“仰咏尧舜言，俯追姬孔辙。扬清芬，怀骏烈”，绣谷园又恢复了蒋垓时期的风光。

根据常熟孙天寅所撰《西畴阁记》，这一时期的绣谷园大致有 15 处胜迹：“曰绣谷，曰交翠堂。堂之左右曰余清轩，曰松龛，曰湛华山房，曰羊求坐啸处。圃曰匿圃，庐曰吾庐，庵曰个中，画苏学士像，日俎豆之，因名其斋曰苏斋。其新构者曰开径亭，曰小杏梁，曰桃花潭，曰含晖台，曰西畴阁，阁最胜。”孙天寅凭借着是蒋深姻亲的关系，常来绣谷园游玩，他觉得这里已和唐代名士王维的辋川别业“相伯仲”了。

绣谷园中的西畴阁建成于雍正五年（1727 年）——蒋深在绣谷园西部“拓比邻隙地，疏泉垒石，栽竹莳花，建阁于其上”，阁名取意于陶渊明《归去来兮辞》，良常王箬林先生为之题额。登上此阁远眺，可以看到“屹然而拱立”的北寺塔，“郭外诸山，若灭若没，隐隐可一发指”；自阁中俯瞰，则“城中万瓦，鳞次牙错。僧寮农舍，网户渔村，参差棋布于原野之间”。蒋深在观景览胜之余，“日弄翰墨玩图画。左琴右史，著书博物”，宾客唱酬，留下了无数至情至性的诗篇。除了读书、为文诸雅事外，蒋深还和周边的农夫野老一起共事农桑，“课晴问雨，歌咏黄虞”，尽享田园之乐，可谓优哉游哉。

天下之物，显晦有时，废兴有数。“绣谷”之石埋没了数百年而被蒋垓发现，蒋垓精心经营的绣谷园荒废数十年又被蒋深修复，这些巧合都有文字可资查考，由此可知“天下无物可久而惟文字可以传于无穷”；而子孙在家族兴亡和家业承继上也是各有定数，有的家族遭受打击后一蹶不振，有的家族却能世代兴旺、绵延不绝，实在发人深思！

康熙三十八年（1699 年），蒋深曾邀请郡中名宿聚集园内作送春会，当时最年长的尤侗坐首座，末座是年方 27 岁的沈德潜，赋诗作画，为一时之盛。蒋深之子蒋仙根也是位风雅之士，他在乾隆二十四年（1759 年）又作送春会，那时沈德潜已坐首席了。世传《张忆娘簪花图》就是在此园中所作。嘉庆年间（1796—1820 年），绣谷园为河帅叶观潮所得。道光（1821—1851 年）初，归南康谢学崇。后为婺源王凤生所居。咸丰庚申兵灾，绣谷园“鞠为茂草”，其“绣谷”石刻被蒋氏后裔移入虎丘蒋参议祠保存。

《苏州市志》第三十九卷《政事纪略》之《太平天国及苏福省》记载：

清咸丰十年闰三月（1860 年 5 月），太平军一举击破清军江南大营。天王洪秀全命忠王李秀成率军乘胜东征，一路连克丹阳、常州、无锡。清江苏巡抚徐有壬退守苏州，不日命大名镇总兵马德昭“首令民装，次令迁徙，三令纵火”，准备出逃。马德昭遵令纵火，顷刻间自阊门外、南濠街、山塘至虎丘一线，阊门内中市街至接驾桥、吴趋坊等处市肆被焚为灰烬，清军兵勇乘机大肆洗劫。

经过战火的洗劫，阊门一带顿为荆榛瓦砾。位于阊门附近的绣谷园自然在劫难逃，“昔日之雕梁画栋，今日之败井颓垣也”，一片荒芜，秋宵鬼唱。

光绪二十七年壬寅（1901 年），这里又被西洋人买去改作耶稣教堂——圣公会，并建桃坞中学堂，也就是现在的苏州市第四中学前身。

据 1941 年 5 月 17 日《苏州新报》记载，当时出版的《中日文化》杂志曾转录阿蒙的《陈圆圆故居》，这则记载不见于史志，录此聊作野史：

陈圆圆曾居我苏虎丘山塘街，而其旧居，则在阊门城内桃花坞之红板桥头。昔年初夏，余尝与筱荪往访其遗迹，为陋屋一间，有一工人，母子两人居于是，屋外一广场,有一垂柳独立屋前,荫蔽檐际,邻居一老翁,甚似有学问,趋语余等,谓当道光年间,此屋前尚有一石碑,上刻“陈圆圆故居”字样,此碑石旋为居民仆作捣衣板用。日久,并此碑亦不知何往矣。当清季,此屋为教会外人所购去,圈建礼拜堂,美人故居所在,迄今逐渐不为苏人知矣。

延伸阅读

圆圆曲

清·吴梅村

鼎湖当日弃人间,破敌收京下玉关,
恸哭六军俱缟素,冲冠一怒为红颜。
红颜流落非吾恋,逆贼天亡自荒宴。
电扫黄巾定黑山,哭罢君亲再相见。
相见初经田窦家,侯门歌舞出如花。
许将戚里箜篌伎,等取将军油壁车。
家本姑苏浣花里,圆圆小字娇罗绮。
梦向夫差苑里游,宫娥拥入君王起。
前身合是采莲人,门前一片横塘水。
横塘双桨去如飞,何处豪家强载归。
此际岂知非薄命,此时唯有泪沾衣。
薰天意气连宫掖,明眸皓齿无人惜。
夺归永巷闭良家,教就新声倾坐客。
坐客飞觞红日暮,一曲哀弦向谁诉?
白皙通侯最少年,拣取花枝屡回顾。
早携娇鸟出樊笼,待得银河几时渡?
恨杀军书抵死催,苦留后约将人误。
相约恩深相见难,一朝蚁贼满长安。
可怜思妇楼头柳,认作天边粉絮看。

遍索绿珠围内第，强呼绛树出雕阑。
若非壮士全师胜，争得蛾眉匹马还？
蛾眉马上传呼进，云鬟不整惊魂定。
蜡炬迎来在战场，啼妆满面残红印。
专征萧鼓向秦川，金牛道上车千乘。
斜谷云深起画楼，散关月落开妆镜。
传来消息满江乡，乌桕红经十度霜。
教曲伎师怜尚在，浣纱女伴忆同行。
旧巢共是衔泥燕，飞上枝头变凤凰。
长向尊前悲老大，有人夫婿擅侯王。
当时只受声名累，贵戚名豪竞延致。
一斛明珠万斛愁，关山漂泊腰肢细。
错怨狂风飏落花，无边春色来天地。
尝闻倾国与倾城，翻使周郎受重名。
妻子岂应关大计，英雄无奈是多情。
全家白骨成灰土，一代红妆照汗青。
君不见，馆娃初起鸳鸯宿，越女如花看不足。
香径尘生乌自啼，屧廊人去苔空绿。
换羽移宫万里愁，珠歌翠舞古梁州。
为君别唱吴宫曲，汉水东南日夜流！

小巷深处有人家

苏州素称人文荟萃，在悠悠两千五百多年的漫长岁月里，涌现出了无数名人，也有不少文人墨客、名宦世家与苏州结下了不解之缘。时至今日，我们仍可以从苏州小巷深处的名人故居中寻找到他们的点点滴滴。

费仲深故居

费仲深故居位于桃花坞大街176号，是苏州市控保建筑。坐北朝南，东西三路。中路前后4进，第3进为大厅，面阔3间12.15米，进深12.2米。梁架扁作，前置鹤颈轩和船棚轩，两壁有清水砖勒脚。庭前砖刻门楼署光绪辛卯年(1891年)窾款。厅后建西式楼房一幢。西路现存鸳鸯厅、船厅、书斋、曲廊。东路及后花园均废。

费仲深原名费树蔚(1883—1935年)，亦名愿梨，“仲琛”是他的字，别号韦斋。祖籍吴江县同里镇，是吴江望族，至其父时始迁居苏州。夫人是湖南巡抚吴大瀓之女。费仲深初居平江路混堂巷长庆里。民国十二年(1923年)，购得桃花坞归牧庵旧宅，经整修后迁入，更名为“宝易堂”。归牧庵原为清光绪年间(1875—1908年)翰林、书画名家费念慈的故居。20世纪50年代，曾经是新华小学所在。

费仲深曾任直隶知州，在天津入袁世凯幕府，后入京任邮传部员外郎兼理京汉铁路事。民国三年(1914年)任北洋政府政事堂肃政使。他见袁世凯欲复辟帝制，便直言劝阻，不被采纳，于是拂袖回乡。回苏后，积极从事公益事业，创办公民布厂，支持苏州电气公司争回民族主权，任董事长。十一年(1922年)，吴江盛泽遇灾，费与他人筹组“悯农团”，并创办江丰银行，以微利贷资赈救灾民。又在吴江兴修水利，修缮孔庙，纂修《吴江人物志》。后在苏创设信孚银行，任董事长。

设苦儿院，出任苏城年终饥寒维持会长等。十三年(1924 年)，当选为苏州总商会特别会董。江浙战争期间，费竭力斡旋，使苏城免遭兵祸，并在吴江创设红十字会，任会长。十四年(1925 年)与黄炎培、史量才等人发起筹组太湖流域联合自治会，十七年(1928 年)当选为苏州总商会执行委员。费仲深善诗词，曾主持消夏会、三九社、遗涯社等文学团体，以诗会友。著有《费韦斋集》。民国二十四年(1935 年)病逝。

费巩与袁慧泉

费仲深之女费令仪出国留学归来后，受聘在东吴大学任教，是东吴大学为数不多的几位女教授之一。费仲深子费巩，原名福熊，字香曾。1905 生于苏州，1917 年赴上海就读于南洋模范小学、复旦附中。1923 年考入复旦大学。1931 年牛津大学毕业，获硕士学位。1933 年秋，应聘到浙江大学任教，讲授政治经济学和西洋史。1940 年 8 月，出任浙大训导长。费巩 1925 年与袁世凯孙女袁慧泉的婚礼，一直为苏州人津津乐道。据说，袁世凯嫡长孙女袁慧泉嫁入姑苏费家，奢华嫁妆绵延几里长，从桃花坞一直排到了拙政园。在任浙江大学训导长期间，见学生常在昏暗冒烟的油灯下苦读，费巩深感不安，于是在房中拿香烟罐敲敲打打，试验植物油灯，并用自己的薪金去洋铁铺定制了八百多盏分送到学生宿舍，这就是著名的“费巩灯”。

费巩生性耿直，思想进步，不畏强暴，连续公开撰文、演讲，揭露、反对当局抓捕、迫害学生的行为。1945 年 3 月 5 日凌晨，是“费巩失踪事件”的发生时间，历史永远铭记这个时刻。40 岁的政治学教授费巩被军统关押在渣滓洞监狱，同年 6 月，经戴笠批准，被秘密杀害。凶手为毁尸灭迹，将费巩的尸体残忍地丢入硝镪水池中“化”掉了。从此，费巩及其苦心秉持的教育理念一并在我们视野中销声匿迹。1978 年，费巩被追认为革命烈士。1997 年浙江大学在建校 100 周年之际，在校园内建筑了“费巩亭”。2005 年是费巩诞辰 100 周年，浙江大学举行了隆重的纪念仪式，《费巩文集》首发式和费巩铜像落成典礼同时进行。

谢家福故居

谢家福故居位于桃花坞大街 264 号，即望炊楼故址。原为明代沈均废园所在，清初归谢家。参见《谢家福与桃花坞》。

钱大钧故居

钱大钧故居位于人民路 680 号。钱大钧(1893—1982 年)，国民党上将，字慕尹，吴县人，1893 年 7 月 26 日生于昆山，4 岁随父迁回苏州，居平门路 1 号(今人民路 680 号，原铁道师范学院内)。抗日战争胜利后曾任上海市第一任市长兼淞沪警备司令。1946 年辞职回苏，当选为国民党中央执行常委，并任吴县参议会议长。1949 年，先后任重庆绥靖公署副主任、西南军政长官公署副长官。到台湾后，曾任国民党中央纪律委员会委员、中华航空公司董事长等职。1982 年 7 月 21 日病逝于台北。他在苏州的住宅，在从前为平门内第一家，故门牌编号为平门路 1 号，巧合的是，故居的编号为苏州市控制保护古建筑 001 号。钱大均的别墅建于 20 世纪 20 年代，为砖混结构的海派风格楼房。坐北朝南，高 2 层，前后连接 3 幢。每幢面宽 5 开间，带两厢。全宅呈火车式排列，青砖坡顶，十分简朴，西侧为苏州铁路中学校舍。据 2011 年 4 月 21 日《苏州日报》称，由于房屋年久失修，已成危房，经文物部门批准，已“落架大修”，有望很快修葺完成。

陆润庠故居

位于阊门内下塘 10 号。参见《一门两状元》。

尤先甲故居

尤先甲故居位于刘家浜 39、41、43 号。始建于乾隆年间，坐北朝南，分三路，前后有 3 落 7 进，现有建筑面积约 4130 平方米。中落为竹丝墙门，后连轿厅。进门楼，上刻砖额“凤羽展辉”，乾隆丁未年题。后为纱帽厅、花篮厅“爱日堂”及堂楼三座。东落（原正落）有茶厅、轿厅、正厅“颐寿堂”。“颐寿堂”面宽3间10.7米，进深11米，扁作梁架，雕刻精细，前设鹤颈轩，堂后砖门楼刻有“凤标棣友”四字，乾隆庚戌年（1790年）题。第四进砖刻门楼书“凤标棣友”额，乾隆庚戌年款，额书“凤羽展辉”。东路原有花园一区，已毁。现尚存楼屋。

尤先甲故居

故居内原有花园。尤氏曾自办自由农场，后逐渐拆毁；故居现为牛奶公司所在地。西落早已坍废，民国时改建民房，现为托儿所。尤氏族人也很有经济实力，在高井头今二十一中内建有洋房一座；梵门桥弄42号处小洋楼一幢也是尤氏族人产业，结构完好。

尤先甲生平参见《桃花坞与慈善事业》。

汪鸣銮故居

位于王洗马巷26、28、30号。汪鸣銮（1839—1907年），字柳门。安徽休宁人，寄籍浙江钱塘（今杭州市），侨寓吴门。同治四年（1865年）进士，选庶吉士，散馆授编修。历任陕甘、江西、山东、广东学政，历任工部、吏部侍郎，五城团防大臣，总理各国事务衙门大臣，授光禄大夫。甲午战争后，因反对签订《马关条约》，反对割让台湾及澎湖列岛，与翁同龢分别奔走各国使节处，以期废止割地条款，终未成。后以离间帝后的罪名被慈禧革差，永不叙用。汪鸣銮精于说文之学，擅长篆书。他是近代著名小说家曾朴的岳父，也是著名小说《孽海花》中唐卿的原型。

公园路南端西侧的梧村也是汪鸣銮出资兴建的，不过，建造好不久就转让给洞庭西山人、资本家凤柱楣，凤柱楣取“凤栖于梧”之意，将宅居取名梧村。

杨成故居

位于五峰园内。参见《五峰园与柳毅的传说》。

文震孟故居

位于文衙弄5号,即艺圃。参见《艺圃及其园主人》。

延伸阅读

文震孟小传

文文起先生(1574—1636年),初名从鼎,字震孟,后以字行,别号湛持。出身书香世家,为翰林待诏文徵明之曾孙、国子博士文彭之孙、卫辉县同知文元发的长子。

自曾祖文徵明以来,文家一向以道德风雅为本地知识分子所尊崇,文震孟生而早慧,刚过4岁生日就懂得要不畏艰险报效国家。普通儿童10岁时才离家出外拜师求学,而文震孟5岁时就离家求学了,他的学习能力和接受能力也超出一般儿童一大截,能一目十行,学过的知识都能记得很牢。可惜的是,文震孟的母亲在他7岁时就去世了,失去母亲疼爱的文震孟悲痛欲绝,哭得撕心裂肺,周围乡亲在怜惜之余都被他的孝心感动,称他是“圣童”和“孝童”。

文震孟像

聪明的文震孟学到8岁时就已经会写像样的文章了。有一次他做梦梦见了龙,觉得这是异兆,便作《梦龙记》一文,展示了文学才华。家学渊源的文震孟也和其他学子一样积极参加科举考试,希望通过科举入仕实现自己经世致用的理想。15岁时文震孟报名参加童子试,名噪一时。18岁时,补邑诸生,这时他已是名闻乡里的《春秋》“专家”了。21岁时,文震孟以自己最擅长的《春秋》中甲午(1594年)应天乡试,成为一名举人。

少年文震孟科场得意，却丝毫没有轻狂之态，而是对自己的节操严加管束，决不沾染浮靡之气。一心只读圣贤书的文震孟手不释卷，“伊吾不辍”，对宝马轻裘的奢靡生活也没有什么兴趣，而始终让自己保持王谢大家的高贵气质。他自己不辞辛劳，日夜不辍，抄录了钟爱的“六经”《左传》《国语》等经典著作，而无心阅读“公府竿牍”（指官样文章，作者注）结交的朋友中也没有邀约他外出饮酒宴乐之徒。

父亲去世时，文震孟哀痛得形销骨立。安葬了父亲之后，即倚墓结庐而居，绝迹城市，每月初一更是虔诚地“推重登荐，刻应纁壁”。

文震孟生活的时代正逢思想解放思潮兴起，国内如吉水邹忠宪、关中冯从吾、高邑赵南星、山阴刘宗周等都是理学、经济、直谏方面的名贤，他们好比是在野的人中麟凤，文震孟虽为后辈，却与他们相互仰慕。其中主盟东南的精神领袖顾宪成、孙慎行、高攀龙等人在无锡倡修东林书院，文震孟也加入其中并成为书院的主讲之一，身体力行地宣扬圣贤之学，“以名节风厉一世”。正因为有了这些名士，东林书院成了当时国内知识分子积极参与政事的活动中心。一些“矜尚节义”的知识分子和远近之“清流”，有的千里迢迢驾着车马来探访交流，有的则“北面执经”，行弟子之礼虚心请教。东林书院内座无虚席，户无停轨，“为人伦之标准，以公车久次”，时人将文震孟比做科举尚未及第时的永嘉张孚敬（明正德十三年张孚敬曾创办罗峰书院讲学，作者注），事实上，在踏实和坚贞如一方面，文震孟远远超过了张孚敬。

自文震孟的曾祖父文徵明在正德（1506—1521 年）和嘉靖（1522—1566 年）年间名动华夷，辉映今古，到文震孟这一代，被林俊等人推为领袖，于是“笔墨流传，衣被天下”，文震孟的成就和影响力几乎与文徵明不相上下。不过他的科举之路自从甲午年中举之后，也和曾祖父当年一样变得坎坷起来。他的外甥姚希孟 10 个月大的时候即已失去父亲，甥舅二人是同一年考取举人，姚希孟却比文震孟早三年考取了进士。文震孟艰辛地跋涉了 27 年，参加了十余次考试，一直到明熹宗天启二年（1622 年）才终于“龙飞首科”，成为明朝第 82 位状元。按惯例，皇帝安排文震孟入翰林院为修撰，掌修国史。这一年文震孟 38 周岁，“胪传之日，辇毂欢动，有得人之庆”。上层社会的学士大夫中无论认识或不认识文震孟者，都评价说：科考成名，无妨大器晚成。社会底层的贩夫走卒、田夫野老、缁黄妇孺，从通邑大都的闹市到深岩穷谷的山野间，都为文震孟考取状元而高兴，这种情形从科举制度开始以来还从没有过。文震孟确实很杰出，这一科和文震孟一起考取进士的有409人，文震孟是当中最出色的，也是最有成就的。

万历四十八年(1620年)，明神宗在临去世前留下遗诏，将皇位交由39岁的朱常洛继承。朱常洛为宫女所生，出身低贱，一直不受重视，经过多年磨难后才得登大宝，但是他登基仅一个月，就莫名其妙地去世了。朱常洛的长子、明神宗在位时册立的皇太孙朱由校继位，改年号为天启。朱由校在建元最初头脑还比较清醒，他将东林党人骨干任命到内阁、都察院、六部等关键部门，借助东林党人的智慧，起用被先帝废黜到民间的旧臣，提拔袁崇焕，又为张居正平反，在澎湖两次击败荷兰侵略者等，又颁布了不少新政，做了一些明智的决策。在他继位最初的半年内，吏治尚且清明。新科状元文震孟与他的同道好友顾宪成等人对新皇帝也充满了期待，他们时常聚集在一起谈论时事，指点江山。

而实际上这个时候，明朝宫廷内部的政治潜流已经在侵蚀大明江山和社稷的根基，朱由校继位仅仅半年后，明朝政治局势就发生了颠覆性的变化。朱由校由奶妈客氏抚养长大，客氏为人残忍、阴险奸诈，又有极强的掌权欲望，她利用朱由校对自己的依恋，独揽宫廷大权。与此同时，市井混混出身的宦官魏忠贤也在朝中广结党羽。客氏与魏忠贤二人一拍即合，很快狼狈为奸，指鹿为马，成了权倾朝野的恶势力。

客氏魏忠贤奸党集团为了塞民之口，大兴冤狱，禁止结社讲学，同时以最快的速度放逐老臣，将自己的党羽安插在朝中各个部门。文震孟上疏力言邪正之辨，他引用汉、唐、宋三个朝代末世之时“伪学之禁”的历史教训，预言魏阉之流禁止结社讲学将会“空人国而危宗社”，提醒明熹宗以史为鉴。他在奏疏中道：“臣不愿以清平之世，令诸臣被道学之名，以去重于三公九卿。”不幸奏疏落到了以诬陷良吏为能事的奸党手中，他们断章取义，摘出疏中“傀儡”二字，借题发挥，以此激怒明熹宗。明熹宗在魏阉的引诱下，夜以继日地痴迷在木工活中，根本无心朝政，朝中事务都被魏阉和客氏集团把持，熹宗已成为“傀儡”皇帝，“傀儡”一词也成为熹宗心中的“寡人之疾”。阉党的挑拨果然点燃了熹宗对文震孟的怒火，他“龙颜”大怒。阉党趁势传旨：“文某出位妄言，藐视朕躬，应当处以杖刑。”内阁辅臣及大臣中的东林党人极力相救，最终熹宗在将文震孟廷杖80棍之后改批“降二级调外”，贬谪出京城。

满心冤屈的文震孟无意履新，朝中好友也劝文震孟先回老家苏州省亲。文震孟回到苏州，卜居在家过了4年类似于隐士的生活，他与在海虞(今常熟)任县令的应山人杨琏(杨琏曾上疏弹劾魏阉，列数魏阉二十四罪状，作者注)气谊相投，“又尝师事同郡太仆卿吴公默”，与孝廉张世伟以及周顺昌、朱陛宣等都是志同道合的挚友。文震孟与外甥兼同学姚孟长同朝、同史局，二人既是舅甥，更是谈得来的密友。文震孟交往的朋友都有共同的特点：洁廉自好，道义为先，不阿谀权贵、不贿赂公行，而“每闻民间有冤狱苛政，必瞿然改容”，并向地方官提出改善的建议。这段时期，文震孟生活平静而安宁，而奸党却在国内大兴冤案，四处抓捕反对者，国内政坛被恐怖气氛所笼罩。

天启四年(1624年)，魏阉借题将杨琏、左光斗、袁化中、周朝瑞、顾大章、魏大中等东林“前六君子”缉捕入狱。当被捕的魏大中路过苏州阊门时，周顺昌为了表示对魏阉的抗议，亲诣其船，表示要将女儿许配给魏大中之孙。押解囚犯的旗尉生恐有变，赶忙催人上路，周顺昌厉声斥道：“你难道不知道世间有不怕死的男儿？你回去向主子魏忠贤汇报，我就是曾任吏部郎的周顺昌！”周顺昌公开对抗魏阉，遭到了魏阉的疯狂报复，天启六年(1626年)，周顺昌被魏阉施酷刑致死。文震孟与姚希孟赴汤蹈火，为其料理后事。在东林党与阉党的这场激烈冲突中，东林党人损失惨重。文震孟的好友高攀龙义不受辱，投水自尽，东林“后六君子”被害。苏州群起声援周顺昌反抗阉党的市民颜佩韦等也惨遭屠戮，文震孟等出资将他们安葬在山塘街，并为之刻石纪念。这就是著名的“五人墓”。

天启六年冬，太仓(今属苏州)籍进士顾同寅、生员孙文豸因赋《步天歌》诗悼惜被“阉党”诬杀的抗金名将熊廷弼，顾、孙被捕入狱，遭受酷刑，言辞中连及文震孟鸣不平的内容，被御史门克新奏劾。门克新罗织罪名指责顾同寅、孙文豸的诗为“妖言”，将顾、孙处以极刑。一直为阉党忌恨的文震孟在这次冤狱中遭株连，被削去官籍，贬为平民。

天启七年(1627年)，熹宗驾崩，其弟朱由检继位，是为崇祯皇帝。崇祯皇帝目睹群阉为害朝廷，遂下令翦殛元凶，大伸公正。魏忠贤畏罪自杀，客氏被杖毙。熹宗时力主反阉的旧臣陆续被召回朝中复职，离开官场6年的文震孟也起升为翰林院侍读，不久又升为左春坊左中允、左谕德，“掌司经局事，充日讲官”。文震孟认为帝王之学“必以经术经世乃为实用”，因此在讲学时紧密结合时局“反覆开陈”，崇祯皇帝“每为改容”。崇祯二年(1629年)冬十月，皇太极率十余万精兵从喜峰口攻入关内，一路杀掠，直逼北京城下。在押囚犯刘仲金等170人乘乱越狱逃跑，被抓获。崇祯皇帝闻讯大怒，诏令逮捕刑部尚书乔允升、左侍郎胡世赏及提牢主事敖继荣下狱，准备问斩。按明律，乔允升、胡世赏不当死罪，但满朝公卿大臣无人敢劝谏怒火冲天的崇祯皇帝，品行刚直的文震孟却打定主意劝谏。某天，文震孟讲到《君使臣以礼》一章，便委婉地劝崇祯皇帝应培养士气以推心感人，而不可以严刑峻法开启群臣之间相互疑忌的风气。崇祯皇帝听后心有所动，当即传旨将前刑部尚书乔允升、前副都御史易应昌释放出狱。

崇祯三年(1631年)，文震孟因得罪欲与魏阉翻案的权臣王永光等人，失意地回到苏州，退隐田园。五年(1633年)，感觉失去左膀右臂的崇祯皇帝又诏令将已回乡的文震孟升任右春坊右庶子，掌管坊中事务。之后又升少詹兼翰林侍读学士，纂修《熹庙实录》。文震孟在校对《光宗实录》副本时，发现书中对诸多历史事件的记载多所舛误，其中最悖谬的当数册立、梃击、红丸三案。《光宗实录》实际上是魏阉党徒所修，当年

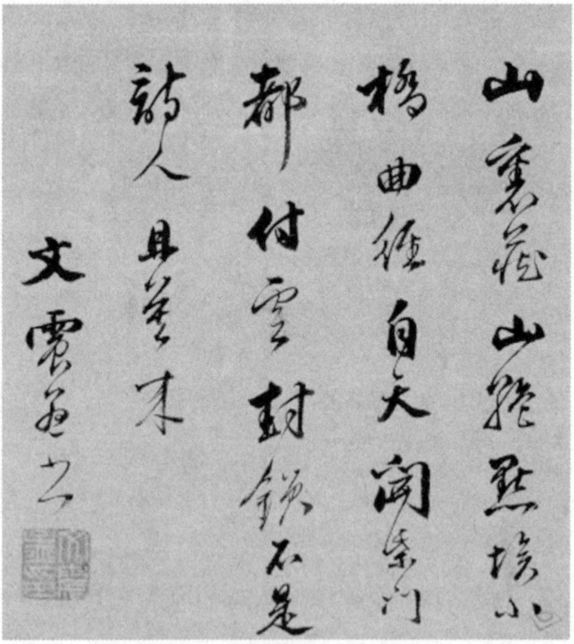

文震孟书法

出于魏阉及客氏集团的利益考虑，对这三大谜案的记载基本都是附会一些毫无根据的邪说。文震孟遂上书奏请改定该书不实之处，崇祯帝“为之御平台，召辅臣为之商榷”。倾向“阉党”的内阁首辅温体仁为人奸诈，心胸狭窄，嫉贤妒能，他与爪牙、内阁大臣王应熊百般阻挠，致使修正《光宗实录》一事不了了之。

在明神宗朝前，讲筵说书从来都不开讲《春秋》和《礼记》，历朝都是如此，已成惯例。明神宗曾突破性地命官专讲《礼记》，被认为是使世人为之一振的盛事。崇祯皇帝深夜时览《春秋》，认为它有利于拨乱反正，于是传旨令特选专经者进讲。文震孟宿学，久以《春秋》著名，温体仁之流虽妒忌不已，但也无可奈何，在内阁大臣钱士升的力荐下，由文震孟担任主讲。当讲至“宰咺归赗”时，文震孟引用典籍道：“赗，凶礼也，当缺。”崇祯皇帝要求文震孟补充讲解这一段，文震孟分析道：“咺以六卿之长而坏法乱纪，自王朝始，焉用彼相？”这句话直指当朝权相误国，崇祯皇帝也点头表示赞同，并发文昭示道：“咺一章，正见当时朝政失宜，所以当讲，今后以此类推。”举朝都已明白崇祯皇帝的心思。

崇祯八年(1635 年)，在选拔官吏的时候，文震孟被任命为礼部左侍郎兼东阁大学士。文震孟非常感念崇祯皇帝的知遇之恩，对于内应外援想通过他打通官场关节者一概谢绝，并告诫对方道：“皇上向来了解我，知道我个性孤高，我总不能因为‘擢居政本’反而丧失节操，那是不符合大义的行为。”

不料文震孟就职仅两个月，政敌温体仁授意吏部尚书谢升上疏参奏前工科都给事中许誉卿、福建右布政申绍芳，谢升在奏疏中说许誉卿是与文震孟交情深厚的同乡，申绍芳的父亲与文震孟有通家之好。其实这是温体仁借以排挤文震孟搞出的阴谋，他想借此以起枝蔓，便假装商榷于同官，文震孟不知是温体仁的奸计，为许誉卿和申绍芳力争，温体仁即将文震孟认为许誉卿、申绍芳一事处理不公的言论汇报给崇祯，连同替许、申辩解的香山(今广东中山市)何吾驺也一并参奏，崇祯皇帝被激怒，将文震孟和何吾驺罢官，逐出京城。

免职当天，文震孟就雇车马踏上了回乡之路。这时已是严冬，冰雪载途，文震孟发出了“江湖遽远，不胜恋主之思，而交知讯以去国事，惟以两月政地”的慨叹，带着家眷和行李在距除夕还有几天时回到了苏州家中。文震孟总共做了 15 年官，在朝中做官不满三载，而忧谗畏讥之日却十居其九，不过他以义命自安，并无丝毫怨言。回乡后他除了叹惜对皇帝的知遇之恩无以图报之外，对官场中的戈矛相向却并不提及，只与子弟谈榷艺文，品古法书、名画、金石、鼎彝，位置香茗、几案、亭馆、花木，以存门风雅事。有时也抚丝弄竹，怡情养性。到了佳辰令节，则载酒湖山，徜徉赋咏。遇到同行中津津乐道于朝事及党派之争者，文震孟就拿大杯罚对方喝酒，还训斥对方："无烦洗耳也！"

回到家乡不过6个月，姚希孟以疾暴卒，文震孟吊唁时恸哭不已。回到自己家后，虽然应对居处无改其常，而病在神情间，经常是一个人独坐，动辄呜咽失声："已矣！我再也见不到外甥了！"距离姚孟长去世15日那天，白天文震孟尚与客人娓娓而谈，无一语失度。入夜，他想移榻到露天里独坐，子弟劝阻他"不能冒了风寒"，于是坐在正房中，当夜便瞑目长逝。

文震孟生而奇伟，貌如其人，眉棱上指，目光炯然，与信国公文天祥遗像酷肖，故而在少年时常引镜自照，自负不凡。文天祥于宋宝祐年状元及第，文震孟也是状元及第。据史载，文天祥登第后，曾辟文山以自娱者十年。文震孟也钟爱园林，考槃筑室，极岩壑之美。文天祥以身殉国，燕市庙食，赫赫声名响动京师。文震孟在朝中第一个上疏弹劾魏阉，多次遭遇险境而不死，出九死而再生，由侍从登宰辅，为儒者极荣，世人都认为文震孟是文天祥再世。文震孟生平律身清介，历官以来，住所不满数顷，无愧于先世之清白。"其为文，皆有用维世之言；其为诗，庄雅而不佻；其为书，隶宗汉，楷宗晋，行草出入唐宋，而不离家法。碑版屏幛，上交私觌；堂署榜额，山川名胜。"著有《姑苏名贤小纪》留世。

文震孟生性恬泊，钟情山水。吴中先贤王宠（号雅宜子，雅宜山人）先生故居在石湖之越来溪，那里群山黛围，一湖如镜。菰蒲欸乃，声在枕簟。曲流到门，渔网四集。乔木百章，佐以松竹。在幽深的山坳间，有屋名曰"采芝堂"。文氏家族自文徵明起，都喜欢在此琴樽诗酒。所谓"一片云林带草堂，居人遥指石湖庄"，就是说的采芝堂。文震孟自幼就喜欢这里，罢官回乡后，他拿出月俸赐金，割券买田，有在此终老的打算。就在他去世四天前，还曾与族中子弟在此泛舟纳凉，徘徊到夜分始归。文震孟之子将父亲安葬在此，也算是得偿其志了。

唐寅故居

双荷花池唐寅故居

即宝华庵，在平门内西大营门双荷花池。明正德二年（1507 年），唐寅于桃花坞择地筑别业，内有桃花庵、梦墨亭、学圃堂、蛱蝶斋等。唐寅的这处别业造得很艰辛。唐寅有着浓厚的文艺气质和诗人情怀，而拥有这样气质和情怀的人一般都是疏于理财的，唐寅也不例外。科场案后他已一贫如洗，用来造别业的章园地基还是祖上经营酒馆置下后分给他的。由于分得的祖屋破败不堪，唐寅只得择地另建。可是囊中羞涩，他为此还向与自己一样狷狂的徐渭借过钱，岂料徐渭和他一样穷，除了写诗安慰唐寅，实在拿不出钱来帮唐寅实现造屋计划。好事多磨，桃花庵别业终于在正德二年（1507 年）建成。因有宋代章园的基础，桃花庵别业也是“峰峦竹树，点染精细，广厦长廊，桃花乱放，神仙蹊径，不啻身入武陵源矣！”更巧妙的是，在园西面桃花仙馆有鲇鱼墩，恰似一方土山；园四周又被流水环绕，东有千尺潭，北有五亩园双荷花池，南有双鱼池，西有长鱼池，这些水塘与别业内的小溪蜿蜒相接，直通蔡家河，为别业增添了无边的风致。唐寅在这里潇洒地度过了十余年，撇下妻子和年方 10 岁的女儿，追逐他的桃花世界离世而去，好友王宠将之安葬在横塘。没几年，女儿嫁与王宠之子，别业交由兄弟唐申及其子管理。多年后，僧人旭小等陆续在桃花庵别业上建屋，桃花庵别业渐渐不再为唐氏所有。

清顺治间（1644—1661 年），名医沈明生得其废址，重构梦墨楼、六如亭、桃花庵、蓉镜亭等，时称唐家园。乾隆年间僧禅林、道心改建为宝华庵，后几经重修。现有建筑面积 511 平方米，坐北朝南，大致可分两路两进房屋。西路头进为一水阁,临池而建,面阔5间15.4米,进深9米,硬山顶,船棚轩,圆作梁架。第二进为殿堂。水阁东侧有石板小桥跨池,以通出入。1982年被列为苏州市文物保护单位。

曹沧洲故居

曹沧洲故居在阊门内东中市阊门西街59、61号。曹沧洲(1849—1931年),名元恒,字智涵,江苏苏州人。其祖父云洲,父承洲,历代行医,精理内科方脉,兼治痈疽等症,众口交誉,医德冠吴中。曹沧洲曾于清光绪三十三年(1907年)应召为御医,民间广为流传的“三钱萝卜籽治愈慈禧沉疴”的故事说的就是曹沧洲。

某日,生活优裕的慈禧太后积食难消,御医开出“独参汤”为其滋补,不料反而更加重了病情,不仅头痛、胸闷、腹胀、食欲不佳,还爱发脾气,发怒过后,鼻子常常流血。束手无策的御医们只得张榜悬赏,向全国征求能够医好太后之疾的医生。曹沧洲被吴中名医邓星伯举荐入宫为慈禧太后治病,他辨证分析了流鼻血的病因,用三钱莱菔子加上面粉制成“小罗汉丸”,让慈禧每日服三粒。已经被疾病折磨得很难受的慈禧太后只得将信将疑地服药,神奇的是,她服下一粒药丸后鼻血即止,服下第二丸后,胸闷腹胀即减,三粒药丸服下后,慈禧胃口已开,有了食欲。经过数日调理后,慈禧即告痊愈,她高兴地赏赐给曹沧洲一个红顶子(红顶子是清代官员的标志)。曹沧洲因此而一举成名,民间也就有了“三钱莱菔子,换个红顶子”的传说。为了感谢邓星伯的举荐之恩,曹沧洲将朝廷赐给自己的珍宝都转赠给邓星伯,邓星伯却坚拒不受,一一璧还。

曹氏所著有《曹沧洲医案》二卷、《霍乱救急便览》《戒烟有效无弊法》等医学类书籍。另有曹氏诊病医案抄本数种存世。

曹沧洲故居占地约3600平方米。正路东向5进。门屋、轿厅、大厅各3间。大厅面阔11.5米,进深6檩12米,扁作梁,前有双翻轩。有陆润庠题额砖雕门楼与厅相对。厅后为走马式堂楼5间带两厢,末进上房亦为楼房5间。大厅南为一狭长庭园,中凿水池,东列花厅,西有书斋。正路以北有房屋3组南向,于避弄内次第列门,入门各有庭院,正屋皆楼房,或3间或5间,前后参差,高低错落。现正路后部堂楼、上房及北路诸屋为民居，基本完整。前部为内燃机配件厂所用，门屋、轿厅、花厅、书斋、水池均无存，并改建厂房，惟大厅独存。

申时行故居(春晖堂)

申时行故居在景德路330号。本为明申时行宅，清乾隆间属毕沅，后归汪氏、杨氏。申时行(1535—1614年)，字汝默，是嘉靖四十一年(1562年)状元，万历中官至少师兼太子太师、吏部尚书、中极殿大学士，继张四维为内阁首辅。晚年辞官回苏州闲居，著有《赐闲堂集》。

关于申时行，苏州还流传着这样的故事：状元出身的申时行备受万历皇帝宠信，万历皇帝甚至将严嵩家的大鼓赐给申时行作为家中摆设。万历庚寅年(1590年)，申时行已位居宰相。江南发生了严重的饥荒，万历皇帝下令让给事中杨东明带着圣旨到江南救赈，办公地点就设在苏州城里。杨东明是申时行的门生，出于对恩师的敬意，他每次经过申府时都是撤掉车马仪仗，步行而过，时人都评价说杨东明对老师是过于恭敬了。到了万历壬辰年(1592年)，申时行已经辞官回乡养老，吴江知县黄似华新调到苏州任职，黄似华是申时行门生的门生。有一次，黄似华进城拜访申时行，远远就能看见他大摆车马仪仗被侍卫们前呼后拥的情形。进得申时行家客厅后，穿着华丽官服的黄似华神情倨傲地坐于上座，内心极度不满的申时行便以自己身体有疾为由没有接见黄似华。时人都说黄似华是过于倨傲，已经失去了基本的礼节。

申时行故居弯椽雕花

申宅分两路，坐北朝南，占地约6000平方米。西为正路，原有6进，现存大厅及楼3进。大厅年代较早,面阔3间,加左右抱楼,共24米,进深13.15米。扁作梁,饰有山雾云和抱梁云。前双、后单翻轩。檩枋之间有斗六升牌科5排。厅后3进楼均为5开间两夹厢。东路前部"秋声馆"小园已废,仅存后楼。其中花厅一座,于1982年移建定慧寺巷双塔前西侧,作为游客休闲品茗场所。

任道镕故居(蔼庆堂)

任道镕故居在中街路王洗马巷7号,建于清代,光绪年间属任道镕,民国初年归万氏。任道镕(1822—1906年),字砺甫,江苏宜兴人。道光二十九年(1849年)以拔贡入官,历任湖北当阳、江夏知县,直隶保定知府,河南、江西按察使,江西、浙江布政使,山东、浙江巡抚,最后官至山东河道总督。他办事干练、勤政廉洁、公而忘私,深得曾国藩赏识。光绪二十七年(1901年)以79岁高龄告老,选择苏州作为终老之地。先住蔼庆堂,后得铁瓶巷汪氏旧宅,改建为颐寿堂,与顾文彬过云楼相邻。

原宅院总面积9.3亩,坐北朝南,3路4进。20世纪50年代起先后为美和布厂、大众染织厂及疗养院等占用,后散为民居。1966年秋,东部园中方形水池被填平,亭廊假山被拆除。1979年后,楠木厅等建筑被使用单位拆除,改为多层住宅楼。现有建筑面积2340平方米。中路和西路原住宅厅堂多已无存,唯中路和东路后部各存5开间楼厅1座。东路前部为庭园,假山、水池虽废,建筑犹存。北有花篮厅,面阔3间10.4米,进深10米,满堂轩,长窗及挂落均银杏木制,雕刻极精。南有水榭,挂落等装修亦佳。东南一隅,书房自成院落,藏而不露,最称幽静。院中亭、廊、假山、花木俱备,纡曲而有层次,为书房小院之佳者。

从昆曲传习所到昆剧院

昆曲传习所位于桃花坞西大营门五亩园，它是在昆曲日渐衰微的历史背景下，由昆曲票友出资创办、以传承昆曲为重任的昆曲艺人培训班。昆曲传习所对昆曲传承产生了重大作用，对中国戏曲艺术也有积极的贡献，已被载入中国戏曲史册。

昆曲源流

昆曲发源于明代苏州的昆山、太仓一带。元代时，太仓的刘家港是国内外贸易的港口，发达的海运带来了城镇的繁荣，为南北各地戏曲、散曲小唱、歌舞技艺汇集和交流创造了条件。元末明初，昆山一带的山歌小调初为南曲吸收，经昆山人顾坚等改进，发展成为昆山腔，与余姚腔、海盐腔、弋阳腔并称为明代南曲四大声腔。

到明代嘉靖、隆庆年间，寓居太仓的音乐家魏良辅吸收当时流行的北曲、南曲和其他声腔流派的优点以及江南丝竹的艺术成果，对昆山腔进行全面改革和创新，并总结唱曲理论，建立了昆腔歌唱体系。其声细腻婉转柔和，有“水磨腔”之称，很快风行全国。参与革新的还有善唱北曲的张野塘、笛师谢林泉、洞箫名手张梅谷等。

到隆庆末年（约1570—1572年），昆山人梁辰鱼编写了第一部昆曲传奇《浣纱记》，使昆腔发展为昆曲。《浣纱记》以吴越兴亡的故事讽喻昏君宠信奸佞从而误国，这是在嘉靖至万历年间明皇朝内部统治黑暗、阁权纷争的背景下，士大夫和市民关心的现实问题，因而一上演就受到观众的欢迎。这部传奇的演出，扩大了昆曲的影响，在戏剧创作上开创了昆山派。一时间文人士子争用昆曲撰写传奇。和梁辰鱼同时代的吴江文人沈璟毕生致力于戏曲声律的研究，编写传奇《侠义记》等17种，是吴江派（格律派、本色论）的创始人。

吴江派与临川派(文彩派)大争论以后,涌现出了苏州派,它兼采吴江派与临川派之长,把昆曲推上了雅俗共赏的新境界。从明代天启年间到清康熙末年(1621—1722年)是昆曲的蓬勃兴盛期,以李玉为代表的剧作家群创作了大量在中国文学史上有极高价值的剧本。据清康熙、雍正年间的《传奇汇考标目》统计,有名氏传奇作品300余种,传奇作家人数140余人。其中苏州传奇作家人数占30%,传奇作品占60%。张凤翼的《红拂记》,李玉的"一、人、永、占"(《一捧雪》《人兽关》《永团圆》《占花魁》),王世贞的《鸣凤记》,尤侗的《钧天乐》,朱素臣的《双熊梦》等,都是有相当艺术成就的昆曲剧本。昆曲表演艺术也日趋成熟,在文人的参与下,昆曲演员的身段表情、说白念唱、服装道具等日益讲究。老生、小生、外、末、净、副、丑、贴、老旦等行当脚色,分工明确而细致(到乾隆时又发展成"十二色",清末行当分工更细)。初期的昆曲演出多为全本传奇,一本四五十出,不是一个晚上能够演完的。到明末清初,经精简凝练、节演整本剧本,孕育出了特别精彩的"折子戏",吸引了更多的观众。

知音渐稀

清初,昆曲在舞台演出上仍占优势。但因清皇朝实行文化专制主义,大兴文字狱,剧作家不敢写时事新剧,剧本创作每况愈下;加之声腔格律过分严谨,文辞古奥典雅,昆曲逐渐脱离大众。乾隆初,苏州昆曲戏班有40多个,到道光二十九年(1849年),只剩鸿福、大雅、大章、全福等十余个。全福班一直演出到清末民初,班中主要演员有沈月泉、吴义生、陆绶卿、沈斌泉、丁兰荪、周凤林、小彩金、施桂林等24人。

太平天国时期,昆曲戏班大部转移到上梅,也有到宁波、桂阳、北京等地的。太平天国战争后,从同治末年到光绪初年,原有的鸿福、大章、大雅、全福先后恢复,又新增聚福班。为促进昆曲发展,由原浙江绍兴昆弋福武班艺人金凤春发起,昆文班与昆弋武班实行文武合班。光绪二十九年(1903年),苏州的全福班为坐城班,由黄麻全及陈聚林发起,重振旗鼓,从老郎庙戏台迁至观前旗杆里创设戏馆,一度与昆弋福武班合班,成立文武全福班,流动演出于苏、嘉、湖、杭一带。一直到三十四年(1908年)光绪和慈禧相继病故,举行"国丧"时散班。宣统元年

(1909年),全福班文班由沈斌泉组班,许多参加文武全福班的文班演员退班参加全福班文班,仍在苏、嘉、湖、杭一带演出,到辛亥革命时期散班。其时文武全福班、昆弋鸿福班也相继散班。大章、大雅后来主要以上海为基地,为上海京剧界输送了大批昆曲演员。

民国元年(1912年)七八月间,由陆绶卿发起、沈斌泉参与,重组北头的迎凤班(循浒墅关西北一带演出,故称北头班),到宜兴、溧阳、无锡、常州一带演出。民国二年,陈聚林发起将迎凤班(昆班)与大锦胜班(徽班)合并成立迎凤大锦胜班,领班陆绶卿、管帐沈斌泉,戏码规定为4成昆曲、6成徽剧以维持票房,简称"四六班"。同年秋,由浙江昆弋班艺人汪双全再组文武全福班,演出路线与前相同。至四年(1915年),军阀混战,局势动荡,戏班亏本,又告解散。

民国六年(1917年),苏州昆曲艺人重组全福班,由陈砚香领班,有文班艺人40余人,首赴上海天蟾舞台演出,轰动沪上,合同一月,场场客满。全福班回苏州后,金阿庆、王小三、陈水泉等即被上海京剧班聘去。全福班继续到杭、嘉、湖等地区流动演出,因农村经济凋敝,票房收入每况愈下,于十年(1921年)再赴上海演出约半年。民国十一年(1922年)下半年,全福班在苏州长春巷全浙会馆公演,因观众不多,3个月后散班。在昆曲衰微、观众越来越少的情况下,艺人大多穷困潦倒,流落江湖。是年名角程西亭吊死在老郎庙内,正值壮年的名旦徐金虎因贫病而倒毙在上海一条弄堂的垃圾箱边上。

"传"字辈

民国十年(1921年),苏州曲友贝晋眉、张紫东、徐镜清等为挽救昆曲,出资1000元,在桃花坞西大营门五亩园创办了昆曲史上第一所学校——苏州昆曲传习所。

贝晋眉,名绵礼,号晋美,以字行,出身苏州望族贝氏(世界著名建筑大师贝聿铭亦是该族后裔),曾得到俞粟庐指点,深得"俞家唱"精髓。早在1919年,贝晋眉即在苏创建禊集曲社,任社长;后又参与组成道和曲社。贝晋眉一生酷爱昆曲,并将昆曲传承视做毕生事业,昆曲能后继有人,贝晋眉功不可没。

昆曲传习所所在地原是搞慈善的轮香局用于寄存棺材的殡舍。倡办人贝晋

穆藕初

眉等向殡舍租赁了十三四间房子，将存放其中的棺材迁到隔壁，遂开始办学招生。学员中大多是苏州子弟，上海贫儿院的院长高砚云是昆曲爱好者，他从自己院中选了6名有天赋的孤儿来学戏。当学员招到70人左右时，名票、上海实业家穆藕初先生闻知此事，他在为昆曲传承后继有人而欣慰的同时，积极争取社会支持，组织义演为传习所筹款，并突击学戏，亲自粉墨登场，与谢绳祖合演《拜施·分纱》，与张紫东合演《辞阁》，所得票房都作传习所办学之用。穆藕初还承允今后的一切办学费用都由他承担，并委托苏州道和曲社成员孙咏雩任传习所所长。全福班演员沈月泉、沈斌泉、陆绶卿、吴义生、许彩金、尤彩云、施桂林等任昆曲教师。在创办之初的三年间，穆藕初共资助传习所经费约5万元。所招学员有70余人，大的十五六岁，小的仅十来岁，平均年龄在12岁左右，均已有一定的文化基础。传习所克服了旧科班教戏时的不少陋俗，不打骂学生，学生也不用交学费，一切膳食费用全由传习所供给，每月有3天假期。传习所还为学生安排洗澡、理发和洗衣服等事宜。除了传授昆曲表演艺术，还先后聘周铸九、傅子衡教授国文课，所以“传”字辈艺人都有一定的文学基本功，其中以倪传钺的文化程度在学员中为最高。规定学艺3年，帮演2年，5年满师。

据“传”字辈的王传蕖回忆，传习所全名应该是“昆剧传习所”，而非“昆曲传习所”，因为他对文化课上练字时临摹的那个繁体“剧”字印象很深。传习所还把穆藕初纱厂里的湖南籍拳师邢福海请来教武术，以弥补学员武功训练的不足。

“传”字辈学员也受过曲学大家的指点，俞粟庐和吴梅堪称传习所的高级顾问。在外地教书的曲学大师吴梅每到寒暑假返苏时，常到传习所给学员们讲解四声阴阳、出声吐字、收音归韵等唱念方法，甚至给部分学员授曲。傅子衡就是经由吴梅推荐到传习所任教国文的。吴梅还指导顾传玠、朱传茗、施传镇、倪传钺等排演自制的《湘真阁》曲谱，并于1927年首演于苏州青年会。

两年后，学员到上海进行尝试性演出，兴奋不已的穆藕初邀请王慕诘给每个学员题取艺名，王慕诘欣然应允。经过他的精巧构思后，“传”字辈艺人的姓名中间都嵌一个“传”字，表示昆曲艺术有了传人，姓名的第三个字，则按每个学员学的行当取相应的偏旁：小生用“斜玉”旁，取“玉树临风”之意；旦角用“草”字头，取“美人香草”之意；净、末、外、老生均用金字旁，取意“黄钟大吕，得音响之正，铁板铜琶，得声情之激越”；副和丑用“三点水”，取意“口若悬河”。学员3年学完时，已可以上演200多出折子戏，其中《牡丹亭》《金锁记》和《荆钗记》等可用折子戏串成整本演出。

在上海初演结束回到苏州后，学员开始跟老师进行专门化的折子戏学习，学员跟各自的老师分桌台拍曲、学习表演。据王传蕖回忆：

沈月泉老师的桌台是周传瑛（根荣）、顾传玠（汝雨）、张传芳（金寿）、朱传茗（祖泉）、汪传钤（福生）、沈传芷（葆生）、刘传蘅（仁炳）、华传浩（福林）、包传铎（根生）、赵传珺（鸿钧）和华传铨（金林）。所学剧目有《赏荷》《佳期》《梳妆掷戟》《茶叙》《琴挑》《献剑》《小宴》《梳妆跪池》《梦怕》《三怕》《楼会》《拆书》《拜施》《分纱》《进美》《采莲》等。沈斌泉老师的桌台是沈传锟（坤生）、邵传镛（锦元）、周传铮（根生）、王传淞（森如）、姚传湄（新华）、徐传溱（永福）、马传菁（家荣）、姚传芗（兴华）、张传湘（茂）以及蔡传锐（菊生）的笛子。所学剧目有《照镜》《刀会》《北饯》《盗甲》《花荡》《诱叔别兄》《议剑》《献剑》《营哄捉闯》等。吴义生老师的桌台是施传镇（培根）、郑传鉴（荣寿）、倪传钺（小荣）、王传蕖（仁宝）、顾传琳（汝林）、顾传澜（根样）、周传沧（巧生）、屈传钟（均通）、华传萍（和卿）、龚传华（仁）和陈传镒（文高）。所学剧目有《越寿》《赏秋》《拜冬》《卖书纳姻》《借饷》《探山》《花婆》《议剑》《判斩》《见都》《访鼠测字》《扫花》《三醉》《劝农》等。尤彩云老师的桌台是袁传藩（福田）、方传芸（三寿）、薛传钢（深保）、沈传芹（永寿）、陈传琦（炳生）、沈传球（建高）、章传溶（根无）、陈传夷（文嘉）、史传瑜（雨生）和吕传洪（桂卿）。所学剧目有《进美》《采莲》《说亲回话》《梳妆跪池》《梦怕》《三怕》《学堂》《游园》《小宴》等。

不过由于各种原因，学员的行当和人员也有了一些变化，当中有早殁的和半途退出传习所的，还有几名没有跟着“传”字辈排名，比如沈南生（老生）、章荷生

朱传茗剧照

(大面)、唐巧根(丑角)和包云生等。沈传芷的行当由小生转成了正旦,沈传芹由小生改成了六旦,后来又改学正旦等。行当和人员变化后,学员的桌台也随之调整。下面是王传蕖对演艺生涯小有成绩时的回忆:

1924年六七月,孙咏雩所长率领我们"传"字辈学员到上海演出。开始在康脑脱路徐家花园演了一个时期,之后到南京路新世界和笑舞台等剧场交叉演出,住所则在孙咏雩的尚贤坊。我们的演出颇受欢迎,得到社会的好评。在新世界时,顾传玠和朱传茗合作的生、旦戏开始"红"起来,越来越多的观众喜欢看他们的"中轴子"戏,后来张传芳也争取了众多的看客。戏迷们组织了"兰社",并印发《兰言集》。沈月泉和沈斌泉老师看我们已崭露头角,自己年纪大了,当我们在新世界演出的阶段,便先后离开了传习所,回苏州闲居课子,间或也应约出来教戏。吴义生老师始终和我们在一起。孙咏雩便采取了外请师资、边学边演的办法,继续培养我们。……这段时间并不长,我们在紧张的演出之余,拼命地向老师们多学戏。因此新世界时期是我们在艺术上进步最快、戏目增长最多的时期,很多整本戏都是这时学全了排出来的。

民国十五年(1926年)秋,国产纱受洋纱的排挤,穆藕初虽号称"棉纱大王",但在来势汹汹的洋货面前也是招架乏力,随着国产棉纱市场的被挤压,穆藕初经营的几家纱厂无力再支持传习所的费用,他只得将所务转交大东烟草公司严惠宇和陶希泉。严、陶接手后为艺人们重置了新行头,传习所遂改名为"新乐府",孙咏雩辞去所长职务,由严惠宇派来的林子彝管庶务。"新乐府"的艺人们住在上海的淡水路怡乐里,在笑舞台等处演出了近两年。

在"新乐府"时期,"传"字辈艺人抓住每一个机会寻师问艺,受到过不少昆曲名家的指点。比如,在知名文人张宗祥的资助下,姚传芗以每折戏100大洋的学费向已60多岁的钱宝卿学得《疗妒羹·题曲》和《牡丹亭·寻梦》,这两出戏是钱宝卿的绝活,钱宝卿在病榻上教完姚传芗后不久即辞世。解放后,姚传芗在浙江戏曲学校任教,又将这些绝活教给了学生王奉梅和张志红等演员。华传浩向夏月恒学到了勾《偷鸡》脸谱的技巧；顾传玠向蒋砚香学会了《雅观楼》；等等。今天的观众能够欣赏到这些精彩戏码，都是“传”字辈薪火传承的结果。

但是，“新乐府”的管事人和穆藕初时期的工作风格大相迳庭，林子彝本是个生意人，特别看重钱财，对艺人们的钱卡得很紧。1928 年，“传”字辈艺人忍痛以归还戏装为代价，脱离了“新乐府”，自己多方筹钱置备演出服装，到 1930 年，经过多方努力，终于成立了“传”字辈自己的昆曲演出团体，大世界的经理孙玉声为该昆曲戏班定名“仙霓社”。抗战爆发前夕，“传”字辈艺人辗转演出于太湖周围地区，有时还沿用全福班旧称。1937 年，上海爆发了“淞沪战役”，“仙霓社”的演出服装被战火烧毁。为了糊口，艺人们只得租赁戏服演出，民生本已维艰，看戏的观众也就更少，有时演一场戏的收入连付戏服租金的钱都不够。1944 年 4 月，“仙霓社”宣告解散，“传”字辈的一些艺人不得不改行离开舞台艺术，或者到别的剧种班子谋生，像王传淞和周传瑛就转到了朱国梁领导的苏剧团继续演戏，有的改演京剧、苏剧，有的唱堂名、当吹鼓手，有的以授曲教戏为生。他们的加入为兄弟剧种增添了丰富的养料，也雅化了一些剧种的演出风格。

1951 年 4 月 17 日，苏州市文联邀请苏、沪两地著名昆曲家和“仙霓社”艺人在苏州开明戏院举行观摩演出，日夜两场，参加演出的有 20 余人，其中有贝晋眉、丁鞠初、姚兢存、宋衡之、贝佐符、姚轩宇、汪传钤、王传淞、郑传鉴、沈传芷、张传芳、王传渠、朱传茗、袁传蕃等。

1981 年 11 月 1 至 9 日，由中华人民共和国文化部、全国剧协以及江苏、浙江、上海两省一市文化厅（局）和有关剧协分会 8 个单位在苏州联合举办“昆曲传习所”成立 60 周年纪念活动，分别向 16 位“传”字辈老艺人赠送“纪念匾”。期间，召开“传”字辈老艺人茶话会，“传”字辈老艺人演出了两台精彩的折子戏和片段。作为“传”字辈的艺术传人，上海昆剧团华文漪与计镇华以《钗头凤》、江苏省昆曲院张继青以《鉴湖女侠》、浙江省昆曲团汪世瑜以《杨贵妃》、江苏省戏校昆曲科四年级学员以《哪吒》向“传”字辈老艺人作汇报演出。80 高龄的昆曲名家俞振飞特赋诗一首作为纪念：

姑苏台下挹秋光，甲子已周再上场。梁魏遗风传儿辈，幽兰更胜菊花香。

1982 年 5 月 25 日至 6 月 3 日，文化部、上海市、江苏省、浙江省文化厅(局)和苏州市文化局在苏州开明大戏院联合举办昆曲会演，昆曲“传”字辈老艺人、南北昆曲名家、昆曲表演团体以及观摩代表等 1600 余人参加活动。文化部给 16 位“传”字辈老演员颁发“荣誉奖”，授予上海市昆剧团、浙江省昆剧团、江苏省昆剧院和江苏省苏昆剧团“继承革新奖”。

据统计，到 20 世纪 80 年代，“传”字辈艺人中只有 16 位还在人世，平均年龄也已在 70 岁以上了。当时，江苏省文化厅出巨资买了两台进口录像机，把老艺术家们的拿手戏精心摄录保存。16 位老艺术家“穿着戏服，化着妆，唱念做打一点也不含糊”，总共演出了 30 出经典折子戏。为了全面留下艺术资料，当时拍摄是采用从上到下整体拍摄的手法，以便后人学戏。

为了纪念“传”字辈艺人对中国戏曲艺术的杰出贡献，2008 年，政府出资修复了苏州昆曲传习所，供昆曲教学、练习和内部使用。2011 年 9 月 25 日是昆曲传习所建立 90 周年纪念日，这一天，昆曲传习所首次对外开放以后将进行每月一次的免费市民开放日活动。同时，每周六晚上都将对外经营性开放，逢单周上演十个经典折子戏，双周上演实景版《游园惊梦》。

2010 年 9 月 24 日，最后一位“传”字辈艺人倪传钺去世。“传”字辈艺人虽然都已告别了人世，但人们永远记得他们：

昆剧“传”字辈艺术家名录

旦角：沈传芗、马传菁、刘传蘅、王传蕖、华传苹、沈传芹、朱传茗、姚传芗、方传芸、张传蓉、张传芳、袁传蕃、陈传荑、龚传华

生角：周传瑛、顾传琳、顾传玠、史传瑜、朱传瑾、韩传琪、蔡传珺

外、末、净：华传铨、汪传钤、邵传镛、薛传钢、包传铎、蔡传锐、施传镇、郑传锏、周传铮、倪传钺、赵传钧、陈传铸、沈传锟、吕传钰、陈传镒

丑副：华传浩、张传湘、姚传湄、顾传澜、周传沧、王传淞、刘传瀛、陈传滨

其中佼佼者有：

顾传玠(1910—1965 年)，“传”字辈中的小生全才，扮相清秀，神采奕奕，音调清丽委婉，抑扬自如，演出时一丝不苟，十分认真。尤其能揣摩剧情，注重角色性

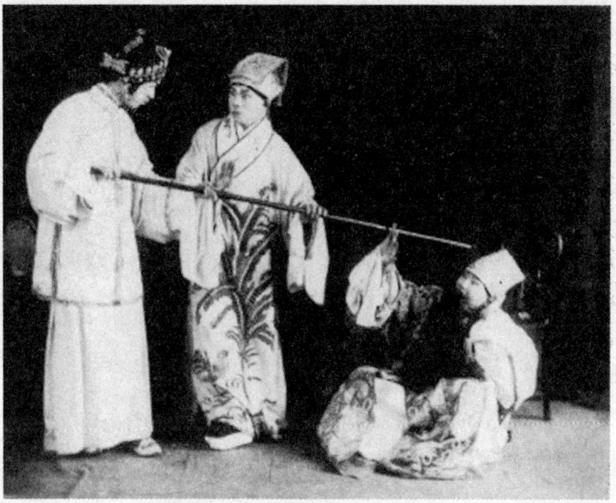

顾传玠演出剧照

格。所扮演的人物无不情真意切，细腻传神。1931 年脱离舞台，在“新乐府”创办人严惠宇的资助下，放弃了潜心多年的演艺事业，转到东吴大学和光华大学附中求学。金陵大学农科毕业后，从事农技工作，后以经商为业。1939 年 4 月，与苏州幔亭曲社曲家张元和女士结成伉俪，张元和系近代实业家张冀牖之女。1949 年顾氏移居宝岛台湾，宝岛昆曲一脉多得益于他的拍曲授艺。

朱传茗(1909—1974 年)，五旦兼正旦。“仙霓社”报散后以教戏为生，培养出了众多学生。新中国成立后，在“上海华东研究所昆曲演员训练班”任教员，华文漪、张洵澎等昆曲名家都是他的学生。

顾、朱搭档，堪称珠联璧合。据传，当二人演到动人处，台下的贵妇、千金争相向舞台上抛珠宝首饰。顾传玠的《琴挑》《问病》《望乡》《玩笺》，朱传茗的《扫花》《瑶台》《受吐》以及二人合作的《折柳》《阳关》《梳妆》《茶叙》《写状》由蓓开、开明公司灌制成唱片传世。

周传瑛(1912—1988 年)、王传淞(1906—1987 年)二人在“仙霓社”报散后入国风苏剧团，使南昆一脉依附苏滩得以薪传。周传瑛也是小生全才，主工巾生、鞋皮生、小冠生等，扮相儒雅俊秀、风度翩翩，唱念抑扬顿挫、韵味醇厚、吐字清晰，表演细腻，善于运用眼神、身段、舞姿塑造各类舞台形象；尤其是扇子、褶子、翎子功扎实，有“三子唯传瑛”之说。王传淞主工副行，兼演丑脚戏。他口齿清晰，发音吐语，以冷隽诙谐、阴沉挂味取胜，尤精做功，善于描绘人物个性，不瘟不火。1956 年，两人一起主演《十五贯》中的况钟和娄阿鼠取得巨大成功，被周恩来总理誉为

“一出戏救活了一个剧种”。

沈传芷(1906—1994年),沈月泉之子,小生、正旦兼能,在表演风格上口劲足,咬字清脆,嗓音较润,得戏工正旦唱法嫡传。上海名曲家朱尧文特为其记录下各行主戏身段谱40余出,是极为珍贵的昆剧表演艺术资料。解放后,和朱传茗一起在“上海华东研究所昆曲演员训练班”任教员,培养了众多优秀昆曲人才。

姚传芗(1912—1996年),“仙霓社”发起人之一。在表演风格上口齿清晰,唱腔柔和圆润,身段舞姿优美,尤其善于运用眼神和面部表情表达人物复杂微妙的心理活动。先后任浙江省戏曲学校业务班主任、艺术顾问等职,在培养昆剧、越剧人才方面贡献颇大,全国南、北昆剧院团的挑梁名旦大多跟他学过戏。曾向华文漪传授《偷诗》《说亲》《回话》,向梁谷音传授《借茶》《活捉》《佳期》《挑帘》《裁衣》等戏。

郑传鉴(1906—1996年)、倪传钺(1908—2010年)两人共同主持“仙霓社”社务多年。郑有“昆曲麒麟童”之称。

……

江苏省苏州昆剧院

位于校场桥路9号的江苏省苏州昆剧院前身为成立于1951年的上海民锋苏剧团,民锋苏剧团原为民间职业剧团,于1953年落户苏州。

江苏省苏州昆剧院

1952年,贝晋眉、丁鞠初、陈伯虞等发起组建苏州昆曲研究会,以抢救昆曲艺术,扩大影响。1953年,苏州市文联与民锋苏剧团建立民营公助关系,文联派干部下团帮助工作。1955 年，开始分批接收 43 名青少年进行培训，依照“传”字辈，在艺名中嵌一“继”字，这批演员即“继”字辈演员，之后以扮演《牡丹亭》中的杜丽娘一举成名的张继青即为这个班学员。

1956 年，周恩来总理肯定了浙江昆苏剧团改编演出的《十五贯》，指出是“一出戏救活了一个剧种”，大大鼓舞了昆曲工作者。同年 5 月，民锋苏剧团易名苏州市苏剧团，10 月改为江苏省苏昆剧团，苏剧、昆曲兼演。“继”字辈演员组成江苏省苏昆剧团青年演出队，“传”字辈老艺人和著名昆曲表演艺术家俞振飞应邀来苏州传授技艺。

1959 年，中共江苏省委决定将江苏省苏昆剧团一分为二，一部分调到南京，一部分留驻苏州。张继青等十余名“继”字辈演员去了南京。

2001 年 11 月，苏州苏昆剧团更名为江苏省苏州昆剧院。

在老一辈昆曲艺术家倾力教导下，江苏省苏州昆剧院相继培养出“继”“承”“弘”“扬”四代优秀昆曲演员百余人。该院在唱念、表演、内心体现、乐队配置、演奏风格、舞美设置上都坚持古朴、典雅的传统风貌，在全国昆曲院团中独具特色。

2004 年，苏昆剧院和台湾石头股份有限公司合作打造上、中、下三本昆曲《长生殿》，2004 年 2 月在台湾首演，并于 2004 年、2005 年在香港、北京、上海、南京及上海交通大学演出，引起轰动。

更引起世人注目的是苏昆剧院又紧紧抓住机遇，和著名作家白先勇等文化菁英诚挚合作，精心改编了青春版昆曲《牡丹亭》上、中、下三本。该剧于 2004 年 4 月以及 5 月相继在台湾与香港地区首演，又在澳门、上海、北京、杭州、苏州、佛山、深圳等城市和北京大学、南京大学、南开大学、复旦大学、同济大学等高校演出，后赴美国林肯艺术中心访问演出，又一次掀起了昆曲热潮。

列入世界文化遗产名录

昆曲至今已有六百多年历史，被誉为世界戏剧的三大源头之一。由于它变化较少，对传统戏曲特点的保留较多，剧目又极为丰富，因此，又被称为戏剧“活化石”。

昆曲堪称中国戏曲的“百戏之祖,百戏之师”。在中国传统戏曲中,昆曲的舞台呈现最为完美与出色,其他剧种的演员为提高技艺都要学昆曲。如京剧演员梅兰芳的祖父就曾专程到苏州学了一年多的昆曲,梅兰芳本人也有深厚的昆曲功底并能演出不少昆曲剧目;河北梆子演员裴艳玲的代表作《林冲夜奔》即以昆曲形式演出。许多地方剧种,像晋剧、蒲剧、上党戏、湘剧、川剧、赣剧、桂剧、邕剧、越剧和粤剧、闽剧、婺剧、滇剧等,都受到过昆曲艺术多方面的哺育和滋养。比如,著名越剧演员袁雪芬就曾说过“昆曲是越剧的奶娘”,她主演的电影《梁山伯与祝英台》中“化蝶”一折就借鉴了昆曲表演中的舞蹈身段。

2001 年 5 月 18 日,联合国教科文组织在巴黎宣布第一批“人类口述和非物质遗产代表作”名单,共有 19 个申报项目入选,其中就包括中国的昆曲艺术,中国成为首次获此殊荣的 19 个国家之一。

苏州美术馆

苏州美术馆位于人民路2075号，东临人民路，西抵桃花河两岸，北以校场桥路为界，与紧邻的苏州市名人馆一起斜望北寺塔，毗邻桃花坞木刻年画博物馆，遥望朴园，是苏州古城又一文化地标式建筑。

苏州美术馆的历史，要从民国十六年(1927年)说起。那一年，苏州美术学校创始人和校长颜文樑被公益局聘为沧浪亭保管员，他在筹款修葺和将学校迁入沧浪亭的同时，又在其中一并筹建以收藏和陈列当代画家作品为主的苏州美术馆。张一麐、叶楚伧、金松岑、朱梁任、吴子深、顾仲华、顾彦平、朱士杰、胡粹中、黄觉寺等30余人应邀出席了颜文樑召开的筹备会议，并组成筹备委员会，公举黄觉寺为筹委会主任。翌年10月1日，苏州美术馆在沧浪亭苏州美术学校内正式成立，颜文樑任馆长。就在这一天，苏州第十届美术画赛会也同时开幕，分16个展室展出了国画、西洋画、书法、刺绣、摄影等艺术类别的作品，其中有颜文樑、胡粹中、朱士杰、黄觉寺、许幸之等70余人的作品200余件。二十一年(1932年)8月，美校新校舍落成，美术馆亦由沧浪亭迁至新楼。同年10月，为庆祝美校经批准以大专院校立案、定名为苏州美术专科学校，美术馆隆重展出了历年收藏的精品2000余件。著名画家徐悲鸿应邀前来参观，观后极为赞赏。

苏州美术馆的创办人颜文樑(1893—1988年)是油画家、美术教育家，江苏苏州人。他自幼随父颜元学画，1911年入商务印书馆画图室学习西画。1928年赴法国巴黎高等美术专科学校学习油画。回国时带回了近500件著名雕塑石膏像和一万多册图书，有了这么多宝贵的教学资料，苏州美术专科学校的硬件设置顿时跃居全国美校之首，影响日隆，颜文樑也以其独特的美术教育贡献而为后人所纪念。1996 年底，位于沧浪亭 4 号的苏州美术馆暨颜文樑纪念馆正式对外开放。后由于城市建设的需要，移建至人民路现址。

新建成的苏州美术馆包括吴作人艺术馆、版画院、桃花坞、颜文樑纪念馆等，可以基本满足各类中大型美术展览、学术交流活动以及美术典藏与研究的需要。其中的市民画廊面积有 567 平方米，有一定艺术水平的书画爱好者可以在此展示自己的风采。

苏州名人馆

苏州向来文化昌盛，人文荟萃。自隋唐开科取士至清的近 1300 年间，苏州辖区内共出文武状元 50 名，占全国的 7.6%，其中，唐代有 7 名，宋代有 4 名，明代为 8 名，清代为 26 名（占清代 114 科状元的 22.8%），是中国出状元最多的城市。进士更多，出了 1500 多名，其中明代苏州府有进士 437 名，清代则有 600 名。至于封疆大吏、征战良将、地方官员、社会名流这些有贡献于社稷的苏州人，或外地人有功苏地而为后人推崇的，更是数不胜数。清道光年间沧浪亭所立名贤祠，初建即列名贤像赞 570 名，后又续增名贤 600 余名。名贤祠几经兴废，民国三十年（1941 年）重修后，尚存名贤像赞 594 名。

吴地名贤，不胜枚举，著名的代表人物有：春秋时期的政治家伍子胥、军事家孙武；楚霸王项羽；唐代诗人陆龟蒙；宋代政治家、文学家范仲淹及文学家范成大；明代画家沈周、唐寅、文徵明、仇英，政治家况钟，文学家冯梦龙，建筑家、明故宫设计者蒯祥；明末清初思想家顾炎武，造园大师计成，叠石专家戈裕良；清两代帝师翁同龢，外交家洪钧；近代民主人士柳亚子，经学大师章太炎，史学家顾颉刚，文学家和教育家叶圣陶，刺绣大师沈寿；现代文学家和作家苏童；等等。当今两院院士中，苏州籍和在苏工作的院士有 100 多位。

苏州名人馆的面积有 2368 平方米，主要是以多媒体手段展示苏州名人的生平事迹。入选名人从先秦至今，包括各行各业名人 252 个、状元 47 个、宰相 55 个、院士 82 名，共计 436 人，共同勾勒苏州文明史。观众来此参观既可励志，又可了解苏州的丰富人文底蕴。

桃坞博物

苏州堪称博物馆之乡，最早的博物馆可从1958年说起，当时文化名流范烟桥担任苏州市文管会副主任，他力主成立苏州地志博物馆。经市领导批准后，与顾公硕、陈涓隐等人在文庙开始筹建，着手征集文物。至1960年，改称苏州博物馆，并将馆址从文庙迁至忠王府。

位于桃花坞历史文化片区的博物馆主要有坐落于景德路明代大学士申时行故宅“春晖堂”的苏州中医药博物馆、苏州桃花坞木刻年画博物馆、苏州丝绸博物馆和中国苏绣艺术博物馆。

中国苏绣艺术博物馆

1986年10月，苏州市在景德路的环秀山庄内建立了中国苏绣艺术博物馆，1988年底迁到王鏊祠堂。2001年4月更名为苏州市刺绣艺术博物馆。苏绣已有两千多年的历史，据《说苑》记载，春秋时期吴地已有“绣衣而豹裘者”。三国时期，吴主孙权妻子赵夫人擅长刺绣，能在方帛上绣出五岳、河海、城邑、行邑的形势，被时人赞为“针绝”。到了宋代，苏州已是“户户有刺绣”。到明代时，苏州刺绣已形成“精细雅清”的地方特色。清代时，苏绣发展到鼎盛时期，以其图案秀丽、色彩典雅、针法活泼、制作精细的独特风格成为中国“四大名绣”之一。

苏绣博物馆位于景德路274号，占地一亩半，分大门、仪门、飨堂三进。在宽阔的大门里，悬挂9只红底明黄字宫灯，每灯一字，写明馆名。全馆陈列分古代刺绣品室、明清刺绣品室和近代刺绣品室三大部分，共展出几百件珍贵展品，系统地展示了苏绣发展的历史。

展挂在第一室大厅迎门处的是一幅《姑苏繁华图》，又名《盛世滋生图》。这幅绣稿长400厘米、宽33厘米，是清代画家徐扬的同名国画画卷局部，取胥门到阊门一段当年苏州的繁华景象。绣娘们在工艺美术大师李娥英的指导下，运用接针、套针、缠针、铺针等 10 多种针法和 500 多种色线，将长卷中鳞次栉比的店铺、官员们显赫铺张的排场、苏州学台的院试、新郎新娘向双亲参拜的苏州风土人情，都纤毫毕具地精绣出来，再现了原作的神韵，可谓是苏绣艺术精品。

进门后，可以欣赏到年代最早的刺绣实物：苏州虎丘塔出土的五代刺绣经袱、北京大演台燕王墓出土的西汉刺绣绣片、江苏高邮天山墓出土的西汉刺绣残片、浙江瑞安慧光塔出土的北宋双面绣经袱等。

明清刺绣品室展出的有皇帝的龙袍、皇后的百子衣、官服的补子，有清代流行的腰间佩饰品如褡裢、荷包，有室内装饰用的镜套、床挂等，都极为典雅秀丽。明代的刺绣立轴《松鼠葡萄》《山鸡白兔》和清代的《仕女种花》《菊石图》等绣品，都凝结着刺绣先辈的智慧和精湛的技艺。展室里有一幅十分引人注目的朱红色炕毯，长 4 米，宽 2 米，是清代乾隆皇帝东巡盛京（沈阳）时的御用绣品。毯面均匀地绣有 5 个用真金线盘绣的“喜相逢”双蝶刺绣团花，寓意夫妻相爱。在团花之间，以彩绒绣出图案化的藤蔓花草，穿插灵活，风格粗犷。四周盘金绣有宝螺、宝伞、宝盖、金链等吉祥物，外圈绣绒回纹，色彩鲜明富丽，气派大方，为乾隆时期代表作。

沈寿像

近代绣品室重点陈列了我国杰出的刺绣艺术家沈寿和苏州著名老艺人金静芬的刺绣杰作。

沈寿（1874—1921 年），原名沈云芝，字雪宧，苏州人，有“绣圣”“神针”的美誉。她少年学艺，针功扎实。1904 年，她精工绣制的《八仙上寿图》进呈为慈禧太后七十寿辰贺礼，获清廷农工商部四等商勋，慈禧亲书赐“寿”，沈云芝由此改名为“沈寿”。后赴日本考察，悉心研究了日本美术绣与西方绘画摄影。回国后，担任京师绣工科总教习。此期间，她借鉴西洋画的写实手法，首创了“仿真绣”，把苏绣技艺提高到了一个新的水平。沈寿仿真绣的代表作《意大利皇后像》《耶稣像》，先后在意大利都朗博览会（1909 年）、巴拿马万国博览会（1915 年）获一等奖，为中国刺绣赢得了很高的国际荣誉。

此外，室中陈列的还有齐针绣，戳纱盘金绣，平金、编金、织金等各种针法的绣品，令人目不暇接。

苏州丝绸博物馆

苏州丝绸博物馆是我国第一座丝绸专业博物馆，位于北寺塔风景区西侧，1989 年 10 月假桃花坞唐寅祠开馆。1991 年 9 月 21 日，位于人民路 2001 号的新馆落成并正式开放。

丝绸戏装

苏州不仅是园林城市，也是丝绸之府。唐宋时期，苏州就是全国的丝绸生产和贸易中心。明清两代，宫廷中的丝绸用品也大都出自苏州织工之手。为了弘扬我国的丝绸文化，向国内外游人展示我国丝绸工业发展的历史、现状，苏州丝绸博物馆应运而生。这是一家以丝绸为主题的博物馆，建筑端庄典雅、新颖别致，占地 9460 平方米。该馆的建筑主题是“丝绸之路”，馆内设有序厅、古代厅、蚕桑居、桑园农家、织造坊、中厅、近代馆（即明清一条街，1994 年开放）、现代馆（即锦绣苑，1992 年推出接待、讲解、表演、购物一条龙服务）等。

步入序厅，丝绸古国的辉煌历史即形象生动地展现在眼前。中央石壁上刻着“蚕、桑、丝、帛”四个甲骨文字，简洁地概括了苏州丝绸博物馆的全部内容。左侧的巨幅石刻壁画生动地再现了我国古代丝绸发展的沿革过程及其科技成就。靠近壁画，有一尊端庄美丽的古装妇女雕像，手里捧着蚕茧，神态看起来似在思考，她就是历史传说中第一位养蚕的“蚕神”——黄帝的妻子嫘祖。抬头仰望，顶上无数乳白色的半透明蚕茧形吊灯，将人们带回到了古代的蚕桑世界。

沿“丝路”右侧，一组沙漠驼队的浮雕形象生动，古朴浑厚，与半墙有机结合，显示了汉唐以来丝绸之路的独特风光。“古代馆”的丝绸陈列，以其珍贵的丝绸文物及模型、图片，展示了从新石器时代晚期丝绸的起源到明清时期丝绸生产的沿革的过程，它是一部浓缩了的中国古代丝绸史。

丝绸离不开蚕桑，“蚕桑居”根据近代农家养蚕栽桑的真实情景和桑园再造而成。跨进“织造坊”，又是另一番景象，在这里可以见到各种类型的古代织机和传统工艺的手工操作表演，观者仿佛是身临明清时期苏州丝绸业“东北半城，万户机声”的繁荣境地。还有织女们身着古装作现场表演：天鹅绒织机、漳缎织机、云锦织机、脚踏梁丝机、绿丝机等都在运转和操作，古代的云锦、彩经绒、绿丝等著名丝绸品种的织造过程，在这里都得到了充分的演示。

展厅有一架元代的大型花楼织机，织女在下面穿梭引线，小伙高坐织机上部，通过提拉经线以控制织品图形，上下配合，和谐默契，可谓一幅天然浑成的乡女织绸图。展厅另一角，一块巨大的石元宝下的凹槽里放着缠有丝织品的木棍，一位艺人正将两脚踏在石元宝下的两个突出部晃动石元宝，这是在操作研光工序，通过研光碾压，丝绸将变得柔软平挺，光泽可鉴。

穿过象征性的古丝路城关——嘉峪关就进入了中厅，郑和下西洋时的船只模型和序厅中的驼群遥相呼应，展示了中国文明走向世界的两个著名通道——海上丝绸之路和陆上丝绸之路。在近代、现代馆内，展示了苏州丝绸的精湛技艺、服饰变迁、国际获奖产品、能工巧匠、丝绸名人介绍及苏州丝绸业发展的历程、苏州丝绸的国际地位、丝路延伸等。

丝绸博物馆既有丰富的文物系列，又有奇妙生动的操作表演，观众还能亲自动手参与，有较强的科普效果，自开馆以来受到国内外参观者的普遍赞誉。

苏州中医药博物馆

苏州中医药博物馆位于黄鹂坊桥东堍景德路 314 号，紧邻苏州市中医院的西侧，于 2002 年 10 月 24 日开馆。此处原为明嘉靖年间苏州状元申时行宅遗址，这处占地好几亩的古宅群，历经四百余年沧桑变化，原先已经沦为居民区，后来成为百货公司的仓库和办事处。2001 年 5 月，苏州市人民政府、苏州市卫生局和苏州市中医院为弘扬吴门医派传统文化、振兴苏州中医药事业，决定筹建苏州市中医药博物馆。鉴于“春晖堂”地理位置优势和百货公司对建馆工作的支持，筹资 500

余万元，购下“春晖堂”主厅及其后楼厅的使用权，作为中医药博物馆馆址。现其主厅名“春晖堂”，就是取中医药“杏林春晖，治病救人”之意。

春晖堂大厅面宽3间，左右抱楼，通宽25米，进深13米，气势极为宏阔轩敞，民间称之为“百桌厅”。厅堂巨柱石础，扁作梁饰，有山雾云和抱梁云图案。前设双翻轩，檩枋间有斗拱牌科5排，牌科间有福寿木纹图饰，风格浑厚，古朴凝重。庭院内假山、水池、半亭、廊轩毕具，花木扶疏，芭蕉摇曳，一派苏州园林景象。

全馆共分5个展厅，第一展厅展示了我国医学的起源与发展历程；第二展厅介绍吴中医学的形成与发展；第三和第四展厅是历代吴中名医及近代名医介绍；第五展厅让我们见识到了资源丰富、品种繁多的苏州地产药材，有一定的中药科普价值。

苏州中医药是吴文化的重要组成部分，史称吴门医派，历代吴中名医有千余人，御医、医官百余人，存世医学著作500余种。博物馆布局以历史发展为纲，由图版、文物、书籍、场景复原等展线铺开，形象直观地反映了吴中医学各个历史时期的中医药发展的概貌及成就。清代中期吴门医派已趋成熟，自成一派，涌现出了以叶天士为代表的温病学派，以及以雷允上诵芬堂为代表的百年药店，吴中医学由此声名远扬。南宋时期，苏州先后出现了医院和药局，现存苏州碑刻博物馆的宋代石刻《平江图》上就已刻有医院标记，这是中国历史上有实物可考的最早出现“医院”一词的记录。宋绍定四年（1231年），苏州知府吴渊还创办了第一所官办药局——济民药局。元代名医葛乾孙著有《十药神书》，是中国医学史上第一部专治痨病的医书。明代杨循吉在《苏谈》中首次确定了“吴医”的名称。清代唐大烈将苏州地区包括自己在内的31位医家的医论、杂著汇编成《吴医汇讲》，这是我国历史上第一部医学杂志。苏州又是温病学派的发源地，以苏州名医叶天士为代表的一批温病名家，如薛生白等，以自己丰富的临床经验和学术见解著书立说，自成一派。

吴门医派的另一个特色是发达的中药业。明清时期苏州药材交易市场繁荣，药商又多集中于阊门外运河两岸，古城内外各种名号的中药店、药材行、参茸店星罗棋布，有340家之多，百年老店“雷允上诵芬堂”“沐泰山堂”“宁远堂”“童葆春堂”“良利堂”“天益生堂”等，都以“道地药材，精心炮制，优质饮片，精当修合”闻名四海，更有中成药“六神丸”“行军散”“玉枢丹”等誉满海内外。

桃花坞木刻年画博物馆

2006年成立的苏州桃花坞木刻年画博物馆，位于苏州市校场桥路8号，是一处民国时期的建筑，名朴园，也是苏州市文物保护单位。

桃花坞木刻年画博物馆

朴园，在城西北部高长桥8号，邻古五亩园址。清末民初此处为荒冢地。民国21年(1932)左右，上海蛋商汪氏在此建造二层西式楼房及花园，占地15亩，造价10万余银元。苏州沦陷期间，园为侵华日军军官占用。抗日战争胜利后，又驻国民党军队，在园中假山峰石上拴养军马，园遭损坏。1953年国家公路总局第三工程局以1万余元购得此园。开办疗养院。1956年在园中建三层楼房1幢。以后均为单位使用，园貌渐改。1974年朴园归市卫生局，设市卫生防疫站至今。70年代末，原花房处改建三层楼房，使园貌逊色。1980年规划为修复项目，加以保护。1985年整修园中假山。

朴园四周砌花岗岩块石围墙，园门朝东，前临小河。以山水为主景。湖石包土假山，峰峦起伏，池上架曲桥。园中有琉璃瓦顶四面厅、花厅、亭廊等建筑，小径蜿蜒盘曲，路畔点以石笋小景。园内绿化面积较大，花木茂盛，有白皮松、罗汉松、广玉兰、樱花、杜鹃等，并有珍贵的地栽五针松2株，各300余龄，高2米，生长健壮，为朴园特色。

由于年久失修和长时间改变用途，朴园受到的破坏非常严重。在作为年画博物馆开放前已进行了改建，使旧建筑恢复其原有面貌，并将园中“文革”时期修建的建筑进行调整，使其与原有建筑相谐调。在整体旧建筑的改造中，以“空”与

"静"为主题,突出显示桃花坞木刻年画这一展示主题。

2011 年 1 月,位于桃花坞大街 127 号的桃花坞木刻年画博物馆体验馆正式开放。在这条曾经云集了数十家桃花坞年画铺的大街上,消失了半个多世纪的桃花坞年画奇葩重新绽放。从此,就再也不会有桃花坞大街上不见桃花坞年画的遗憾了。

目前,体验馆拥有近 40 个品种的年画,这些全是年画博物馆开馆以来进行传承、复制的成果,其中有雍正年间版《一团和气》《麻姑献寿》以及清初作品《月光美人》和《花卉图》等,还有晚清时的《门神》《合家欢》。为了满足不同的市场需求,体验馆还推出了近 20 幅珂罗版桃花坞年画在各个时期的代表作,比如清朝的《仕女图》《黄金万两》《开市大吉》以及 20 世纪五六十年代的《爱劳动》《庆丰收》等。体验馆还展示了刻版、印刷工具,如刻台、印台、棕刷、棕擦等。为了让市民重拾"在年画中过年"的记忆,体验馆特别欢迎参观者自己动手印制一张年画。